Karl Benien · Beratung in Aktion

Windmühle GmbH · Verlag und Vertrieb von Medien · Hamburg

Karl Benien

Beratung in Aktion

Erlebnis-aktivierende Methoden im Kommunikations-training. Mit vielen Fallbeispielen

Windmühle GmbH · Verlag und Vertrieb von Medien · Hamburg

Bibliografische Information Der Deutschen Bibliothek
Die Deutsche Bibliothek verzeichnet diese Publikation in der Deutschen Nationalbibliografie; detallierte bibliografische Daten sind im Internet über http://dnb.ddb.de abrufbar

ISBN 3-922789-88-9

1. Auflage 2002
Printed in Germany
Layout: Regina Isterling, Hamburg

Inhalt

Zu diesem Buch

Will man in einem Kommunikationstraining nicht nur theoretisch und mit Standardübungen arbeiten, sondern auf die persönlichen Fragen und konkreten Problemstellungen der Teilnehmer eingehen, bekommt dieses Training eine hohe Alltagsrelevanz. Will der Kommunikationstrainer dann die Anliegen der Teilnehmer erlebnisaktivierend bearbeiten, benötigt er eine hohe soziale und methodische Kompetenz. Welche Fertigkeiten dabei im Einzelnen verlangt werden, beschreibt dieses Buch.

Dank

Geistige und handwerkliche Urmutter meines Vorgehens bei den erlebnisaktivierenden Methoden ist Dr. Ella Mae Shearon. Bei ihr habe ich das Psychodrama und seine variationsreichen Einsatzmöglichkeiten kennen gelernt.

Ganz besonders und grundsätzlich muss ich Friedemann Schulz von Thun, Professor am Fachbereich Psychlogie der Universität Hamburg, danken. In unserer nunmehr fünfzehnjährigen Zusammenarbeit hat er mich das Seminargeschäft gelehrt und mich als väterlicher Freund und Tutor unterstützt. Ohne ihn wäre dieses Buch nicht möglich gewesen. Vielen Dank, Friedo.

Die in diesem Buch beschriebenen erlebnisaktivierenden Methoden kommen aus verschiedenen therapeutischen Schulen und wurden von uns so verändert, dass sie auch in nicht-therapeutischen Lernsituationen einsetzbar sind. Wir, das sind der „Arbeitskreis Kommunikation und Klärungshilfe“ unter der Leitung von Prof. Fr. Schulz von Thun. Ich verstehe mich deshalb als Autor dieses Buches, nicht aber als den alleinigen Urheber aller im Buch beschriebenen Ideen. Die Urheber sind auch die Kollegen im Arbeitskreis, neben Prof. Schulz von Thun und Dr. Christoph Thomann, Stephan Bußkamp, Regine Heiland, Gabi Manneck, Johannes Ruppel, Eberhard Stahl und Roswitha Stratmann. Da sich der einzelne Urheber nicht mehr ausfindig machen lässt, sei allen hiermit gedankt.

Constanze Bosseneyer und Maud Winkler haben durch Anregungen und kritische Rückmeldungen dieses Buch verbessert.

Meiner Lebenspartnerin, Lilian Groth, danke ich für ihr Verständnis und ihre Rücksichtnahme, wenn ich am Wochenende am Computer saß und keine Fahrradtour mit ihr gemacht habe.

Karl Benien, Hamburg

Einleitung

Worum geht es?

Lieber (zukünftiger) Trainer, stell dir vor, du leitest ein viertägiges Kommunikationstraining. Du willst dich nicht auf ein Standardprogramm beschränken, sondern die Teilnehmer einladen, mit ihren persönlichen Themen und den Fragestellungen aus ihrer Praxis ins Seminar zu kommen. Du hast die Anliegen der Teilnehmer erhoben und möchtest sie jetzt so bearbeiten, dass der jeweilige Themenspender gestärkt und ein wenig schlauer als vorher aus der Fallarbeit herauskommt. Dann brauchst du erlebnisaktivierende Methoden, kurz: EAM!

Zum Teil handelt es sich in diesem Buch um die Beschreibung einzelner kommunikationspsychologischer Werkzeuge, die in der Realität als komplexe Interventionsketten auftreten. Die Interventionen werden entsprechend den beteiligten Menschen und den Situationsbedingungen variiert und sind keine fest vorgegebenen „Techniken“. Nicht jede Trainer-Aktion ist auch eine Intervention. Eine Intervention zeichnet sich dadurch aus, dass sie gezielt und begründet ist. Wie sich die einzelnen Interventionen miteinander verbinden lassen und sich zu einem praktischen Ganzen zusammenfügen, hängt von der jeweiligen Situation und vom Trainer ab, der sie einsetzt. Aus jedem Munde wird es anders klingen und sich bei unterschiedlichen Situationseinflüssen auch anders auswirken. Meine Absicht ist es, die Grundsätze, Regeln und Leitideen für eine angewandte Kommunikationspsychologie aufzuschreiben, die in der Literatur so bisher noch nicht zusammengefasst wurden. Die Anliegen, auf die ich mich hier beziehe, sind hauptsächlich situationsübergreifende persönliche Projekte nach dem Motto: „Wie kann ich meine Schüchternheit überwinden?" oder „Wie kann ich diplomatisch konfrontieren und Neinsagen lernen?". Anliegen mit Schwergewicht auf eine Strukturproblematik im beruflichen Feld (z.B. „Wie kann ich in einem Workshop zur Mitarbeitermotivation, der vom Vorstand gewollt, aber vom Chef torpediert wird,....?") brauchen häufig andere (systemisch-organisatorische) Maßnahmen als die hier beschriebenen Interventionen (s. S.44 „Differentialdiagnose").

Die aufgeführten psychologischen Interventionen dienen dem Globalziel der Förderung beruflicher Kommunikationskompetenz und ermöglichen gleichzeitig eine sehr personen- und themenspezifische Bearbeitung konkreter Fragestellungen. Die zentrale Frage lautet dabei: Wie kann ein Kommunikationsberater Menschen bei beruflichen Anliegen so beraten und unterstützen, dass sie sich für innere und zwischenmenschliche Vorgänge sensibilisieren und ihre Grenzen und Möglichkeiten selbst herausfinden, um die für sie schwierigen Kommunikationssituationen zu bewältigen?

Warum dieses Buch, und für wen ist es gedacht?

In der Ausbildung von Trainern und Studenten zum Thema EAM sah ich immer wieder den Bedarf nach theoretischem Hintergrund und hörte oft den Wunsch: Kann man das nicht irgendwo nachlesen? Seit 1996 kann man vieles nachlesen, da Prof. Schulz von Thun das Buch „Praxisberatung in Gruppen" (1996) geschrieben hat. In diesem Buch mit 20 Praxisbeispielen und einer methodischen Einführung werden die Prinzipien, Hintergründe und Methoden erlebnisaktivierender Arbeit deutlich. Während im Buch von Schulz von Thun neben den Praxisbeispielen z.B. das Vorgehen im Vorfeld der EAM (z.B.: Wie kommt man überhaupt zu den persönlichen Anliegen der Teilnehmer?) beschrieben wird, richtet sich das vorliegende Buch auf die konkreten Methoden und Techniken im Einzelnen: Wie ist die genaue Abfolge eines übenden Rollenspiels? Was bedeutet Rollentausch, und wann kann man ihn einsetzen? Welche Differentialdiagnostik lenkt die Interventionen, und wie kann man die Vielfalt der erlebnisaktivierenden Methoden so einordnen, dass man als Lernender eine Orientierung bekommt, die aktuell passende Methode bei einem konkreten Thema und einem konkreten Protagonisten in einer konkreten Gruppe zu benutzen?

Betrachten Sie dieses Arbeitsbuch als mein Angebot für professionelle Kommunikationstrainings. Es richtet sich an den Seminarleiter, der den einzelnen Teilnehmer bei seinen Problemen und individuellen Fragestellungen unterstützen will, an den Kommunikationsberater, der weniger Standardrezepte vermitteln möchte, da er den dialogischen Beratungsprozess sucht, sowie an Studenten der Psychologie, Soziologie und Pädagogik. Es zielt auf eine Beratungskompetenz, die bei persönlichkeitsnaher Anliegenbearbeitung hilfreich ist. Sie alle brauchen Wissen vom Menschen (Psychodynamik, Widerstände, Übertragungen, Projektionen etc.) und sollten Kenntnisse über zwischenmenschliche Dynamik, Konflikte, Kommunikations- und Verständigungsprozesse besitzen. Sie müssen nicht nur damit rechnen, dass die im Arbeitsleben unter der Oberfläche höflicher Konvention und sachlicher Diskussion befindlichen „unschönen" und manchmal destruktiven Gefühle im Seminar herauskommen, sondern dann auch mit einer gewissen Unerschrockenheit und inneren Souveränität klärend eingreifen können. Sie brauchen neben allgemeinen Moderationsfähigkeiten Kenntnisse über psychologische Interventionen und die Fähigkeit, solche Methoden angemessen einzusetzen. Wie sagt doch Watzlawick: Wer nur einen Hammer hat, sucht die Welt nach Nägeln ab.

Wie lernt man das, was hier beschrieben wird?

Natürlich erwirbt man die hier beschriebenen Fähigkeiten nicht allein dadurch, dass man seine Nase in ein Buch steckt und sich die Interventionsmethoden anliest. Dieses Arbeitsbuch bietet den ordnenden, theoretischen Hintergrund. Erlernen kann man die Interventionen jedoch am besten durch praktisches Üben.

Die Schrittfolge ist ähnlich wie in der Fahrschule, wo man zuerst theoretisch lernt:
Wer hat wann Vorfahrt? Was bedeuten die einzelnen Verkehrsschilder? Welche Verkehrsregeln gibt es? Wie funktioniert ein Auto überhaupt? usw. Danach lernt man praktisch, wie man lenkt, wie man bremst, kuppelt und schaltet. Die ersten Praxisschritte werden dann draußen im geschützten Rahmen geübt, vielleicht zunächst auf einem großen freien Platz, danach auf einer Landstraße, auf der Autobahn, dann im Stadtverkehr. Nach einigen Jahren Fahrpraxis achtet man gar nicht mehr bewusst darauf, ob man schalten muss oder nicht. Es ist einem in Fleisch und Blut übergegangen, man reagiert automatisch und intuitiv.

Auf unser Thema übertragen, sind folgende fünf Schritte erfolgversprechend:

1. Schritt: Verstehen

Auch für die professionelle „Interventionsschulung" eines Kommunikationsberaters gilt, dass zunächst einmal die Prinzipien, Haltungen und Interventionsmöglichkeiten in ihrer Komplexität, Differenziertheit und in ihren unterschiedlichen Auswirkungen kognitiv verstanden werden müssen. Diese Informationen kann sich der Lernende hier anlesen oder auch in einem Ausbildungsseminar erklären lassen. Dort wird dann zusätzlich die Praxis demonstriert (Lernen am Modell).

2. Schritt: Die ersten Gehversuche im Übungsraum

Im Ausbildungsseminar kann der Lernende die Interventionen im Schonraum einer fehlerfreundlichen Lernatmosphäre üben und ausprobieren, um danach Rückmeldungen zu erhalten. Die ersten Schritte auf dieser Lernstufe gleichen den mühsamen Fingerübungen beim Erlernen eines Musikinstrumentes: sie sind zwar ernüchternd, aber wichtig. Damit der eine Teilnehmer im Ausbildungsseminar üben kann, muss sich der andere Teilnehmer als „Themenspender" und Protagonist zur Verfügung stellen. So erlebt jeder bei diesem Schritt auch die unterschiedliche Wirkung der einzelnen Interventionen am „eigenen Leibe". Durch diese Erfahrung wird man sensibel und vorsichtig bezüglich der Auswirkungen von Interventionen.

3. Schritt: Üben, üben, üben ...

Die hier beschriebenen Interventionen brauchen viel Übung, damit Anfangsunsicherheiten überwunden werden können und sich eine gewisse Souveränität in der Auswahl und Durchführung der Interventionen einstellt. Dafür eignet sich eine kollegiale Übungsgruppe gut, in der jeder die verschiedenen Situationsvarianten erleben und sich oft in der Leitungsrolle erproben kann.

4. Schritt: Erste Gehversuche, aber noch „an der Hand"

Bei diesem Schritt stellt man sich in der Ko-Leitungsrolle mit einem erfahrenen Trainer an der Seite und unter dessen Supervision einer komplexen Realsituation. Wichtig ist, dass sich dabei keiner überfordert, sondern mit den Interventionen beginnt, bei denen er sich sicher fühlt. Meine Erfahrung als Ausbilder ist, dass derjenige, der seine eigene Unsicherheit und Zögerlichkeit ignoriert und sich damit selbst nicht ernst nimmt, zumeist auch beim Gegenüber solche Gefühle nicht ernst nimmt.

5. Schritt: Eigenständige Leitung

Die ersten selbständigen Schritte können leichter gelingen, wenn sie zu Beginn in weniger angstvollen Situationen ausprobiert werden. Eine Befürchtung möchte ich an dieser Stelle ansprechen. Das Aufschreiben kommunikationspsychologischer Werkszeuge scheint mir dann gefährlich zu sein, wenn es dem Leser suggeriert, dass es sich letztlich um Techniken handelt, die man „mal eben" lernen kann und die man sich nur antrainieren muss, um Kommunikationsschwierigkeiten bearbeiten zu können. Es wäre auch fatal, wenn durch dieses Buch der Eindruck entstünde, dass es sich bei den Interventionen um unterschiedliche „chirurgische Messer" handelt, die man ohne eigene Regung und menschliche Beteiligung je nach vorgefundener Situation und Diagnose steril einsetzt und berechnend benutzt – so bitte nicht! Vielmehr geht es um die innere Bereitschaft, sich einem Thema zu öffnen und andere Menschen verstehen zu wollen. Man kommt mit den Techniken immer nur so weit, wie man als anteilnehmender Mensch „schwingungsfähig" ist, also die Schwingungen der Gruppe und die Gefühle des Themenspenders (Protagonisten) wahrnehmen kann. Werkzeuge sind zwar wichtig, aber es geht bei menschlich-zwischenmenschlichen Fragestellungen zunächst und vorrangig um verständnisvolle Einfühlung in den Protagonisten und um das Aushalten der Gefühle, die das Thema auslöst.

Da ein geschickter Einsatz von Interventionen einen Mangel an Persönlichkeit und Reife nicht ausgleichen kann, möchte ich schon hier den Aspekt der begleitenden Supervision beim Erlernen von Interventionen mit Nachdruck betonen. Je weniger sich ein Kommunikationsberater menschlichen Komplikationen gewachsen fühlt, umso mehr wird er mit angezogener Notbremse fahren müssen – oder er arbeitet unverantwortlich. Auch wenn die einzelnen Interventionen wie Fingerübungen trainiert werden wollen, so gilt doch als wichtigster Schlüssel in der Kommunikationsberatung die eigene Person. Nach dem Motto: „Ich selbst bin mein wichtigstes Instrument!" sollte bei dieser Arbeit berufliche Professionalität mit menschlicher Integrität gekoppelt sein. Die berufsethische Forderung zur Arbeit mit psychologischen Interventionen lautet deshalb: Jeder, der professionell beratend, helfend, ausbildend oder lehrend mit Menschen zusammenarbeitet, braucht

- Selbsterfahrung, um nicht unbemerkt den Gefahren seiner Persönlichkeitsstruktur zu erliegen
- einen Ort, wo es möglich wird, berufsbegleitend sich selbst und schwierige Situationen angstfrei zum Thema zu machen. Das kann sowohl kompetent geleitete kollegiale Intervision als auch bezahlte, externe Supervision sein.

Zur Sprachregelung

Da ich von einer Trainingssituation ausgehe, in deren Workshop-Phase die Themen der Teilnehmer mit erlebnisaktivierenden Methoden bearbeitet werden, spreche ich vom „Trainer“ und vom „Protagonisten“. Der Protagonist ist der Teilnehmer, dessen Thema gerade bearbeitet wird. Da man viele Methoden auch in anderen Kontexten einsetzen kann, könnte man z.B. auch vom Berater und vom Ratsuchenden sprechen. Der Leser möge diese Übertragungsleistung auf seinen Kontext selbständig vornehmen.

Im Buch benutze ich aus Gründen der Verständlichkeit hauptsächlich die männliche Form. Mit „der Trainer“ oder „der Protagonist“ sind sowohl ein Mann als auch eine Frau gemeint. Dies sollte gleichsam als innere Melodie immer mitklingen.

Bedingungen und Voraussetzungen

Die Arbeit mit den hier beschriebenen erlebnisaktivierenden Methoden darf niemals leichtfertig und verantwortungslos eingesetzt werden. Vorher muss der Trainer (evtl. in Absprache mit dem Veranstalter) folgende Fragen geklärt haben:

- Sind die Teilnehmer in der Ausschreibung und Einladung zum Seminar darüber informiert worden, dass sie mit ihren persönlichen Fragestellungen einen wichtigen Baustein des Seminarprogramms darstellen und dass ihre Themen mit erlebnisaktivierenden Methoden bearbeitet werden?

- Lässt der gesamte Kontext des Seminars (Ort, Zeitdauer, Bekanntheitsgrad und Beziehungen der Teilnehmer untereinander, Zielsetzung des Seminars etc.) diese Art der Anliegenbearbeitung überhaupt zu?
  Hat der Trainer dafür gesorgt, dass die Teilnehmer untereinander und zu ihm Vertrauen fassen konnten?

- Wie ist der Ausbildungsstand des Trainers? Wie viel Selbsterfahrung hat der Trainer, und wie viel Erfahrung im Umgang mit Gefühlen bringt er mit? Befindet er sich in einer berufsbegleitenden Supervision, in der er sich mit seinen persönlichen Fragen einbringen kann?

- Lassen die Anliegen der Teilnehmer überhaupt diese Art der Bearbeitung zu, oder ist eine reflektierende Diskussion besser geeignet? So braucht das Anliegen: „Was muss ich gruppendynamisch

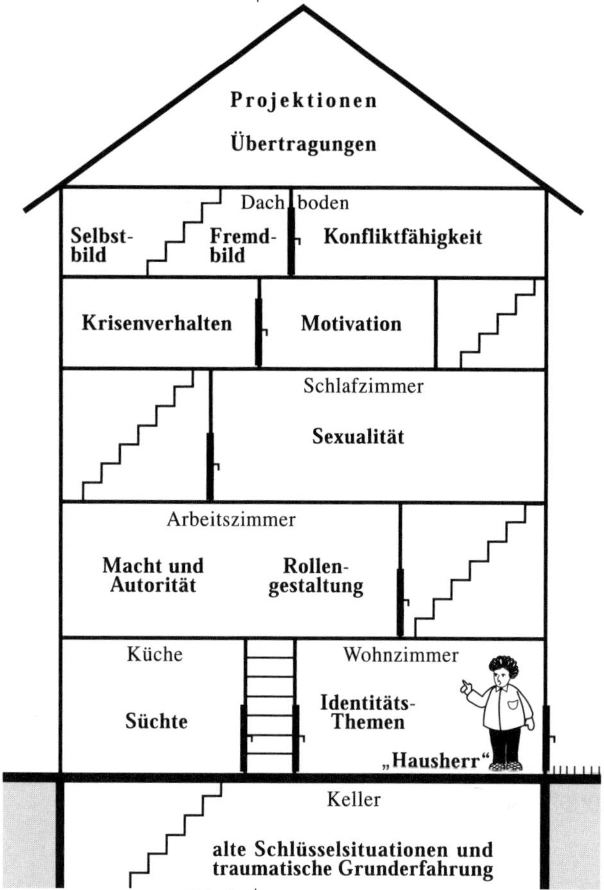

Abb.1: Der selbstbestimmte Persönlichkeits-Hausherr

beachten, wenn ich ein Pilotprojekt mit 12 Kollegen starten will?" ein anderes Vorgehen als die Frage: „Wie kann ich meine Konfliktscheuheit überwinden?"

- Inwieweit signalisiert der Teilnehmer (Protagonist) die Bereitschaft, sich auf diese Art der Anliegenbearbeitung einzulassen?

Als wichtigste Orientierung für die Tiefendosierung sollte der Protagonist als Themenspender dienen. Wenn wir das Innenleben des Menschen mit einem Haus vergleichen, so kann jeder in die inneren Räume gehen, die sich auftun, wenn wir den Blick auf uns selbst wenden. Jeder ist dabei zugleich Hausbesitzer, Bewohner, Architekt, Statiker und Hausherr seines Hauses. Der Protagonist bestimmt als Eigentümer, ob andere in seinen Vorgarten dürfen, ob er ihnen die Haustür und die Pforte zum Herzen öffnet und in welche Innenräume er sie blicken lässt. Wir sind immer nur Gast!

Anliegenerhebung

Stellen wir uns folgende Seminarsituation vor. Der Leiter eines Kommunikationstrainings hat am ersten Tag als Einstieg theoretische Inhalte vermittelt und dazu passende Übungen angeleitet. So könnte er beispielsweise einen Vortrag zum Thema „Das Nachrichtenquadrat" gehalten haben, und die Teilnehmer haben anschließend in Kleingruppen die unterschiedlichen Ohren und die entsprechenden Empfangsweisen des Empfängers trainiert. Durch dieses Vorgehen sind die Teilnehmer mit dem Seminarthema, mit dem Leiter und durch die kleinen Übungen untereinander in Kontakt gekommen.

Jetzt möchte der Leiter die Workshop-Phase eröffnen und mit den Anliegen der Teilnehmer arbeiten. Ihm sollte dabei bewusst sein, dass er den Teilnehmern einiges zumutet, da für den Prozess einer Anliegenbearbeitung andere, teils gegenläufige Haltungen als im normalen beruflichen Alltag gelten. Vor allem für die berufliche Sozialisation von Führungskräften gilt, dass sie im Berufsalltag lernen, Antworten und Lösungen parat zu haben und Bescheid zu wissen. In der Anliegenarbeit ist jedoch zu Beginn das Ziel ungewiss, und alle Beteiligten müssen wenigstens für einige Zeit unwissend bleiben und ihre Ohnmacht aushalten. Hat die Führungskraft gelernt, die Kontrolle zu behalten und möglichst nicht den Überblick zu verlieren, so sollte sie jetzt einen gewissen Kontrollverlust zulassen und sich getrost in die Hand des Leiters begeben. Hat die Führungskraft gelernt, zielorientiert vorzugehen und Lösungen unter Zeitdruck zu entwickeln, so braucht die Arbeit jetzt eine Prozessorientierung und druckfreie Zeit für die Problementwicklung. Hier müssen alle Beteiligten die Lösungslosigkeit aushalten. Haben Führungskräfte gelernt, in unserer gewinnorientierten Wettbewerbsgesellschaft sich selbst darzustellen und zu konkurrieren, so sollen sie sich jetzt kritisch hinterfragen und sich in andere Menschen einfühlen.

Ist der Seminar- und Vertrauensprozess so weit fortgeschritten, dass man mit der Workshop-Phase beginnen kann, so müssen die Anliegen, die später bearbeitet werden sollen, zunächst erhoben werden. Auch wenn im Einladungstext zum Seminar steht: „...In diesem Seminar wird neben theoretischen Inhalten auch mit den persönlichen Fragestellungen und Anliegen der Teilnehmer gearbeitet. Deshalb bitten wir Sie, sich schon im Vorfeld Gedanken zu machen, welches persönliche Thema Sie zur Zeit beschäftigt...“, kann nicht davon ausgegangen werden, dass alle Teilnehmer sich entsprechend vorbereitet haben.

Als Methoden der Anliegenerhebung (in Anlehnung an S.v.Thun, 1996, Seite 27 ff.) haben sich bewährt:

- Besinnungsanleitung
- Hebammengespräch
- freies Bild malen
- strukturiertes Bild malen
- Stegreifspiele.

Besinnungsanleitung

Hier bietet der Leiter eine „geleitete Meditation" an. Die Teilnehmer können sich dabei entspannen und ihre Aufmerksamkeit auf ihren beruflichen Alltag lenken. Sind sie in ihrer Wahrnehmung dort angekommen, können sie sich schwierige Situationen ins Bewusstsein rufen und überprüfen, welche sie im Seminar thematisieren wollen. Diese Besinnungsanleitung ist individuell für das Seminarthema und den Kontext zu entwerfen.

Vorteil der Methode:
Der Einstieg in diese Seminarphase erfolgt langsam und ruhig. Durch die Tiefenentspannung können vorbewusste Themen an die Oberfläche gelangen.

Nachteil der Methode:
Auch die Besinnungsanleitung ist, wie schon der Einstieg, wieder leiterzentriert.

Hebammengespräch

Beim „Hebammengespräch" sollen sich immer zwei Teilnehmer (A und B) zusammenfinden, um in einem Gespräch das jeweilige Anliegen des anderen zu entwickeln. A geht dabei in die Rolle einer „Hebamme" und bekommt die Aufgabe, das Anliegen von B, welches noch ein diffuses Gemisch aus äußeren Situationsmerkmalen, inneren Gefühlen, Vorgeschichte und Zielvorstellung ist, zur Geburt zu bringen. Er soll dazu das geeignete Gesprächsverhalten zeigen, das dem anderen hilft, sein Thema zu finden und zu konkretisieren, also zuhören, nachfragen und zusammenfassen, was er verstanden hat. Danach geht B in die Rolle der Hebamme und hilft A, dessen Thema zu finden.

Vorteil der Methode:
Die Teilnehmer kommen miteinander in Kontakt. Außerdem ist es für die „Hebamme" eine Gesprächsübung im aktiven Zuhören.

Nachteil der Methode:
Die Teilnehmer sind häufig nicht im aktiven Zuhören geübt. Sie folgen nicht den Gedankengängen des Gesprächspartners, sondern schweifen vom Thema ab, berichten von eigenen Erfahrungen mit dem Thema und versuchen womöglich, das Problem schon zu lösen.

Freies Bild malen

Das „freie Bild" kann alternativ oder ergänzend eingesetzt werden. Die Teilnehmer werden dazu aufgefordert, sich mit einem großen Bogen Papier und einigen bunten Stiften auszurüsten und sich im Seminarraum einen ruhigen Platz zu suchen, an dem sie ihr Thema ausbrüten können. Nachdem sie es gefunden haben, sollen sie es auf dem Papier visualisieren. Dazu können sie Strichmännchen, Sprechblasen und andere Symbole verwenden. Hinterher bekommen sie dann Gelegenheit, das Bild zu kommentieren und damit ihr Thema der Gruppe vorzustellen.

Vorteil der Methode:
Die Teilnehmer sind auf sich selbst konzentriert, und jeder kann in seinem eigenen Tempo vorgehen. Das Bild fokussiert später bei der Themenvorstellung die Aufmerksamkeit der Gruppe, und jeder kann sich auf das Bild beziehen, wenn er etwas noch nicht verstanden hat. Häufig ist durch das Malen eines Bildes ein erster Klärungsschritt eingeleitet. Die Visualisierung zwingt den Protagonisten, sich zu überlegen, was das Wesentliche seines Themas ist. Sieht er dann das fertige Bild mit etwas Abstand, so führt dies häufig zu der Reaktion: „Jetzt, wo ich das sehe, wird mir Folgendes deutlich...!". Außerdem malt das Unbewusste des Protagonisten mit. Ist das Thema beispielsweise „Ohnmacht in einer bestimmten Situation", könnte dies im Bild dadurch deutlich werden, dass er sich ohne Hände gemalt hat – dies aber nicht absichtlich.

Nachteil der Methode:
Malen stellt für manchen Teilnehmer eine innerliche Hürde dar, da er nicht gewohnt ist, Themen zu visualisieren. Der Leiter kann sie bei Perfektionsansprüchen („Ich kann nicht malen") aber abschwächen, indem er an einem Beispiel kurz demonstriert, wie die Aufgabe gemeint ist, und dabei zeigen, dass jetzt keine künstlerisch hochwertigen Bilder gemalt werden müssen.

Strukturiertes Bild malen

Um den Teilnehmern eine Strukturierungshilfe beim Visualisieren zu geben, hat mein Kollege Christoph Thomann ein hilfreiches Schema entwickelt. Dieses Schema sieht aus wie ein Haus mit vier Fenstern und einem Dach.

Im ersten Fenster (oben links) soll die äußere Situation und der systemisch-strukturelle Kontext des Themas sichtbar werden, so dass deutlich wird, wie die beteiligten Menschen in ihren Rollen miteinander verbunden sind. Hier kann beispielsweise ein Organigramm oder ein Teufelskreis aufgezeichnet werden.

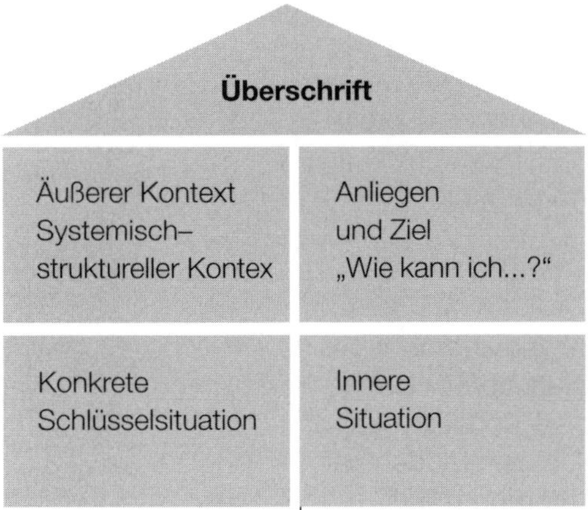

Abb. 2: Strukturbild

Im zweiten Feld (unten links) sollte durch eine typische Schlüsselsituation das Thema konkretisiert werden.

Das dritte Feld (unten rechts) ist reserviert für die innere Situation. Hier kann der Protagonist sich selbst mit einem dicken Bauch malen, in den er seine Gedanken, Gefühle und inneren Stimmen hineinzeichnet, die ihm bei diesem Thema durch den Kopf und durchs Herz gehen.

Im vierten Fenster (oben rechts) finden wir die prägnante Formulierung des Anliegens und der Zielvorstellung: Worum geht es mir und wo will ich hin?

Im Dach des Hauses sollte die Überschrift stehen, so dass das Thema einen Namen bekommt.

Vorteil der Methode:
Diese Strukturierung hilft manchen Teilnehmern, weil sie eine lenkende Vorgabe bekommen. Außerdem erhalten jetzt der Leiter und die Gruppe durch die intensive Vorarbeit des Protagonisten viele Informationen.

Nachteil der Methode:
Der Protagonist besitzt wenig Ausdrucksfreiheit, und so manche „Feinheiten“ an Informationen gehen verloren. Zudem ist die Methode recht anspruchsvoll und nicht für jeden geeignet.

Stegreifspiele

Im Gegensatz zur letzten Methode, die durch ihre Struktur auch Sicherheit verspricht, wird im Stegreifspiel ungeplant und ad hoc ein Rollenspiel entwickelt. Hier ist nichts vorgegeben, und die Darsteller müssen Handlungen ohne Vorbereitung spontan entwickeln. Da dies für viele eine hohe Herausforderung darstellt, muss der Leiter überprüfen, ob diese Methode eine Überforderung darstellt.

Stegreifspiele können der Gruppenerwärmung und erlebnisaktivierenden Themenfindung dienen oder allen die Möglichkeit bieten, sich frei-zu-spielen, bestimmte Persönlichkeitsanteile zu zeigen und das Rolleninventar zu erweitern. Da wenig vorgegeben ist, wird spontanes Verhalten ermöglicht. „Das Leben ist die Einatmung, Stegreif Ausatmung der Seele. Durch Einatmung entstehen Gifte (Konflikte), durch Stegreif werden sie wieder frei" (Moreno 1970), Im Stegreifspiel kann Unbewusstes frei aufsteigen, und bisher nicht zugängliche Ressourcen können aktiviert werden.

Beispiel:
Bezogen auf die aktuelle Gruppenstimmung bietet der Leiter eine Entspannungsübung mit Meditationsmusik an, in der jeder Teilnehmer zunächst nachspüren soll, wie seine Befindlichkeit gerade ist. Dann soll er sich das Seminarthema bewusst machen und sich dazu eine passende Geschichte ausdenken. Die Geschichte kann irgendwann einmal erlebt oder nur beobachtet worden sein oder auch nur der Fantasie entspringen. Danach werden Kleingruppen gebildet (je 3-5 Teilnehmer), in denen die Einzelgeschichten eingesammelt werden. Die Kleingruppe soll sich jetzt auf eine Geschichte einigen, die sie im Plenum (vielleicht als Pantomime) aus dem Stegreif in Szene setzt. Dabei kann sie eine Geschichte von einem ihrer Mitglieder auswählen, weil sie sehr treffend das Seminarthema verdeutlicht, oder sie lässt ihren Einfallsreichtum blühen und kreiert eine neue Geschichte, die sich aus den Einzelfantasien gruppendynamisch entwickelt.

Durch den Freiraum, den der Einzelne und die Gruppe bekommt, können so Themen an die Bewusstseins-Oberfläche gespült werden, die bisher im Vorbewussten schlummerten. Ich konnte in verschiedenen Managementtrainings erleben, dass die Gruppen zielsicher auf das Thema zusteuerten, welches in ihrem Unternehmen unter der Oberfläche gärt. Ich habe allerdings auch erlebt, dass eine Gruppe sich vom Seminarthema löste und einer anderen Dynamik unterlag. Die ausgespielte Fantasiegeschichte handelte von einer Opernaufführung: Vorne agieren ein Sänger und eine Sängerin. Das andächtige Publikum schläft nach und nach dabei ein, einige versuchen vergeblich, wach zu bleiben, indem sie sich immer wieder ihre Augen reiben oder sich in die Arme kneifen, wieder andere „tauchen weg" und beginnen zu schnarchen, während manche einfach mit ihrem Nachbarn reden. Vorne singt man unbehelligt mit pathetischen Gesten weiter.

Nach der Aufführung musste geklärt werden, ob das Stegreifspiel ein Feedback an mich als Leiter der Gruppe war, ob es dabei um einen

Konflikt zwischen Vorstand und Mitarbeitern geht oder was der Hintergrund dieser Aufführung war.

Eine andere Möglichkeit, Stegreifspiele einzuleiten, besteht darin, dass der Leiter das Plenum in Kleingruppen aufteilt, ihnen den Auftrag gibt, sich selbst Szenen für Rollenspiele auszudenken, die zum Seminarthema passen, und den Teilnehmern unterstützende Anweisungen mit auf den Weg gibt, z.B.:

- Überlegt euch, wie das Spiel anfängt, worauf es hinauslaufen soll und welchen Spannungsbogen es haben soll.
- Welches Ziel verbindet ihr mit eurem Spiel? Wann ist es zu Ende? (damit das Spiel nicht ungerichtet dahinplätschert und keiner weiß, wann eigentlich Schluss ist.)
- Jeder Einzelne soll sich überlegen, in welche Rolle er gehen will und welche Charaktereigenschaft er ausspielen will, z.B. Rolle: Projektleiter, Kundenberater, Sachbearbeiter, Kunde; Charaktereigenschaft: herrschsüchtiger Projektleiter, übertrainierter Kundenbetreuer, demotivierter Sachbearbeiter oder entscheidungsunfähiger Kunde.
  Vielleicht noch die Empfehlung, dass sich jeder eine Rolle aussucht, in der er eine Herausforderung spürt oder eine Grenze erleben kann.

Im Anschluss an ein Stegreifspiel sollte, nachdem die Teilnehmer ihre Rollen abgelegt haben, eine differenzierte Auswertungsphase eingeplant sein, in der Nachwirkungen besprochen werden können. Mögliche Auswertungsfragen wären:

- Welche Erkenntnisse über das Thema, über mich und über die Gruppe habe ich durch das Spiel gewonnen?
- Warum habe ich die Rolle gewählt, und wie habe ich sie ausgespielt?
- Wie stehe ich zu der ausgespielten Rolle?
- Welcher Charakter bildete sich während des Rollenspiels durch die Dynamik und meine Art der Rollengestaltung heraus?
- Wie fühlt sich der ausgespielte Charakter innerlich an?
- Wo in meinem Körper spüre ich die Gefühle dieses Charakters, und wie bin ich damit umgegangen?
- Gab es sonst etwas, das mich innerlich berührte?
- Wo habe ich eine Grenze oder eine Herausforderung gespürt?
- Auf welche andere Rolle habe ich hauptsächlich reagiert und warum?
- Wann haben die Beobachter den Spielern „geglaubt“, dass sie wirklich authentisch gespielt haben, und wann nicht?

- Welche neue Themen sind durch das Spiel entstanden?
- Was habe ich in Bezug auf das Seminarthema gelernt, und welche Fragen stellen sich mir diesbezüglich jetzt?
- Habe ich ein Thema gefunden, das ich in der Workshop-Phase bearbeiten will?

In die Auswertung der Einzelrollen kann auch die Gruppe einbezogen werden. Antwortet ein Rollenspieler auf die Frage, wie und wo er die Gefühle des gespielten Charakters körperlich gespürt hat: „Ich habe immer gelächelt und dabei die Schultern und den Nacken verspannt, den Atem eingeengt, und letztlich sind die Hände kalt geworden", so kann der Leiter die anderen Gruppenteilnehmer auffordern, einmal dieses Körpergefühl nachzuempfinden, und fragen, was ihnen dabei auffällt.

Das Thema des Stegreifspiels kann auch vom Leiter in die Gruppe gegeben werden. Vielleicht steht im Laufe des Seminars nach seiner Wahrnehmung das Thema „Geiz" im Raum. Dann bittet er die Teilnehmer, sich in Kleingruppen jeweils Szenen auszudenken, in denen sie den anderen einen „geizigen Abteilungs-Jahresausflug", ein „geiziges Kantinenessen" oder ein „geiziges Weihnachtsfest" vorspielen. Mit viel Spaß und Humor entwickeln sich vielleicht Spielszenen, in denen zu Weihnachten der CD-Spieler vom Nachbarn ausgeliehen wird, die nicht ganz abgebrannten Kerzenstummel vom letzten Jahr benutzt werden, der Plastik-Weihnachtsbaum in schönem Türkis geleast wird, auf Lametta aus Umweltschutzgründen verzichtet wird, der Weihnachtsmann nicht gebucht werden kann, da die billigen Studenten schon alle vergriffen sind, das Essen über die Festtage aus der Tiefkühltruhe aufgetaut wird, da die Kohlrouladen vom August weg müssen, und die Geschenke dem Prinzip der Notwendigkeit und Zweckmäßigkeit unterliegen (uns fehlt ein Bügelbrett) und am liebsten als Sammelbestellung aufgegeben werden. Vielleicht kann man ja Rabatt bekommen; Tante Herta und Oma bekommen eben das Gleiche.

Vorteil der Methode:
Durch die fehlenden Vorgaben entwickelt sich im Stegreifspiel die Handlung des Einzelnen spontan. Der Freiraum des Einzelnen kann individuelle Themen an die Bewusstseins-Oberfläche spülen, die bisher im Vorbewussten schlummerten. Darin kann Selbsterkenntnis liegen. Durch die freie Dynamik eines Stegreifspiels werden neben persönlichen Themen auch die zwischenmenschlichen Beziehungen deutlich; die soziometrische Struktur der Gruppe mit den Positionen der einzelnen Gruppenmitglieder wird sichtbar und besprechbar. Häufig steuert die Gruppe auch zielsicher auf das Thema zu, welches

in ihrem Unternehmen seit längerem unter der Oberfläche gärt. Letztlich stehen eine Fülle von Themen im Raum, die im weiteren Seminarverlauf bearbeitet werden können.

Nachteil der Methode:
Freie Rollenspiele, bei denen weder Prozess noch Ziel klar definiert ist, fallen vielen Menschen schwer. Ihre Kreativität wird von Unsicherheit und Scham blockiert. Deshalb braucht diese Art der Themenerhebung unbedingt eine kompetente Leitung. Außerdem sollte kritisch überprüft werden, ob sie zum Kontext und Thema des Seminars passt.

Die einfachste Art, Anliegen in einem Kommunikationstraining zu erheben, ist, die Teilnehmer zu fragen: „Wer hat eine schwierige Kommunikationssituation vor Augen, die er in letzter Zeit erlebt hat oder die ihm noch bevorsteht? Wer hat eine Fragestellung, die er in dieses Seminar einbringen und bearbeiten möchte?"

Welches Vorgehen zur Anliegenerhebung der Trainer auch immer wählt – nachdem die Themen eingesammelt sind und mit der Seminargruppe entschieden worden ist, mit welchem Thema begonnen werden soll, fängt die Anliegenbearbeitung an.

Verlaufsphasen

Auch wenn jede Anliegenbearbeitung anders verläuft, ist es doch hilfreich, wenn der Trainer eine Struktur vor Augen hat, nach der sich der Verlauf gliedern lässt. Die Verlaufsphasen sind (nach S.v.Thun, 1996, S. 42 ff.):

Abb. 3: Vier Verlaufsphasen bei der Anliegenbearbeitung im Kommunikationstraining

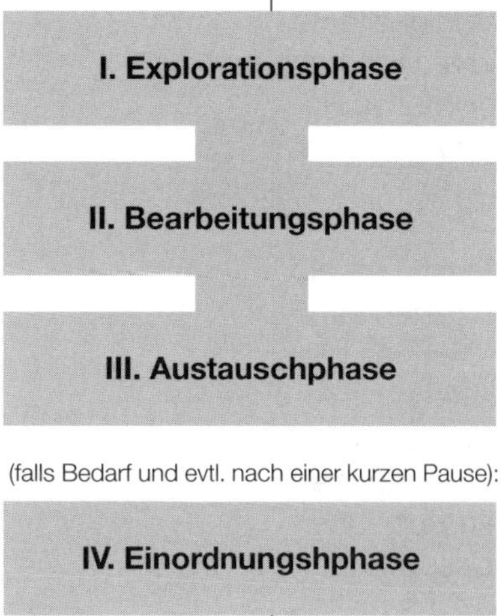

Exploration

Die Explorationsphase stellt entscheidende Weichen für den gesamten Verlauf der Anliegenbearbeitung. Sie unterteilt sich in vier Schritte:

- Erkundung der äußeren Ausgangslage
- Erkundung der inneren Ausgangslage
- Anliegen- und Auftragsklärung
- Differentialdiagnose.

E x p l o r a t i o n s s c h r i t t e

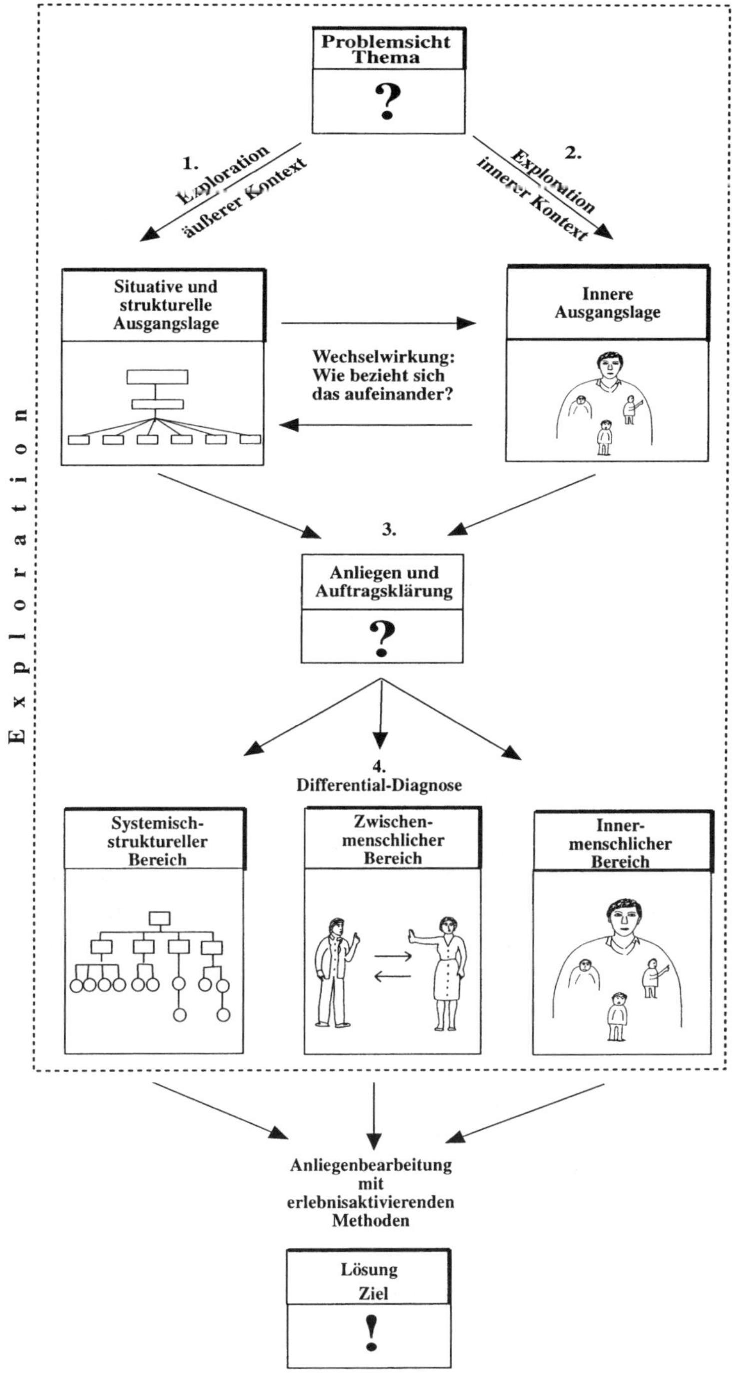

Abb. 4:
Explorationsschritte

Zunächst berichtet der Themenspender (Protagonist), worum es ihm geht. Die Gruppe und der Trainer versuchen dabei, ihn durch Nachfragen in seinem Anliegen zu verstehen. In dieser Explorationsphase sollte der Gruppenleiter die Moderationszügel nicht allzusehr schleifen lassen. Er muss dem Prozess eine Richtung geben, die deutlich macht, was genau bearbeitet werden soll. Diese Strukturierungsleistung können weder der Protagonist noch die anderen Gruppenteilnehmer übernehmen. Die Gruppenteilnehmer sind häufig motiviert, an ganz bestimmten Stellen des Themas nachzufragen und einzuhaken. Jeder Teilnehmer denkt in seine individuelle Richtung, folgt seinen persönlichen Assoziationen, erinnert sich an eigene Erfahrungen zum Thema und will dies mitteilen, oder stellt Fragen, die letztlich der Überprüfung eigener Lösungsideen dienen. Der Protagonist beantwortet bereitwillig alle Fragen, spürt er doch, dass die Fragen als Anregung gemeint sind und aus helfendem Interesse gestellt werden. Zum Schluss ist er jedoch häufig aufgrund der vielfältigen Richtungswechsel und durch die unterschiedlichen Frageperspektiven der anderen Teilnehmer ziemlich verwirrt. Hoffentlich behält jetzt der Seminarleiter den Überblick. Er muss dafür sorgen, dass ihm und der Gruppe deutlich wird, worin das genaue Anliegen besteht und worauf der Fokus für die weitere Bearbeitung zu lenken ist.

Beispiel:
Ein Teilnehmer erzählt im Seminar, dass er sich bei seiner Arbeit unwohl fühlt, weil sein Vorgesetzter ihm nicht genug kreativen Freiraum lässt. Er habe in dieser Firma nach dem Studium als Lehrling angefangen und wolle jetzt, nach 6 Jahren Berufserfahrung, eigenverantwortliche Tätigkeiten übernehmen. Er habe das Gefühl, sein Vorgesetzter halte ihn klein, unterstütze und fördere andere Kollegen mehr als ihn und sehe in ihm nach wie vor nur den „kleinen Lehrling“. Er könne mit seinem Chef über dieses Problem nicht gut sprechen. Dies zeige sich vor allem darin, dass die bisherigen Kommunikationsversuche nichts verändert haben.

In der Trainingsgruppe entsteht jetzt vielleicht eine Dynamik, die den Trainer verführt, seine Wahrnehmung an ihren Impulsen auszurichten. Wird beim Bericht des Protagonisten ein Mitmensch negativ dargestellt, und das noch mit gefühlvollem Tonfall, so ist nach meiner Erfahrung häufig die Gruppe auf Seiten des Protagonisten und nimmt den „schwierigen anderen“ aufs Korn: Warum verhält der sich so? Welche Motive hat der Vorgesetzte? Wie geht er allgemein mit Sympathie und Antipathie um? Vielleicht hat er einen Sohn, der dem Protagonisten ähnlich sieht? usw. Kennt womöglich ein Teilnehmer den Vorgesetzten und hat ebenfalls schlechte Erfahrungen mit ihm gemacht, so berichtet er davon und verstärkt damit die gemeinsame Blickrichtung. Alle sind sich schließlich einig: Der Chef verhält sich irgendwie falsch!

Jetzt ist es eine vorrangige Aufgabe des Leiters, nicht ins gleiche Horn zu stoßen und nicht die Blickrichtung unreflektiert zu übernehmen. Ganz gefährlich wird es, wenn er selbst den Vorgesetzten schon in eine seiner psychologischen Vorurteilsschubladen gesteckt hat und dann gemeinsam mit Protagonist und Gruppe an einer verbesserten Kommunikation mit ihm basteln will, um diesen Fall zu „lösen". Er interpretiert das Thema jetzt vielleicht so: „Wie kommt man an Machtmenschen heran, die anderen keine Freiheit für eigene Kreativität lassen?".

Dabei überhört er vielleicht, dass der Protagonist sein Thema mit leicht vorwurfsvollem, nörgelndem Unterton vorgetragen hat, und übersieht, dass der Protagonist in passiv klagender Haltung stecken bleibt und nicht in der Lage ist, klare Forderungen und berechtigte Ansprüche so zu formulieren, dass ein anderer sich damit auseinandersetzen kann. Womöglich verleitet eine innere Schwierigkeit des Protagonisten diesen zu einer Kommunikationsform, die es verhindert, dass er selbständiger wird. Der Protagonist klagt möglicherweise Selbständigkeit ein, anstatt sie zu leben und sie in den kleinen Freiräumen zu praktizieren, die das Leben und der Berufsalltag bieten. Würde er seine Selbständigkeit in sich selbst entwickeln und aktiv verantwortlich leben, so würde er seine Emanzipation aus der Lehrlingsrolle selbst initiieren und sich vom Vorgesetzten unabhängiger machen. Diese Möglichkeit muss der Trainer im Blick haben, sonst bestätigt er den Teilnehmer womöglich in seiner Opferhaltung.

Orientieren kann sich der Trainer in der Exploration an der Maxime der „Stimmigkeit" (S.v. Thun, 1996, Seite 18 ff.) für soziales Verhalten. Soziales Verhalten ist dann „stimmig", wenn es zur jeweiligen Situation und zur handelnden Person passt. Der Arbeitsauftrag an den Trainer besteht also darin, nicht seinen (vor-)schnellen Hypothesen zu folgen, sondern zunächst die äußere und innere Ausgangslage des Protagonisten sorgfältig zu erkunden, damit er dann seine Methoden richtig fokussieren kann.

Erkundung der äußeren Situation

Es kann sein, dass sich der Berater zunächst bezüglich des gesamten Situationskontextes kundig machen muss. Besonders dann, wenn die Teilnehmer aus Unternehmen kommen, deren Unternehmenskultur er nicht genau kennt, muss der Trainer, um einen Überblick darüber zu erhalten, in welchem Terrain sich der Protagonist bewegt, die allgemeine Struktur des Unternehmens und den konkreten situativen Kontext des Themas verstehen.

Jedes Anliegen ist in seinem systemischen Kontext zu verstehen

Allgemeine Kontextfragen an die Teilnehmer:

- Welche Organisationsform hat das Unternehmen (AG, GmbH etc.)?
- Welche allgemeine Marktposition hat das Unternehmen?
- Welche Kunden und unterschiedliche Kundengruppen gibt es?
- Welches Image besitzt das Unternehmen in der Öffentlichkeit (äußere Kultur)?
- Welcher „Philosophie“ folgt das Unternehmen? Leitbilder? Grundsätze zur Führung und Zusammenarbeit? Identifikation der Mitarbeiter mit dem Unternehmen (innere Kultur) ? etc.
- Wie ist die Aufbau- und Ablauforganisation des Unternehmens?
- Gibt es Arbeitsplatzbeschreibungen? Zeiterfassungssysteme? Wie hoch ist die Krankheitsrate?
- Wie sieht eine typische Karriere im Unternehmen aus? Welche typischen Witze werden gemacht?
- Welches Ansehen hat welche Abteilung, und welches Ansehen haben Sie in Ihrer Firma?
- Aufbau und Ablauforganisation? Welche Hierarchiestufen gibt es? Nach welchem Stil wird geführt? Wie ist Ihr Führungsstil? Wie zufrieden, glauben Sie, sind Ihre Mitarbeiter mit Ihrer Führung?
- Welches sind die wichtigsten Informations- und Entscheidungsebenen? Welche Besprechungskultur herrscht vor? Wie werden Entscheidungen getroffen?
- Gibt es typische Beziehungsmuster zwischen einzelnen Abteilungen und Berufsgruppen? etc.

Weitere Fragen, die sich auf das konkrete Thema beziehen, klären den historischen, beziehungsdynamischen und, wenn nötig, den geographischen Kontext.

Situative Kontextfragen an die Teilnehmer sind:

- Wie ist die Situation genau und wie kam es dazu? Was sind die konkreten Situationsbedingungen und -einflüsse? Was geschah genau? Gab es in letzter Zeit konkrete Auslöser?
- Was geschah direkt davor? Wie ist die genaue Vorgeschichte? Wer war im Vorfeld wie und warum aktiv tätig, und welche Auswirkungen hatte das?
- Was haben Sie anschließend gemacht?
- Wer ist insgesamt beteiligt und betroffen?

- Wie sind die Beziehungen der Beteiligten untereinander – jetzt und in ihrer Entwicklung? Wer hat welche Rolle?
- Welche Hierarchien, Rollengeflechte, Abhängigkeiten und welche unterschiedlichen Interessen und Ziele bestehen?
- Was ist Ihre Rolle bei dem Ganzen?
- Wie muss man sich das alles geographisch vorstellen?

usw. usf.

Erkundung der inneren Situation (mit dem inneren Team)

Um eine für den Protagonisten passende Antwort auf seine Fragestellung zu finden, erkundet der Trainer, nachdem die äußere Situation deutlich geworden ist, die innere Ausgangslage des Ratsuchenden. Dieser Schritt stellt für manchen Teilnehmer eine überraschende Wende in der Exploration dar. Hat er doch vom Trainer erwartet, dass dieser ihn nun durch Empfehlungen, allgemeine Ratschläge und Tipps „auf Vordermann bringt", so bemerkt er jetzt vielleicht, dass es auch um ihn persönlich gehen soll. Häufig verwechseln Teilnehmer Begriffe wie „persönlich" und „privat" und sind sich nicht im Klaren darüber, dass Aspekte aus ihrem Privatleben auch in den beruflichen Alltag einfließen können und dass ihre privaten und beruflichen Rollen immer von ihren persönlichen Eigenschaften und Verhaltensweisen geprägt werden.

Für die Erkundung der inneren Ausgangslage hat sich die Metapher „Inneres Team" als hilfreiches Instrument herausgestellt, bei dem es darum geht, die verschiedenen Persönlichkeitsanteile des Menschen besser kennen zu lernen. Dabei ist die Identifikation der inneren Teammitglieder der erste (und häufig der entscheidende) Schritt!

Will man sein inneres Team erkunden, kann man entweder sein „Standard-Team", bezogen auf die Berufsrolle, explorieren oder sein „Spezialteam", bezogen auf eine bestimmte Situation, Fragestellung oder ein Thema. Die allgemeine und allumfassende Frage: „Welche Teammitglieder habe ich?" führt schnell zu abstrakt-philosophischen Erörterungen. Eine lustige Verdeutlichung dieses Umstandes veranschaulicht der Graffiti-Spruch an einer Hamburger U-Bahn: „Wer bin ich? – und wenn ja, wie viele?"

Das innere Team ist kontextabhängig oder rollenbezogen zu explorieren

Die Eröffnungsfrage könnte, auf eine vergangene Situation bezogen, lauten:

Welche Stimmen melden sich in Ihnen jetzt, wenn Sie von Ihrem Anliegen sprechen?“ Andere Möglichkeiten wären: „Wie erleben Sie den Moment? Was geht Ihnen durch den Kopf, und was bewegt sich in Ihrem Herzen? Was spüren Sie körperlich (in der Situation oder jetzt, wo Sie darüber sprechen)? Verändert sich das, wenn Sie sich etwas mehr Atemraum geben? Gibt es einen Impuls dazu, eine Geste oder eine Bewegung? Wenn Sie dem Wahrgenommenen eine Stimme geben, was sagt diese dann? Was will die Stimme?“ etc.

Es kann von Vorteil sein, wenn vor der ersten Anliegenbearbeitung die Theorie des inneren Teams vermittelt wurde. Durch diese kognitive Einstimmung wird für alle eine sprachliche und innere Voraussetzung geschaffen, die es leichter macht, personennah zu arbeiten, wenn das Thema es verlangt. Ein theoretischer Vorspann ist jedoch keine zwingende Vorbedingung, um mit dem „Inneren Team“ arbeiten zu können. Häufig reicht es, wenn der Trainer während der Exploration deutlich macht, dass er jetzt auf die „Innenseite des Verhaltens“ schaut. Als ausgesprochen hilfreich hat es sich aber immer erwiesen, wenn das Vorgehen durch eine begleitende Stegreifvisualisierung unterstützt wird. Es stellt für den Trainer eine Überprüfung dar, da der Protagonist jederzeit dem Bildentwurf widersprechen kann. Für den Ratsuchenden ist es die Kontrolle, ob er auch richtig verstanden wurde. Dazu geht der Berater ans Flipchart und malt einen Kopf und darunter einen dicken Bauch, damit genügend Platz besteht, das Innenleben des Ratsuchenden darin einzuzeichnen.

Abb. 5: Beginn der Exploration des inneren Teams am Flipchart

Bezüglich der Wortwahl hat es sich als günstig erwiesen, von inneren Stimmen und Persönlichkeitsteilen zu sprechen. Der Begriff „innere Stimme“ impliziert, dass die Persönlichkeitsanteile sprechen können und man ihnen zuhören kann. Durch den Begriff „Persönlichkeitsteil“ oder nur „...dieser Teil von Ihnen...“ wird vorausgesetzt, dass es sich um einzelne relativ autonome Anteile der Persönlichkeit handelt, die jeweils eigene Gefühle, Fähigkeiten, Gedanken, Talente, Temperamente, Interessen, Wünsche und Kommunikationsstile besitzen.

Übende Anfänger machen an dieser Stelle manchmal den Fehler, dass sie die Sprache des inneren Teams zu überstürzt, eilfertig und mit zu viel Nachdruck einführen. Dies löst beim Protagonisten oft eine defensive Reaktion aus. Eine angemessene Einführung könnte lauten: „Wie Sie wissen, setzt klare Kommunikation Selbstklärung voraus. Dazu müssen wir einmal erkunden, welche inneren Stimmen sich bei Ihnen in dieser für Sie schwierigen Situation und Fragestellung melden. Danach können wir dann gemeinsam erforschen, welche Teammitglieder für die Situation förderlich und welche hinderlich sind und ob wir Ihr Anliegen überhaupt auf dieser Ebene bearbeiten wollen."

Eine abwegige Einleitung wäre: „Für jede Situation braucht man die entsprechende innere Voraussetzung. Wir können jetzt einmal schauen, ob Sie die für Ihre Problemsituation nötigen Teammitglieder mitbringen...". Diese Formulierung deutet an, dass der Trainer eine genaue Vorstellung davon hat, was richtig und was falsch ist, und er dem unkundigen Protagonisten schon den richtigen Weg weisen wird. Solch eine bewertende und dirigistische Vorgehensweise bei einer persönlichkeitsnahen Arbeit übergeht das Gebot der persönlichen Freiheit und „subjektiven Stimmigkeit". Schwierige Kommunikationssituationen können so vielfältig bewältigt werden, wie es Menschen gibt. Wer sich in das innere System eines Ratsuchenden begibt, sollte dies deshalb nur mit non-direktiver Haltung tun.

Sollte der Protagonist andere Begriffe benutzen als der Trainer, ist es ratsam, seine Begriffe zu übernehmen, damit der Protagonist nicht zur dauernden Übersetzungsleistung genötigt wird.

Ich gehe häufig erst dann ans Flipchart, wenn der Protagonist schon einige innere Stimmen benannt oder zwischen den Zeilen angedeutet hat. Hat er seine Gefühle nur umschrieben oder eher allgemein erklärt, gebe ich ihm das Gesagte in der Sprache des inneren Teams als Feedback zurück: „Sie sagen, dass Sie das Verhalten Ihres Kollegen unmöglich finden. Ist das in Ihnen Empörung, Wut, Entrüstung, oder sind Sie eher gekränkt, beleidigt oder verletzt? Vielleicht ist es ja auch eine moralische Instanz in Ihnen, die sagt, dass das Verhalten verkehrt ist? Wie spüren Sie das genau? Welcher Anteil meldet sich da in Ihnen?"

Indem ich die so gefundenen Teammitglieder dann durch die Visualisierung am Flipchart ins Bild bringe, fokussiere ich meine Aufmerksamkeit und die des Protagonisten und überprüfe zugleich, ob ich ihn bisher richtig verstanden habe. Dabei beobachte ich, ob der Protagonist meinen Gedanken und Visualisierungen folgen kann. Häufig male ich zunächst einmal nur den Bauchraum auf, benenne die von ihm genannten Teammitglieder noch einmal und frage dann, wohin ich das erste Teammitglied malen soll: „...in die Mitte? Vorne, an der Kontaktseite? Im Hintergrund? Wo gehört er hin? Wie erleben Sie es?..." Nach meiner Erfahrung lassen sich manche Teammitglieder per Namen finden und andere dadurch, dass zunächst ihre Stimme gehört wird. Ihre Sätze können z.B. sein:

- „Tu´s ja nicht! Tu´s ja nicht!"
- „Jeder ist sich selbst der Nächste!"
- „Das schaffst du ja sowieso nicht! Lass es lieber!"
- „Die anderen wollen dich ja nur fertig machen!"
- „Sei lieber höflich und nett, dann tut dir keiner etwas!"
- „Für sich selbst sorgen ist egoistisch!"
- „Zieh dich lieber zurück und schweige, dann bist du in Sicherheit!"
- „Lieber mit schlechtem Gewissen leben als mit schlechtem Ruf!" (oder umgekehrt)
- „Du darfst dem anderen aber nicht wehtun!"

Jedes wichtige Teammitglied mit Namen und Grundbotschaft visualisieren

Bei solchen und ähnlichen Sätzen können wir erfragen, wer denn da gerade spricht, und können jetzt dem gefundenen Teammitglied einen Namen geben. Zum Schluss sollte das Teammitglied mit folgenden Angaben auf dem Bild sichtbar sein: als Symbol (z.B. der innere Geldgeier als $-Zeichen) oder Figur (möglichst mit passender Mimik, so dass der „innere Griesgram" kein strahlendes Lächeln hat), mit Namen und typischem Satz, aus dem Haltung oder Funktion deutlich werden. So könnte der „brave Junge" sagen: „Immer lächeln, dann tut mir keiner was!" oder der opportunistische Karrierist: „Was ist hier am geschicktesten?"

Benennt der Protagonist ein Teammitglied („Da ist noch ein trotziger Teil in mir"), frage ich, wo ich es einzeichnen soll, male es auf und erkundige mich, welcher Satz für diesen Persönlichkeitsanteil typisch ist. Fallen dem Ratsuchenden mehrere Sätze ein, so kann er den treffendsten Satz auswählen, den ich dann aufs Papier bringe. Kann der Ratsuchende das Teammitglied zwar nicht benennen, hört aber dessen „innere Stimme", so frage ich nach, wo er diese Stimme in seinem Körper wahrnimmt und wo ich das Teammitglied entsprechend einzeichnen soll. Dazu male ich jetzt eine Figur oder ein Symbol ohne Namen, aber mit einer gefüllten Sprechblase auf. Erst im zweiten Schritt unterstütze ich den Ratsuchenden dann, den Namen des Teammitglieds zu entdecken. Sollte der Ratsuchende keinen Namen finden, so kann der Berater diesen Punkt vorläufig offen lassen oder die Gruppe fragen, welchen Namen sie diesem Teammitglied geben würde. Nachdem der Ratsuchende sich die Angebote der Gruppe angehört hat, ist er vielleicht durch die unterschiedlichen Anregungen in der Lage, selbst den passenden Namen zu finden.

Durch Fragen wie: „Was sagen Sie sich dann?" oder „Was will dieses Teammitglied im Gegensatz zu seinem Gegenspieler?" wird der Ratsuchende darin unterstützt, einen Zugang zu seinen inneren Dialogen zu finden und sich mit den unterschiedlichen Teilen seiner Person bekannt zu machen, die bei seiner Fragestellung eine Schlüsselrolle spielen. Die innere und äußere Haltung des Trainers sollte alle Teammitglieder willkommen heißen, da jeder Gedanke und jede Gefühlsreaktion zunächst einmal Daseinsberechtigung hat. Er kann den Protagonisten auch unterstützen, unbekannte Teammitglieder aufzuwecken, indem er vorsichtig kommentierend fragt: „Wie haben Sie es nur geschafft, dabei nicht wütend zu werden?“ oder „Ich hätte nicht so lange geduldig warten können!“ oder „Nach so einem Vorfall wäre ich verletzt gewesen.“

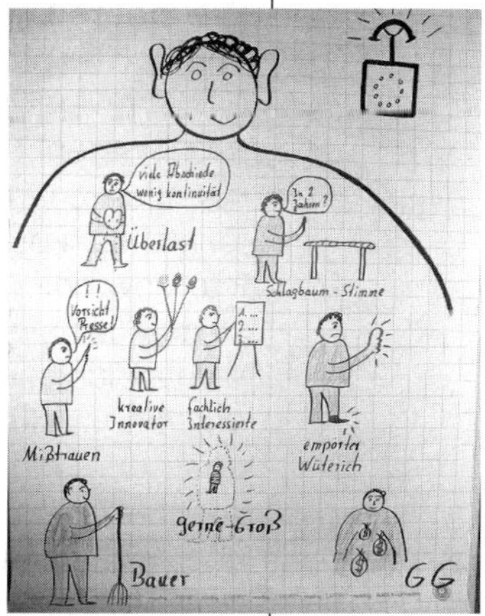

Abb. 6: Exploration des inneren Teams

So entsteht im engen Kontakt zum Ratsuchenden eine dialogische Erkundung des gesamten inneren Teams, und langsam entwickelt sich die innere Landschaft des Protagonisten auf dem Flipchart. Um die Informationsdichte nicht zu komplex werden zu lassen und um den Ratsuchenden und mich selbst nicht zu verwirren, versuche ich dabei nur die für die Situation und das Thema bedeutsamen Teammitglieder aufzumalen.

Tut sich der Protagonist schwer, seine inneren Teammitglieder zu finden, und ist er im Selbsterforschen ungeübt, kann der Berater durch drei Fragenkomplexe Unterstützung anbieten:

1. Wie verhalten Sie sich konkret, und welche Teammitglieder sind dafür zuständig?
2. Wie würden Sie sich gerne verhalten, und welche Teammitglieder sind dafür zuständig?
3. Welche Teammitglieder hindern Sie am gewünschten Verhalten?

Nachdem die einzelnen Teammitglieder gefunden sind, kann sich ein Interview mit den einzelnen Teammitgliedern anschließen. Dazu wird entweder das „Ich“ des Protagonisten die Auskünfte über die einzelnen Teammitglieder geben, was den Vorteil hätte, dass zugleich erkundet wird, inwieweit das Ich abgegrenzt ist und seine Führungsaufgabe wahrnehmen kann. Oder der Protagonist identifiziert sich mit jedem einzelnen Teammitglied und antwortet aus der jeweiligen Rolle heraus auf die Fragen des Leiters. Mögliche Fragen sind: Worum geht es dir hauptsächlich? Bist du männlich oder weiblich? Wann kostest du Energie und wann schenkst du Energie? Was willst du erreichen/verhindern? Welche Befürchtungen, Impulse, Anliegen, Ziele hast du? Was willst du mit/von dem Protagonisten? Seit wann bist du da? Wann tauchst du auf? Wann nicht? Dabei ist es wichtig, auf Atmosphärisches und körperliche Begleitsignale des Protagonisten zu achten, da sie häufig auf wesentliche Inhalte hinweisen.

Die innere Dynamik und Beziehung zum Ich explorieren

Es wäre verfrüht, sich schon jetzt auf die Bearbeitung der gefundenen inneren Teammitglieder zu konzentrieren. Man könnte zwar, nachdem man alle relevanten Teammitglieder gefunden hat, ein offensichtlich problematisches Teammitglied herausgreifen und es im Interview befragen, welche guten Absichten und Intentionen es hinter seinem problematischen Verhalten verfolgt, um danach mit ihm in Verhandlung zu treten, wie es seine ursprünglich gute Absicht auf andere konstruktive Art erreichen kann. Danach ließe sich überprüfen, ob andere innere Teammitglieder Widerspruch einlegen, um dann zum nächsten Teammitglied überzugehen, und mit diesem und dem übernächsten und überübernächsten den Prozess erneut durchführen. Dieses Vorgehen wäre sehr aufwendig und unterliegt der Gefahr, dass man sich in vielen Inhaltsdiskussionen verliert. Die Informationsdichte wird zu komplex, und zum Schluss sind alle Beteiligten einschließlich des Beraters verwirrt.

Deshalb sollte man nach der „Erkundungsphase" den Blick vor allem auf die Organisation, auf die Interaktion und die Art, wie die Teammitglieder miteinander umgehen, fokussieren und nicht so sehr auf die inhaltlichen Aussagen einzelner Teammitglieder. Ein solches Vorgehen entspricht der systemischen Denkweise und ihrer Grundaussage: Der Beziehungsprozess ist relevanter als der Inhaltsprozess.

Häufig ist es notwendig, als Trainer in dieser zweiten Phase ein neues Blatt Papier zu nehmen, um die gefundenen Teammitglieder so aufzumalen, dass deutlich wird:

- Wer steht wo auf der inneren Bühne? Wer steht an der Kontaktfront und darf im Kontakt zu seinem Mitmenschen sichtbar werden, und wer bleibt gerne versteckt und zieht aus dem Verborgenen heimlich seine Fäden?
- Wer bewegt sich eher im Hintergrund und möchte gerne nach vorne kommen? Wer hindert ihn daran?
- Wer ist dominant und wer ist schwach?
- Wer schützt wen und wer schiebt wen nach vorne?
- Wer übt auf wen welchen Einfluss aus?
- Wer aktiviert oder wer bremst wen?
- Wer ist mit wem eine Koalition eingegangen, gegen wen und warum?

- Wer liegt mit wem im Streit und warum?
- Welche Teile haben sich polarisiert?
- Welcher innere Dialog findet in einer bestimmten Situation statt?
- Wie wird bezüglich des aktuellen Anliegens die innere Konferenz geleitet und von wem? Welche Dynamik entwickelt sich im Inneren des Protagonisten?

In dieser Phase wird hauptsächlich das Ich angesprochen, welches Auskünfte über sein inneres Team liefert. Dadurch bekommt der Trainer ein genaueres Bild der Struktur des inneren Teams und erhält diagnostische Hinweise darauf, welche Interventionen in der Bearbeitungsphase von inneren Prozessen angemessen sein können.

Äußerer Kontext und innerer Kontext: Beides wird gebraucht!

Je nach beruflicher Sozialisation und persönlichen Vorlieben neigen Trainer dazu, eine der beiden Blickrichtungen der Exploration zu vernachlässigen und die Explorationslupe auf den Aspekt zu legen, der ihnen mehr liegt. Er fragt da nach und arbeitet dort genauer, wo er sich sicherer, kompetenter und „zu Hause" fühlt. Ein Beispiel aus einer Trainerfortbildung soll eine einseitige Blickrichtung und ihre möglichen Folgen verdeutlichen.

Beispiel:

Ein Teilnehmer (im Folgenden Protagonist genannt) bietet zu Übungszwecken ein reales Problem an, und ein anderer Teilnehmer möchte üben, das Problemfeld zu explorieren. Der übende Teilnehmer (im Folgenden Trainer genannt) kommt aus einem psychosozialen Berufsfeld.

Protagonist: „Ich wollte auf einer Bergtour jemandem Feedback geben, wurde jedoch unsicher, ob ich das kann und darf. Meine Fragestellung lautet: Wie kann ich jemandem Feedback geben, ohne ihn zu stark zu verletzen?"
Trainer: „War der Feedbacknehmer ein Kollege?"
Protagonist: „Nein, er war ein Teilnehmer, und ich war der Leiter einer Gruppe von 12 Leuten."
Trainer: „Und warum wolltest du dem Teilnehmer Feedback geben? Worum ging es dabei?"
Protagonist: „Dieser Teilnehmer verhielt sich ziemlich unsozial. Alle haben beim Zeltaufbau, Wasserholen, Kochen und Abwaschen mit angepackt. Nur er war immer genau zu diesen Zeiten weg, meditierte oder sah sich in einiger Entfernung die schöne Bergwelt an. Es war zwar nicht so, dass er gar nichts tat, aber dass er zum Beispiel beim

Aufbau des Lagers am Abend für 3 Minuten den Müll einsammelte, war kein gleichwertiger Ersatz für 1,5 Stunden Zeltaufbau und Kochen. Er verhielt sich einfach unsozial."
Trainer: „Verstehe. Und das wolltest du ihm sagen?"
Protagonist: „Richtig. Aber ich kann ja nicht einfach zu jemandem sagen: Du bist ein Sozialschwein, wenn du dich so und so verhältst!"
Trainer: „Bevor wir schauen, wie man es angemessen formulieren kann, möchte ich gerne noch einmal gucken, warum es für dich schwierig ist, jemandem Feedback zu geben. Welche Stimmen melden sich in so einer Situation in dir?"
Protagonist: „Na ja, ich will den anderen nicht verletzen."
Trainer: „Wie würdest du diese Stimme nennen? Wer in dir möchte den anderen nicht verletzen?"
Protagonist: „Vielleicht der Rücksichtsvolle!"
Trainer geht ans Flipchart und beginnt das innere Team des Klienten aufzumalen:
„Da ist in dir ein rücksichtsvoller Persönlichkeitsanteil, der sagt: Du darfst den anderen nicht verletzen! Stimmt das so?"
Protagonist: „Genau."
Trainer: „Wer meldet sich da sonst noch in dir?"
Protagonist: „Der Verantwortliche, der für die ganze Gruppe die Verantwortung trägt. Der sagt: Da musst du jetzt aber ran, da darfst du nicht kneifen. Du bist für den sozialen Frieden verantwortlich!"
Trainer: (malt auch dieses Teammitglied auf und schreibt dessen Satz in die Sprechblase): „Gibt es sonst noch Teammitglieder, die du in der Situation wahrnehmen kannst?"
Protagonist (überlegt): „Ja, den Zögerlichen. Der zögert und zaudert immer, wenn es schwierig wird."
Trainer: „Und was sagt der so, während er zögert und zaudert?"
Protagonist: „Mach ja keinen Fehler! Erst mal gut überlegen! Denk erst mal nach, wann, wie und ob überhaupt!"
Trainer: „Den scheinst du gut zu kennen?"
Protagonist: „Ja, der hemmt mich immer an meiner Spontaneität. Er nervt mich manchmal ganz schön. Andere sagen mir zwar häufig, ich wäre so angenehm ruhig. Aber das ist eher eine Hemmung in mir."
Trainer: (malt auch dieses Teammitglied und seinen Schlüsselsatz auf) „Gab es in der Situation noch jemanden in dir, der wichtig ist?"
Protagonist (überlegt zögerlich): „Ja, ich war in der Situation auch wütend. Wenn sich jemand wie ein Sozialschwein aufführt, kommt bei mir manchmal richtig Hass auf. Da bin ich sehr empfindlich und schnell empört."
Trainer: „Was sagt die Wut in dir, wenn du ein solches Sozialschwein siehst?"
Protagonist: „Verdammt, alle reißen sich zusammen, fügen sich ein

und sorgen für ein kooperatives Klima. Nur der folgt seiner Lust und Laune. Der ist nicht nur ein Sozialschwein, sondern auch eine Egoistensau! Das klingt vielleicht ein bisschen hart, aber so empfinde ich das nun mal."

Trainer: „Stimmt es für dich, wenn ich aufschreibe, dass der wütende Teil von dir sagt: Du Egoistensau!"

Protagonist: „Ja, das reicht."

Trainer: „Ist noch jemand wichtig?"

Protagonist (überlegt): „Nein, das wären die wichtigsten."

Trainer: „Wenn du an deine ursprüngliche Fragestellung denkst, welche von diesen Stimmen möchtest du dir hier einmal anschauen?"

Protagonist (überlegt lange): „Den Zögerlichen, der hängt mir irgendwie im Nacken und bremst mich zu oft."

Trainer: „Gut, dann lass uns einmal..."

Im Folgenden wurde der zögerliche Persönlichkeitsanteil des Ratsuchenden genauer erforscht und seine biographische Leistung gewürdigt. Nachdem der Protagonist sein Ziel formuliert hatte (sich spontaner zu verhalten und auch einmal ein Risiko einzugehen), wurde dies geübt, indem er jedem Einzelnen in der Ausbildungsgruppe ein ehrliches Feedback geben sollte.

Nach der Auswertungsphase und einer kurzen Pause fragte der Ausbilder den Protagonisten, ob er bereit sei, sich einem zweiten „Trainer" für eine erneute, allerdings genauere Exploration des äußeren Kontextes zur Verfügung zu stellen. Da der Teilnehmer einwilligte, entwickelt sich ungefähr folgender Dialog:

Trainer 2: „Du hast gesagt, dass du der Leiter dieser Gruppe warst. Was war das für eine Gruppe? Wie kam die zustande und welches Ziel hatte sie?"

Protagonist: „Die Gruppe bestand aus 12 Teilnehmern, die sich für eine Bergbesteigung in Kanada angemeldet hatten. Es sollte auf einen Sechstausender gehen. Ich bin ausgebildeter Bergführer und war für die Gruppe verantwortlich."

Trainer 2: „Arbeitest du nur als Bergführer oder auch noch in anderen Zusammenhängen?"

Protagonist: „Ich führe auch andere Trainings durch und möchte mehr in den Managementbereich, wo ich gerne Verhaltens- und Kommunikationstrainings leiten würde. Einige Erfahrungen habe ich damit auch schon gesammelt. Ich habe eine kleine Firma, die ich mit einem Freund und Kollegen zusammen leite. Wir drucken Ausschreibungstexte und verschicken sie an verschiedene Stellen. Inzwischen haben wir einen guten Ruf und sind auch schon recht bekannt."

Trainer 2: „Wie habt ihr euch die unterschiedlichen Aufgaben aufgeteilt?"

Protagonist: „Unser Prinzip ist: Jeder macht alles! Aber ich muss dazu sagen, dass er die Ausschreibung für diese Tour gemacht hat. Wir veranstalten immer vor so einer großen Tour mit den Teilnehmern ein Vortreffen. Auch das hatte er organisiert und geleitet. Man könnte sagen, dass es sein Projekt war. Er wollte ja auch ursprünglich selbst als Bergführer die Tour leiten, musste dann aber aus privaten Gründen absagen, und ich musste einspringen."

Trainer 2: „Das könnte bei der Fragestellung wichtig werden. Als du für ihn, nachdem er die Organisation und auch das Vortreffen schon geleitet hatte, einspringen musstest, wie war das für dich? War dir das lieb und recht oder eher eine mühsame Verpflichtung?"

Protagonist: „Schon ganz recht, ich musste halt einspringen. Aber mir war ein gutes Übergabegespräch vorher wichtig, und eine Mitteilung an alle Teilnehmer mit der Begründung."

Trainer 2: „Habt ihr dann ein erneutes Vorgespräch organisiert, damit die Teilnehmer dich als den neuen Bergführer kennenlernen können?"

Protagonist: „Nein, dazu war keine Zeit mehr. Wir haben an alle ein Rundschreiben geschickt, in dem ich mich vorgestellt habe, und jeder konnte sich entscheiden, ob er unter diesen veränderten Bedingungen von der ursprünglichen Anmeldung wieder zurücktreten wollte. Wollte aber keiner. – Aber wo du jetzt so genau nachfragst, da kommt mir der Gedanke, dass mein Kollege und ich evtuell das interne Übergabegespräch nicht sorgfältig genug geführt haben. Ich weiß zum Beispiel nicht, wie er seine Aufgaben in so einem Vortreffen mit den Teilnehmern umschreibt und ob er überhaupt etwas zu seiner Rolle sagt."

Trainer 2: „Sicher ein wichtiger Punkt. Erzähl nun einmal genauer, wie es zu dieser Feedbacksituation auf der Tour gekommen ist."

Protagonist: „Na ja, wir hatten schon eine ziemliche Strecke hinter uns. Es gibt dann immer einen Punkt, ab dem kein Einzelner mehr zurückgehen kann. Wenn einer zurückgeht, dann müssen alle zurück. Sonst reicht das Wasser und die Nahrung nicht. Wir waren also schon ziemlich weit, und in dieser besagten Dreiergruppe klappte es nicht. Die beiden Betroffenen sind dann zu mir gekommen und haben mir erzählt, dass der Dritte sich vor unliebsamen Arbeiten drückt und die Arbeitslast auf zwei statt auf drei Schultern ruht. Sie wären genervt und ich sollte ihm doch einmal sagen, dass er sich ändern soll. Da wurde ich unsicher und wusste nicht, wie ich es ihm sagen sollte. Vielleicht wäre er anschließend verletzt oder beleidigt und hätte zurück gewollt. Dann wäre die ganze Tour geplatzt. Das konnte und wollte ich nicht riskieren. So weiter wie bisher konnte es aber auch

nicht gehen. Deshalb ja meine Frage mit dem Feedback."
Trainer 2: „Du siehst deine Rolle dann eher als Feedback-Geber, und deine Leitungsrolle verstehst du in der Situation so, dass du denjenigen, der sich nicht an die Spielregeln hält, zur Brust nimmst. Du könntest dich ja auch als Klärungshelfer verstehen, der sich mit allen Dreien zusammensetzt und seine Rolle dabei nicht als Schiedsrichter oder sogar Ankläger sieht."
Protagonist: „Da hast du Recht. Mein Kollege würde das wohl eher so sehen. Ihm wäre die Rolle des Klärungshelfers zwar auch unangenehm, und er würde sich auch fragen, ob er ihr gewachsen ist. Aber ich bin mir ziemlich sicher, dass er in so einer Situation kein direktes Feedback verteilen und damit einer der beiden Parteien Recht geben würde. Er würde eher versuchen, sie darin zu unterstützen, dass sie ihre Auseinandersetzung selbst besprechen können.
Mir fällt jetzt auf, mein Kollege und ich beschreiben untereinander und auch im Vortreffen mit den Teilnehmern unsere Rolle nicht so, dass die Leute genau wissen, was wir tun und was wir nicht tun werden. Ich werde mit meinem Kollegen einmal darüber sprechen, wie wir unsere Rollen sehen und wie wir sie den Teilnehmern gegenüber im Vorfeld konkretisieren können. Vielleicht ist mein Feedback-Thema wohl eher eine Rollenfrage als ein Problem, was ich mit mir selbst herumschleppe."

In der zweiten Exploration wurde durch eine detailierte Erkundung des äußeren Kontextes deutlich, dass die ursprünglich vorgetragene Fragestellung nicht nur eine persönliche Kommunikationsschwierigkeit für den Protagonisten darstellt, sondern auch in situativen Einflüssen und ungeklärten Rollenabsprachen begründet liegt.

Durch gezielte Fragen kann im Verlauf einer Exploration entschieden werden, auf welchen Aspekt die Aufmerksamkeit hauptsächlich gelenkt werden soll. Hätte der erste Berater die für den Beginn einer Exploration wichtige Unterscheidungsfrage gestellt: „Ist Feedback-Geben ein generelles Thema für dich, das dir häufig schwerfällt, oder ist es dir nur in dieser Gruppensituation schwergefallen?" hätte die Antwort des Protagonisten vielleicht schon entscheidende Weichen für die Explorationsphase gestellt. Um herauszubekommen, ob die Frage des Ratsuchenden auf eine konkrete Situation zielt, für die er eine Lösung sucht, oder ob die konkret beschriebene Situation nur ein Beispiel für ein übergeordnetes persönliches Thema ist, empfiehlt es sich, diese Unterscheidungsfrage schon relativ früh zu stellen.

Es ist jedoch zu beachten, dass die Antwort des Protagonisten nicht immer auch darüber entscheidet, wo das Problem wirklich liegt.

Wenn er das selbst genau wüsste, würde er das Thema schon zu Beginn entsprechend formulieren.

Der Trainer versteht sich in der Explorationsphase als „Feldforscher“, der die innere und äußere Situation betrachtet und zusätzlich herauszufinden versucht, wie sich die beiden Aspekte aufeinander beziehen und welche Wechselwirkungen beide Bereiche aufeinander haben. Außerdem hat er im Blickfeld, wie sich die ursprüngliche Fragestellung durch die differenzierte Exploration verändert.

Berater 1 begeht insofern einen Kunstfehler, da er vorschnell, ohne differenzierte Exploration, die Problemsicht des Ratsuchenden übernimmt und von dessen Standpunkt aus auf dessen Lösung blickt.

Will Berater 1 aus der Haltung: „Dein Wille geschehe!“ das Problem des Ratsuchenden lösen, so will Berater 2 (hier durch den Auftrag des Ausbilders) aus der Haltung: „Dein Wille sei mir ein Explorationsanlass!“ das Problemfeld sowohl auf den inneren als auch auf den äußeren Kontext hin erforschen.

Ein anderer Fallstrick in der Explorationsphase ist die eigene „Lieblingslösung“ des Trainers. Häufig entwickelt der Trainer schon relativ früh eine Idee davon, wie eine Lösung aussehen könnte. Dies („Hurra, ich habe die Lösung für dein Problem!“) wird dann zu einer negativen Verführung, wenn unsere Lösungsidee uns zum „Wissenden“ werden lässt, für den es unmöglich wird, als „naiv Fragender“ dem Protagonisten zu helfen, über seinen eigenen Tellerrand zu schauen. Als „Wissender“ halten wir dann unsere Lösungsidee so stark im Bewusstseinsvordergrund, dass sich jede Intervention nur noch um diese Lösungsvorstellung dreht. Jede Frage dient der Überprüfung oder Bestätigung der eigenen Lösungsidee. Jetzt kreisen die Interventionen nicht mehr um den Protagonisten und seine Problemstellung, sondern um meine Lösungsidee und dienen der Verifizierung meiner Hypothese. Wir haben nicht mehr einen Lösungsgedanken, sondern der Gedanke hat uns; wir führen nicht mehr das Gespräch, sondern die Lösungsidee führt uns. Die Lösungsidee beherrscht unbemerkt unser Denken und wird zur Lösungsfixierung. Haben wir einmal diese Lösungsbrille aufgesetzt, sind wir verführt, nur noch gefiltert oder mit „Tunnelblick“ auf das vorgetragene Problem zu schauen. Eine derart eingeengte Problemfixierung kann die Wahrnehmung des Protagonisten nicht mehr erweitern und verschiebt Verantwortlichkeiten.

Bei der Exploration Lösungslosigkeit aushalten

Um dieser Gefahr zu entgehen, ist es notwendig, dass der Trainer seine auftauchenden Lösungsideen innerlich beiseite legen kann und ihnen nur einen Vorläufigkeitscharakter zugesteht. So kann er unvoreingenommen eine saubere Exploration durchführen und häufig zur eigenen Überraschung feststellen, wie sich die entstehenden Lösungsvorstellungen im Laufe der Exploration immer wieder verändern. Dabei braucht er sich die auftauchenden Einfälle nicht vorzuwerfen. Im Gegenteil: vielleicht sind sie später einmal sehr hilfreich. Er darf seine eigenen Lösungsideen haben, sie für richtig halten und ihnen deshalb wohlgeneigt sein. Er muss sie allerdings jederzeit wieder loslassen können. Vor allem dann, wenn der Protagonist signalisiert, dass sie für ihn nicht annehmbar sind. In jedem Fall gilt: Der Protagonist muß seine Lösung finden!

Inhaltliche und szenische Diagnostik

Grundsätzlich ergeben sich immer zwei Möglichkeiten, diagnostische Grundlagen zu erheben: die inhaltlichen und die szenischen Informationen. Die bisher beschriebenen Explorationsschritte beziehen sich auf das Thema, um das es in der aktuellen Anliegenarbeit gerade gehen soll. Die Informationsquellen liegen in der Themenstruktur und im Protagonisten. Sie sind durch das Anliegen vorgegeben.
Bei der szenischen Diagnostik liegt die Informationsquelle in der Art und Weise, wie der Protagonist sich während der Fallbearbeitung (und im bisherigen Verlauf des Seminars) verhält. Häufig inszeniert er eine Situation, die in direktem oder indirektem Zusammenhang mit seinem Anliegen steht.

Beispiel:
In einem Kommunikationstraining sollte das erste Thema bearbeitet werden. Der Trainer fragte die Gruppe, wer beginnen möchte. Ein Teilnehmer meldete sich und begann sofort über sein Thema zu reden. Er stand auf, ging zu seinem Bild und sprach mit schnellen Worten:

„Mein Thema habe ich gestern ja schon in diesem Hebammengespräch mit Herrn X besprochen. Ich habe aber heute in der Mittagspause mit meinem Vorstand telefoniert, und der hat mir nun doch Recht gegeben. Ich soll mit Herrn Schneider so zusammenarbeiten, dass er nicht mein Vorgesetzter ist, sondern mein Kollege. Herr Schneider denkt aber immer noch, dass er mein Chef ist, und verhält sich auch so. Das will ich mir nicht mehr länger bieten lassen. Auch wenn nicht genau geklärt ist, wer denn nun mein disziplinarischer Vorgesetzter ist, lass' ich mir die Vorwürfe von Herrn Schneider nicht mehr gefallen. Er sagt immer, ich hätte kein Feingefühl für bestimmte

Situationen, würde so manches abbügeln. Außerdem sagte er vor kurzem, ich sei manchmal so unsensibel und stürmisch wie ein Elefant im Prozellanladen, letztlich ginge es mir wohl nur um die Macht. Dabei geht es mir weniger um Macht, eher um gute Kooperation auf gleichwertiger Ebene. Allerdings muss ich zugeben, dass meine Mitarbeiter mir auf der letzten Teambesprechung auch gesagt haben, dass sie mit meinem Führungsstil nicht einverstanden sind. Ich würde zu wenig auf sie eingehen und mich nicht genug um ihre Fragen und Probleme kümmern. Ich würde immer das Tempo bestimmen und sie nicht wirklich zu Worte kommen lassen.....“

Diese Sätze kamen „ohne Punkt und Komma“ aus ihm heraus. Der Trainer und die Gruppe waren nach dem Redeschwall zunächst einmal erschlagen. Der Trainer war außerdem überrascht und fühlte sich überrannt. Wollte er doch zunächst noch einmal fragen, ob es andere Interessenten für die erste Praxisfallbearbeitung gebe, und abklären, wer beginnen würde.

Durch die dampfwalzenartige Redeweise des Protagonisten kam er jedoch nicht dazu. Günstig wäre es gewesen, wenn der Trainer sich nicht hätte überfahren lassen und nicht nur mit offenem Mund und perplexem Schweigen den Redeschwall über sich hätte ergehen lassen, sondern dies mit der Haltung erlebt hätte: „Na ja, ich wollte ja zuvor den Entscheidungsprozess noch genauer mit der Gesamtgruppe abstimmen. Aber ich lasse mal zu, was hier gerade geschieht, denn dieser ‘Auftritt’ des Protagonisten ist ja eine Inszenierung, die wahrscheinlich seinem Verhalten im beruflichen Alltag sehr ähnlich ist. Vielleicht deckt sich ja sein Verhalten hier im Seminar mit seinem Anliegen?“

Diese „szenische Information“ stellt für den Trainer häufig einen wichtigen Diagnose-Fundus dar, da das Verhalten des Protagonisten jetzt nicht nur von ihm selbst beschrieben und dabei durch seine Wahrnehmungskanäle und Bewertungsmaßstäbe gefiltert wird, sondern direkt und evident im Raum steht. Ein solches Entsprechen von Beschriebenem und Gegenwärtigem nennt man „Parallelprozesse“.

Jetzt braucht es noch vom Trainer das nötige Feingefühl und den geeigneten Zeitpunkt, um die verkraftbare Form dafür zu finden, wann und wie er den Protagonisten mit dem Offensichtlichen konfrontieren kann.

Auch wenn im vorliegenden Buch Strukturen und Phasen vorgestellt werden, sollte es nicht dazu führen, jeglichen Freiraum so wegzustrukturieren, dass sich keine „unbewussten Aufführungen“ und „szenischen Darstellungen“ ereignen können. Die Kunst liegt darin, folgerichtig und situationslogisch vorzugehen und zugleich dem freien Spiel der unbewussten Kräfte eine Chance zu lassen.

Anliegen- und Auftragsklärung

Häufig muss aus dem zu Beginn vorgetragenen Thema im Verlauf der Exploration noch ein Anliegen formuliert werden. Ein Anliegen wird aus einem Thema erst dann, wenn eine Frage vorliegt und diese eine positive Zielrichtung enthält oder wenn deutlich wird, worin der Beitrag des Protagonisten dabei liegen kann.

Das Thema: „Bei uns wird alles unter den Teppich gekehrt“ ist somit noch kein Anliegen. Zunächst muss deutlich werden, worin die Fragestellung liegt und auf welches Ziel der Protagonist schaut. Vielleicht will der Protagonist herausbekommen, wie er in einem Team oder einer Abteilung die Konfliktkultur verändern kann. Vielleicht will er aber auch in sich selbst eine Konfliktkultur entwickeln, die ihm hilft, strittige Themen offen anzusprechen. Womöglich hat er auch schon ein konkretes Thema vor Augen und weiß nicht, ob er und wie er es ansprechen soll. Dazu müsste deutlicher werden, worum es dabei genau geht, in welchem Kontext sein Problem angesprochen werden müsste und was seine Rolle dabei sein kann.

Nachdem die äußere und innere Ausgangslage erkundet wurde, ist meistens deutlich geworden, worin das genaue Anliegen besteht. Bleibt es trotzdem für den Leiter unklar, so ist vielleicht die mangelnde Klarheit des Anliegens ein wichtiges Symptom.

Das Anliegen als Frage formuliert („Wie kann ich...?“) ist der Auftrag des Protagonisten an den Leiter und die Gruppe. Dieser Vorgang ist zentral wichtig, da Anliegenarbeit immer Auftragsarbeit ist! Der Leiter ist bei der gesamten Anliegenarbeit „Auftragnehmer“ und muss bestrebt sein, vom Protagonisten einen klaren und realistischen Auftrag zu bekommen. Er darf nicht beginnen, das Thema zu bearbeiten, bevor ihm nicht deutlich ist, welchen Auftrag er hat. Das dient der Situations- und der Beziehungsklarheit.

Ist allen Beteiligten, dem Protagonisten, dem Leiter und der Gruppe klar, um was es bei einem konkreten Thema in einer konkreten Seminarsituation geht, dann ziehen alle am gleichen Strang, schauen in

Keine Anliegenarbeit ohne Auftrag

die gleiche Richtung und sind motiviert, die nächsten Schritte zu gehen (Situationsklarheit).

Da man eine Fortbildung und ein Kommunikationstraining auch völlig anders gestalten könnte, braucht der Seminarleiter vom Protagonisten den Auftrag, mit ihm an seinem persönlichen Thema zu arbeiten (Beziehungsklarheit). Sonst muss er sich dem späteren Vorwurf stellen, etwas getan zu haben, wozu er keinen Auftrag und keine Erlaubnis hatte.

Differentialdiagnose

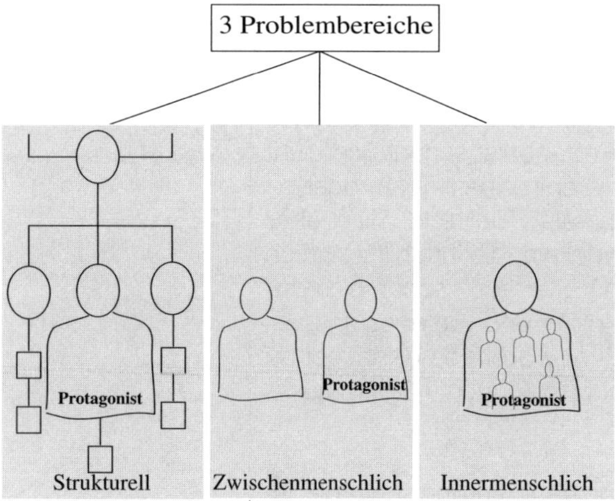

Abb.7: Problembereiche zur Differentialdiagnose

Ist durch die bisherige Exploration aus dem ursprünglichen Thema ein Anliegen geworden, muss der Leiter eine Differentialdiagnose vornehmen. Diese braucht er, damit er für die Bearbeitungsphase weiß, worauf er seine Bearbeitungsmethoden fokussieren soll. Da in beruflichen Feldern Problemsituationen in drei Bereichen bestehen können, im strukturellen Bereich, im zwischenmenschlichen Bereich und im innermenschlichen Bereich, muss der Leiter mit dem Protagonisten abklären, welchen Bereich das vorgestellte Problem hauptsächlich betrifft (Kernproblem) und wo es jetzt schwerpunktmäßig zu bearbeiten ist.

Der strukturelle Bereich

Auf diese Ebene zielt der Satz: Nicht der Mensch ist schwierig, sondern die Lage ist schwierig, in der er sich befindet.

Mit dem strukturellem Bereich ist der Gesamtkontext und der Organisationsaufbau des Unternehmens mit seinen Hierarchieebenen, Arbeitsabläufen, Informations- und Entscheidungswegen gemeint, in denen der Protagonist sich bewegt und arbeitet. Die Mitarbeiter eines Unternehmens verhalten sich nicht nur aufgrund ihrer persönlichen Eigenarten, sondern sind auch darin gefordert, sich im Geflecht eines hierarchisch strukturierten Sozialgefüges gemäß ihrer Rolle zu verhalten. Sie müssen ihr Verhalten an den spezifischen Normen und Werten orientieren, die das Unternehmen nach innen erwartet und nach außen repräsentieren möchte.

Ein Konflikt zwischen Produktmanager und Vertriebsmann kann strukturell bedingt sein, und so mancher Mitarbeiter hat vielleicht wiederkehrende Probleme, da er zur Lösung seiner Aufgaben im Unternehmensorganigramm falsch oder unzweckmäßig eingeordnet ist. Würde er die hierarchisch und strukturell vorgesehenen Informations- und Entscheidungswege gehen, könnte er seine Aufgaben nicht angemessen und nur mit viel Zeitverlust erledigen. Umgeht er jedoch vorgeschriebene Wege und nimmt Abkürzungen, kann ihm daraus von bestimmten Entscheidungsträgern ein „Strick gedreht" werden. Solche oder ähnliche Problemlagen sollten mit struktureller Blickrichtung angegangen und entsprechend bearbeitet werden. Die Intervention, die sich bei der Einschätzung derartiger beruflicher Probleme allein an psychologischen Modellen orientiert, befasst sich nur mit einem Teil beruflicher Wirklichkeit und greift zu kurz.

Typische Problemstellungen im strukturellen Bereich sind beispielsweise: missverständliche Aufgaben-, Rollen- und Funktionsbeschreibungen und unklare hierarchische Beziehungen, so dass nicht eindeutig feststeht, wer wem was sagen darf und muss; diffuse Kompetenzverteilungen, so dass es vage bleibt, wer für was verantwortlich ist; Einführung von neuen oder Reduzierung von alten Hierarchie-Ebenen, Probleme durch Umstrukturierungsmaßnahmen, ungeklärte wechselseitige Erwartungen in den Hierarchien etc.

Eine Differentialdiagnose beachtet, dass der Mensch nicht frei von Bedingungen lebt, jedoch frei ist, zu ihnen Stellung zu nehmen und seinen Teil dazu beitragen kann, sie zu gestalten und zu verändern. Deshalb müssen die beiden anderen Bereiche ebenso beachtet werden.

Der zwischenmenschliche Bereich

Die zwischenmenschliche Ebene bezieht sich auf all die Problemstellungen und Störungen, die sich zwischen zwei oder mehreren Menschen ergeben können, wie z.B. Konkurrenzgefühle, Überheblichkeit, Neid, Misstrauen, persönliche Angriffe, Grenzüberschreitungen, Herabsetzungen, Entwertungen oder andere zwischenmenschliche Konfliktpotentiale. In diesen Bereich gehören auch alle Probleme, die das Klima in Abteilungen und Besprechungen betreffen, sowie Probleme bezüglich der Kommunikation und des Führungsstils.

Der innermenschliche Bereich

Hierzu gehören beispielsweise Entscheidungsprobleme, die Lebens- und Karriereplanung oder persönliche Weiterentwicklung. Im intrapsychischen Bereich erfolgt die Beratungsarbeit auch, wenn Verhaltensveränderungen schwierig sind und genau geprüft werden muss, welche inneren Voraussetzungen geschaffen werden müssen oder welche inneren Hindernisse und Dynamiken eine Verhaltensveränderung boykottieren.

Die Kompetenz eines erfahrenen Trainers liegt darin, die Verknüpfung und das Wechselspiel der drei Bereiche zu erkennen und dann die richtige erlebnisaktivierende Methode einzusetzen. Es wäre beispielsweise falsch und abwegig, strukturell-institutionelle Probleme mit individualpsychologischer Brille anzusehen und innermenschliche Probleme mit Blick auf die Unternehmensstrukturen anzugehen.

Häufig ist die Zuordnung nicht eindeutig

Bei mancher Fallarbeit ist die Problemstellung eindeutig einem dieser drei Bereiche zuzuordnen. Häufig befindet sich das vorgetragene Problem jedoch auf mehreren Ebenen gleichzeitig. In diesen Fällen ist zunächst einmal herauszuarbeiten, welches Problem zu welchem Bereich gehört, ob ein Zusammenhang besteht, welches Wechselspiel sich herausbildet und wann in welchem Bereich was geklärt werden muss, bzw. welches Vorgehen in welcher Reihenfolge sinnvoll erscheint.

Beispiel:
Herr Kappe, Mitarbeiter einer Fernsehanstalt, stellt in einer Beratung folgendes Problem vor:
„Ich bin als Redakteur für aktuelle Berichte zuständig. Zu meinen Aufgaben gehört beispielsweise nicht die Berichterstattung von Fußball-Länderspielen oder den Olympischen Spielen, da die ja zeitlich feststehen und deshalb langfristig planbar sind. Ich muss immer dann plötzlich los, wenn ungeplant ein wichtiges Ereignis eingetreten ist. Vor einigen Wochen war z.B. plötzlich ein Deich gebrochen, und ich sollte darüber berichten. Mein Problem ist nun, dass ich für meine unplanbaren, kurzfristig und unter Zeitdruck stattfindenden Einsätze zu der Abteilung gehen muss, die für die Wartung und Ausgabe der Kameras zuständig ist. Der Wartungsleiter, Herr Murr, macht mir dann jedesmal Schwierigkeiten. Nach seiner Meinung müsste ich den Dienstweg einhalten und zunächst meinen Chef informieren, der dann seine Vorgesetzte, die Redaktionsleiterin, die dann ihren Kollegen, den Leiter der Technik und dieser dann wiederum seinen Mitarbeiter, Herrn Murr, informiert. Dieser Weg würde aber jedesmal viel Zeit in

Anspruch nehmen, und gerade die habe ich ja meistens nicht. Also gehe ich direkt zu Herrn Murr. Der muss doch langsam wissen, was Sache ist, und erkennen, dass ich nicht erst den offiziellen Dienstweg gehen kann. Mein Vorgesetzter ist ja auch nicht immer sofort erreichbar. Das könnte Tage dauern, bis er den nötigen „Wisch in der Hand hält".

Bisher befindet sich das Problem eindeutig im strukturellen Bereich. Herr Kappe ist entweder im Organigramm der Fernsehanstalt unzweckmäßig eingeordnet, oder er braucht eine grundsätzliche Regelung der Abteilungsleiter, wie mit solchen Situationen umgegangen werden soll. Außerdem stehen die Fragen im Raum, wieso er als Redakteur die Kamera besorgen muss (Warum nicht z.B. sein Kameramann?) und warum nicht schon längst bezüglich des umständlichen Dienstweges bei aktueller Berichterstattung eine erleichternde Sonderlösung gefunden wurde. Herr Kappe berichtet jedoch weiter:

„Das Problem liegt wohl vor allem darin, dass mir Herr Murr sowieso nicht ganz grün ist. Er hat vor 2 Jahren von mir privat einen Pkw gekauft und ungefähr 4 Monate später behauptet, ich hätte ihn „übers Ohr gehauen" und nicht alle Mängel des Wagens aufgeführt. Er wollte, dass ich eine Reparatur bezahle, die 4 Monate nach Abschluss des Kaufvertrages fällig war. Das habe ich damals nicht eingesehen. Wie sagt man so schön: Gekauft wie gesehen! Bei einem Wagen, der über 100 000 km auf dem Buckel hat, geht nun mal einiges öfter kaputt als bei einem Neuwagen. Das war ja sein Risiko. Seitdem steht dieser Vorfall jedoch zwischen uns. Er ist anscheinend immer noch sauer auf mich."

Jetzt verlagert sich der Problembereich. Es wird deutlich, dass neben dem strukturellen Bereich der zwischenmenschliche Beziehungsbereich eine wichtige Rolle spielt und der Konflikt dort vielleicht das zentrale Problem bedeutet. Herr Kappe führt weiter aus:

„Meine Frau sagt, das wäre typisch für mich. Ich wäre grundsätzlich nicht konfliktfähig. Ich hätte Angst vor Aggressionen und würde daher lieber herumlavieren, als Konflikte wirklich ausräumen und klären. Manchmal sei ich sogar ein Schlitzohr. Ich muss ihr da wohl ein wenig Recht geben. Richtig wütend werde ich eigentlich nie, und laute Meinungsverschiedenheiten kommen bei mir ganz selten vor. Ich durchschaue im Allgemeinen recht gut, um was es geht, erkenne Missverständnisse schnell und bekomme es irgendwie hin, dass alles friedlich bleibt. Meistens haben es die anderen ja auch nicht so gemeint, und bestimmte Probleme kann man ganz gut aussitzen. Aber so langsam glaube ich, dass ich mit diesen Konfliktstrategien nicht weiterkomme. Wahrscheinlich ist meine Konfliktangst wohl das Hauptproblem."

Jetzt befindet sich Herr Kappe im innermenschlichen Bereich. Sein Umgang mit Konflikten stellt für ihn ein Problem dar, und die vorgestellte Situation scheint für ihn nur ein Beispiel zu sein, an dem er deutlich machen will, dass er so nicht weitermachen kann und will.

Liegt wie in diesem Beispiel in allen drei Bereichen ein Problem vor, müssen die einzelnen Problemfelder sorgsam herausgearbeitet werden. Danach kann geklärt werden, in welchem Bereich das Anliegen bearbeitet werden soll.

Manchmal drängt sich dafür eine logische oder auch psychologische Reihenfolge auf, die beachtet werden will, z.B.: Bevor ich ein Gespräch führe (zwischenmenschlicher Bereich), muss ich für mich selbst erst einmal klären, welchen genauen Standpunkt ich habe und was ich in dem Gespräch eigentlich will (innermenschlicher Bereich). Es gilt jedoch auch hier die nebenstehende übergeordnete Regel:

Merke: Der Auftrag wird immer vom Protagonisten erteilt!

Erlebnisaktivierende Methoden während der Exploration

Will der Leiter schon während der Exploration eine erlebnisaktivierende Methode einführen, kann er dies tun, indem er beispielsweise eine imaginäre Hilfsrolle einnimmt.

Beispiel:
Ein Gruppenleiter berichtet in einem Kommunikationstraining, dass er vor zwei Jahren nach dem Universitätsabschluss in einem Unternehmen angefangen und vor zwei Wochen die Aufgabe eines Gruppenleiters übernommen habe. Die Mitarbeiter der Gruppe, die er jetzt führen soll, seien alle älter und auch schon länger im Unternehmen als er. Er sorge sich, da er befürchte, dass der Altersunterschied zu Schwierigkeiten führen könne.

Will der Leiter zunächst die Selbstklärung des Protagonisten und seine Sorgen erforschen, so kann er ein kleines Rollenspiel initiieren, in dem er die Rolle eines „sehr guten Freundes" spielt. Er schlägt vielleicht folgende Situation vor: „Wir sitzen beim Angeln, und Sie berichten über Ihre neue Aufgabe als Gruppenleiter." In der Rolle des Freundes kann der Leiter jetzt aktiv zuhören und neugierig bohrend nachfragen, z.B.:

Leiter (als Freund): „Na, wie geht's im Betrieb?"
Protagonist: „Du, ich bin jetzt Gruppenleiter geworden."
Leiter (als Freund): „Mensch, du machst ja schnell Karriere. Wie schaffst du das nur?"
Protagonist: „Ich glaube, weil ich fachlich ganz fit bin. Da kommt aber auch ganz schön was auf mich zu, wenn ich an die alten Haudegen in der Gruppe denke."
Leiter (als Freund): „Du glaubst, dass die dich nicht als Vorgesetzten akzeptieren werden?"
Protagonist:„Na ja, ich bin der einzige Akademiker, das ist schon ein Vorteil – vielleicht auch ein Nachteil. Außerdem, ich bringe doch bei weitem nicht deren Berufs- und Lebenserfahrung mit."
Leiter (als Freund): „Gilt das allgemein, oder denkst du dabei an ganz bestimmte Mitarbeiter?"
Protagonist: „Nein, so ganz allgemein. Wie soll ich denn mit einem Mitarbeiter, der 20 Jahre älter ist als ich, ein Kritikgespräch führen?!"
Leiter (als Freund): „So wie mit jedem anderen auch: klar, konkret und höflich."
Protagonist: „Das sagst du so leicht. Mir wird dabei ganz mulmig."
Leiter (als Freund): „Erzähl mal genauer. Was meinst du mit mulmig?" usw.

Durch das Rollenspiel klärt der Protagonist sich selbst und erforscht seine inneren Befürchtungen und Bedenkenträger, und gleichzeitig hat der Leiter die Exploration durch ein Rollenspiel verlebendigt.

Will der Leiter seinen Fokus mehr auf die Beziehungen zu den Mitarbeitern des Protagonisten legen, so könnte er vorschlagen: „Ich möchte Sie einmal bitten, in die Rolle eines Ihrer älteren Mitarbeiter zu schlüpfen, deren Chef Sie geworden sind. Suchen Sie sich dazu bitte jemanden aus Ihrer Gruppe, der Ihnen in den Sinn kommt, wenn Sie an Ihre Sorgen denken. Haben Sie einen bestimmten Mitarbeiter vor Augen? Gut! Wie heißt er? O.k., sagen wir Herr Quirl. Bitte gehen Sie einmal in die Rolle von Herrn Quirl, und ich spiele dessen Ehefrau. Stellen Sie sich jetzt vor, dass wir als Ehepaar beim Abendbrot zusammensitzen. Sie können nun mit Ihrer Ehefrau über den neuen Vorgesetzten bei der Arbeit sprechen."

Der Leiter beginnt als Ehefrau: „Hallo Schatz, na, wie läuft es im Unternehmen?...mit deinem neuen Chef..." usw.

In diesem Rollenspiel berichtet der Protagonist im Rollentausch aus der Perspektive eines seiner Mitarbeiter über die neue Situation im Unternehmen. So kann herausgearbeitet werden, wie er sich gegenüber seinen Mitarbeitern verhält, und umgekehrt, wie diese ihn beurteilen.

Bearbeitung

Nachdem das Anliegen sauber exploriert wurde, muss der Leiter beim Übergang von der Explorationsphase in die Bearbeitungsphase eine Strukturidee entwickelt haben und entscheiden, welchen Vorschlag er dem Protagonisten zur Bearbeitung seines Anliegens machen will. Die Vielfalt der Möglichkeiten wurde durch die Differentialdiagnose schon etwas eingegrenzt. Welche Methoden er in den Bereichen anwenden kann, ist der Schwerpunkt dieses Buches und wird in den nächsten Kapiteln erläutert. Ziel der Bearbeitungsphase ist es, das Anliegen des Protagonisten durch erlebnisaktivierende Methoden

- zu konkretisieren,
- zu vertiefen und
- zu verlebendigen.

Das Anliegen soll also so bearbeitet werden, dass

- der Protagonist sein Verhaltensrepertoire erweitern kann,
- Erkenntnisse gewinnt oder Entlastung erfährt;
- das Thema konkret erfahrbar wird;
- der Protagonist nicht nur über das Thema spricht, sondern seine persönliche Betroffenheit deutlicher wird und bei zunehmender Ich-Nähe oft auch eine Vertiefung erreicht wird. Die Bearbeitung soll insgesamt so angeleitet werden, dass der Protagonist gestärkt aus ihr herauskommt.
- die Gruppenmitglieder nicht nur Zuschauer bleiben, sondern möglichst aktiv in einen lebendigen Prozess einbezogen werden.

Austausch

Diese Phase dient sowohl der Gruppe als auch dem Protagonisten.

Austausch für die Gruppe:
War die Gruppe in der ersten Phase der Exploration darauf beschränkt, die Sichtweise des Protagonisten zu verstehen, und in der zweiten Phase der Bearbeitung zum passiven Anteilnehmen oder zum aktiven „Mitspielen im Dienste des Protagonisten“ verpflichtet, so können die einzelnen Teilnehmer jetzt ihre Gedanken und ihre bis-

her zurückgehaltenen Reaktionen mitteilen. Dieser oft rege Gruppenaustausch muss vom Leiter so moderiert werden, dass er selbst seine eigenen Reaktionen als Betroffener einbringen kann und zugleich die Übersicht behält.

Austausch für den Protagonisten:
Der Protagonist stand jetzt lange im Mittelpunkt. Vielleicht war er gefühlsmäßig berührt, da er tiefere Schichten seiner Seele erkundet und sich dadurch selbst erfahren hat. Vielleicht hat er auch aktiv etwas ausprobiert und so sein Verhaltensrepertoire erweitert. Wie auch immer, er war über längere Zeit in einer exponierten Rolle. Manche Protagonisten sagen, dass sie für gewisse Zeit völlig den Kontakt zur Gruppe verloren hatten und nur noch mit sich und dem Thema beschäftigt waren. Sie „tauchen" jetzt wieder auf und brauchen nun den Kontakt zur Gruppe. Den Protagonisten interessiert vielleicht: Was denken die anderen jetzt über mich? Kennen sie das Thema auch oder bin ich hier der einzige, den diese Fragestellung bewegt? Wer hat welche Erfahrungen damit gemacht, und welche Bedeutung hat das heute für ihn?

Aufgabe des Leiters ist es deshalb, darauf zu achten, dass der Gruppenaustausch für den Protagonisten verkraftbar bleibt. Ist der Protagonist noch sehr bewegt, sollte der Leiter keine rationalen, analytischen Gruppenkommentare fördern, sondern neben den sachlichen die menschlichen Reaktionen einfordern. Auch Feedback in Form von Du-Botschaften tun dem Protagonisten dann nicht gut. Er hat viel von sich gezeigt und braucht jetzt keine klugen „psychologischen Fernanalysen". Deshalb gilt bei emotionaler Betroffenheit des Protagonisten: In der Austauschphase zunächst Sharing! Sharing bedeutet „mitteilen", und zwar so, dass jeder Gruppenteilnehmer seine Resonanz in Form von Ich-Botschaften (Selbstkundgabe) äußert. Die Teilnehmer können jetzt berichten, was der erlebte Prozess bei ihnen ausgelöst hat und welche eigenen Erlebnisse sie mit dem Thema verbinden. Dadurch steht der Protagonist mit seinen Selbstkundgaben nicht mehr alleine, und er bekommt Kontakt zur Gruppe.

War das Thema eher übend als selbsterfahrungsorientiert angelegt, möchte der Protagonist vielleicht noch nicht geäußerte Empfehlungen und Ratschläge hören oder erhält persönliches Feedback in Form von Du- oder Beziehungsbotschaften („In dem Rollenspiel ist mir bei dir aufgefallen, dass du..." oder „Ich war gestern dir gegenüber reserviert und zurückhaltend. Heute habe ich von dir ... verstanden. Ich bin jetzt sehr interessiert, mit dir über ... zu sprechen. Das können wir vielleicht nach dem Abendessen bei einem kleinen Spaziergang machen.").

Der Leiter braucht also ein sicheres Gefühl für das Bedürfnis des Protagonisten und für die Gesamtsituation, um die Austauschphase angemessen zu leiten. Benötigt der Protagonist Sharing, genügt es häufig nicht, wenn der Leiter zur Einleitung sagt: „Jetzt lassen Sie uns mal als Gruppe wieder zusammenkommen, so dass jeder sagen kann, was das Thema für ihn persönlich bedeutet." Er muss der Gruppe eine konkrete Hilfestellung geben, damit sie weiß, um was es jetzt geht. Dazu gehört, dass er das Thema benennt und die Art und Weise erklärt, wie darüber gesprochen werden soll. Zum Beispiel: „Wie Sie hören, ist Herr ... zur Zeit weder interessiert daran, zusätzliche Tipps und Ratschläge zu bekommen, noch ist ihm danach, persönliche Rückmeldungen zu hören. Das waren für ihn jetzt genug Anregungen zu diesem Thema. Was ihn interessiert, sind Ihre persönlichen Erfahrungen, die Sie in Ihrem Berufsalltag mit dem Thema gemacht haben. Das Thema war zu Beginn die Arbeitsüberlastung, die in vielen Abteilungen vorherrscht. Zum Schluss stand jedoch die Fragestellung im Raum: Warum tue ich mich so schwer, andere um Hilfe oder Entlastung zu bitten? Wer von Ihnen kennt dieses Problem und möchte dazu etwas sagen?"

Nachdem die Teilnehmer ihre Erfahrungen mitgeteilt haben, gehört das Schlusswort dem Protagonisten. Er kann abschließend ein Resümee ziehen: Wie ist es mir während der Fallarbeit ergangen, und wie geht es mir jetzt? Welche Erkenntnisse ziehe ich aus dem Ganzen, und was war mir das Wichtigste? Danach ist die Fallarbeit beendet.

Die Bearbeitung eines Anliegens dauert ca. 40 – 90 Min.

Erfahrungsgemäß dauert die Anliegenbearbeitung eines Themas zwischen 40 und 90 Minuten. Der Leiter sollte bei der Bearbeitung die Zeit im Auge behalten, damit sich der Prozess nicht unnötig ausweitet und für alle verkraftbar bleibt.

Einordnung

Wenn es das Thema nahelegt, kann nach einer Pause noch eine theoretische Einordnung erfolgen. Dabei wird über das persönliche Beispiel des Protagonisten hinausgegangen, und übergeordnete Zusammenhänge werden verdeutlicht. Manchmal kann es für alle Beteiligten erhellend sein zu hören, dass es möglich ist, die gerade hautnah erlebte verwirrende Dynamik und die persönliche oder zwischenmenschliche Verstrickung theoretisch einzuordnen, dass sie erklärbar und kognitiv zu verstehen ist (z.B. Theorie zu Teufelskreisen, zur Teamentwicklung oder zu Konfliktphasen).

Hat der Protagonist jedoch deutlich signalisiert, dass er genügend Erkenntnisse gewonnen hat, oder war er innerlich sehr angerührt, kann es überflüssig und atmosphärisch unangemessen sein, wenn der Leiter noch einmal einen Kurzvortrag hält.

Erlebnisaktivierende Methoden

Bei der Vielzahl der Möglichkeiten, in der Bearbeitungsphase Anliegen mit erlebnisaktivierenden Methoden zu bearbeiten, ist es für den übenden Anfänger hilfreich, eine Orientierung vor Augen zu haben, die ihm hilft, eine Auswahl zu treffen. Eine übergeordnete Grundstruktur der Anliegen bietet die in der Explorationsphase beschriebene Differentialdiagnostik (Seite 44 ff.). Um das Anliegen in diese Anliegen-Grundstruktur einzuordnen, kann sich der Leiter zwei Fragen stellen:

Was dominiert bei diesem Anliegen und wo liegt die Hauptschwierigkeit: im **strukturellen Bereich** (Organisationsstrukturen, Informationswege, Hierarchien und Rollen etc.) oder im **menschlichen Bereich** (individueller Umgang mit sich und anderen in schwierigen Situationen, persönliche Strickmuster und Allergien etc.)?

Abb. 8: Anliegen-Grundstruktur

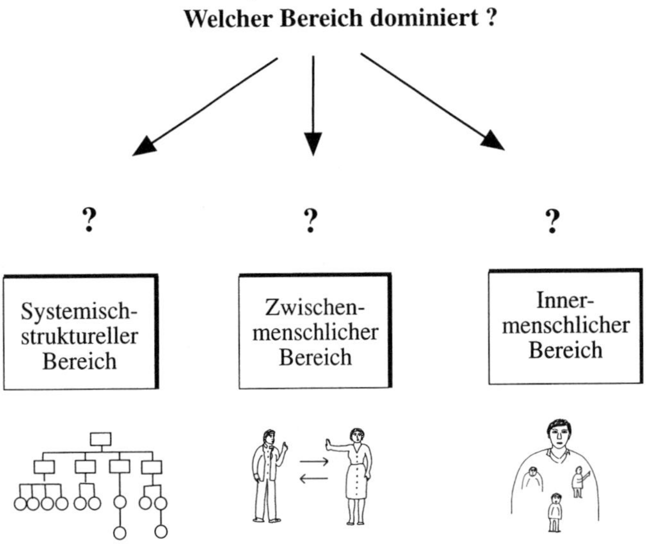

Wenn das Menschliche im Vordergrund steht:

Was dominiert und wo liegt die Hauptschwierigkeit: Im **zwischenmenschlichen Bereich** (Kommunikationsprobleme, Beziehungsthemen, Umgang mit anderen etc.) oder im **innermenschlichen Bereich** (Gedanken, Gefühle, Werte, Bedürfnisse, Umgang mit sich selbst etc.)?

Je nach Schwerpunkt des Anliegens wählt der Leiter eine zum Bereich passende Methode aus. Die folgende Auflistung verschafft einen Überblick über die jeweiligen Methoden und stellt zugleich den Aufbau der nächsten Kapitel dar, in denen die Vorgehensweisen der einzelnen Methoden näher beschrieben werden.

Erlebnisaktivierende Methoden im Überblick

Systemisch-struktureller Bereich	**Zwischenmenschlicher Bereich**	**Innermenschlicher Bereich**
OE-Maßnahmen	**Das Rollenspiel als komplexe Intervention** **Diagnostisches Rollenspiel** **Stunde der Wahrheit** **Übendes Rollenspiel** Variante 1: Leiter in der Antagonistenrolle Variante 2: Leiter in der Protagonistenrolle **Teamskulptur** **Spontaneitätstraining** **Flexibilitätstraining**	**Eine Seele, ach, in meiner Brust** Variante 1: Dominanz der Lauten und Schnellen Variante 2: Unliebsame Außenseiter Variante 3: Innerer Quälgeist Variante 4: Innere Weisheit Variante 5: Innere Vakanz **Zwei Seelen, ach, in meiner Brust** Variante 1:Jedes Teammitglied spricht einzeln mit dem Antagonisten Variante 2: Gruppenteilnehmer spielen die Ambivalenz, und Protagonist schaut zu **Viele Seelen, ach, in meiner Brust** Variante 1: Innere Ratsversammlung Variante 2: Standbild Variante 3: Protagonist zwischen den Fronten

Arbeiten im systemisch-strukturellen Bereich

OE–Maßnahmen gehören nicht in ein Kommunikations-training

Liegt der Schwerpunkt des Anliegens im systemisch-strukturellen Bereich einer Organisation mit ihren verschiedenen Hierarchieebenen, Zugehörigkeiten und vielfachen Vernetzungen, muss der Trainer überprüfen, ob das Anliegen das Seminarthema nicht sprengt. Ein Kommunikationstraining kann keine Organisationsentwicklungs-Maßnahme ersetzen! OE-Prozesse brauchen andere Bedingungen als ein Training. Sie benötigen z.B. die Beteiligung aller Entscheidungsträger für die geplante Entwicklung.

Auch wenn ein Organisationsthema im Kommunikationstraining nicht bearbeitet werden kann – schon allein die differentialdiagnostische Unterscheidung kann für den Protagonisten hilfreich sein. War er womöglich bisher eher verwirrt und hatte unter den Auswirkungen schlechter Strukturen persönlich gelitten, so kann er jetzt aufatmen: „Aha, es liegt nicht an mir persönlich.“ Der Leiter könnte darüber hinaus in der Exploration erforschen, was dieses Seminar bei diesem Thema für den Protagonisten leisten kann. Vielleicht ist es angemessen, eine Diskussionsrunde zu führen, um ein Bewusstsein für die Problemfelder in der Organisation zu entwickeln. Zu deren Abschluss wird dann gefragt, welchen konkreten Beitrag zur Veränderung der Protagonist (oder andere Seminarteilnehmer) an seinem Arbeitsplatz leisten kann. Mit wem müsste er wie sprechen, und was müsste vielleicht von ihm organisiert werden? Bei der Konkretisierung dieser Schritte stellt sich dann vielleicht heraus, dass der Protagonist dies schon geahnt, aber sie bisher vermieden hat. Jetzt bewegen wir uns entweder im zwischenmenschlichen oder im innermenschlichen Bereich und können dort weiterarbeiten.

Bei Anliegen, die sich auf die Organisation und deren oft verschlungene Zusammenhänge beziehen, habe ich mir angewöhnt, die Organisationsform für alle sichtbar auf einem Flipchart aufzuzeichnen. Bei der Visualisierung der formalen Struktur (Organigramm) kann deutlich werden, wie komplexe Organisationsgefüge aufgebaut und vernetzt sind. Fakten grenzen sich so von persönlichen Meinungen und Bewertungen ab, und der Leiter erhält einen ersten klärenden Überblick. Das Erstellen einer Systemzeichnung bewährt sich besonders dann, wenn die Komplexität der Organisation dies erfordert oder wenn der Protagonist seine Organisation unklar oder verwirrend beschreibt.

Arbeiten im zwischenmenschlichen Bereich

Rollenspiele:
Instrumente
Techniken
Diagnostisches Rollenspiel
Stunde der Wahrheit
Übendes Rollenspiel
Spontaneitätstest
Flexibilitätstest
Teamskulptur

Im zwischenmenschlichen Bereich werden die Themen hauptsächlich durch Rollenspiele bearbeitet. Bevor ich mich den einzelnen Bearbeitungsvarianten widme, möchte ich den Leser, der sich noch wenig mit Rollenspielen beschäftigt hat, in diese komplexe Interventionsmethode einführen.

Das Rollenspiel als komplexe Intervention

Das wichtigste Element erlebnisaktivierender Methoden ist die Einladung zur Imagination und zur Identifikation.

Imagination:
Bei ihr wird eine Person aufgefordert, sich etwas Bestimmtes vorzustellen. Wird der Person beispielsweise nahegelegt, sich das Haus vorzustellen, in dem sie arbeitet, ist dies in der Regel leicht zu realisieren. Womöglich bleibt das vorgestellte Objekt in der Vision dabei relativ farblos, und es braucht eine gewisse Willensenergie, um es geistig festzuhalten.

Wird die Person jedoch vorher gebeten, sich zu entspannen und sich einem etwas längeren Prozess zu überlassen, intensiviert sich das Erlebnisniveau. Im Zustand der Relaxation entsteht eine erheblich lebendigere Vorstellung. Sie gewinnt an Farbigkeit, an Plastizität und entwickelt sich zu einem dreidimensionalen Objekt, um das der Betreffende in seiner optischen Fantasie herumgehen oder in das er hineingehen kann. Es entwickelt sich im Bewusstsein eine quasi-reale Welt mit Wahrnehmungscharakter. Kann sich jemand vollständig seiner Imagination überlassen, so ist er in der Lage, sich in einem vorgestellten Bild frei zu bewegen. Er kann z.B. in das Haus, in dem er arbeitet, hineingehen, durch die Flure schreiten, sein Arbeitszimmer aufsuchen, lieben und unliebsamen Kollegen begegnen, mit ihnen sprechen; seine Gefühle korrespondieren dabei ständig mit den Inhalten seiner Imagination.

Identifikation:
Eine qualitativ andere Verdichtungsstufe wäre es, wenn wir jemanden auffordern, sich mit einem Menschen oder einem Gegenstand zu identifizieren. Auch hier ist der Spielraum unerschöpflich, da wir uns

mit allem und jedem identifizieren können (mit uns selbst in Vergangenheit und Zukunft, mit Gegenständen, Mitmenschen, Göttern, Fabelwesen, Körperteilen, Gefühlen usw.).

In der Imagination stellen wir uns etwas vor, in der Identifikation werden wir es. In der Imagination bleibe ich „Ich-selbst“ und stelle mir vor, wie z.B. mein Vorgesetzter reagieren würde; in der Identifikation verlasse ich meine Identität, mein „Ich-selbst“, und werde zu meinem Vorgesetzten, um aus dessen Rolle heraus zu handeln.

Lautet die Intervention: „Bitte stellen Sie sich vor...Sie sitzen an Ihrem Arbeitsplatz...Sie leiten eine Abteilungsbesprechung...Sie führen ein Gespräch mit Ihrem Vorgesetzten...Sie stehen vor 100 Kollegen und sollen eine Rede halten...“, so wenden wir uns vornehmlich an die geistige Vorstellungskraft des Menschen. Er stellt sich eine bestimmte Situation vor, und spontan erscheinen vor seinem geistigen Auge vielleicht Kollegen, Mitarbeiter und Vorgesetzte, mit denen er beruflich zu tun hat. Jetzt kann er beschreiben, was er in dieser Imaginationsübung sieht, was er spürt, wie er sich verhält und wie sich seine Umgebung und Kommunikationspartner verhalten. Er kann beschreiben, wie stark sein Lampenfieber ist, wenn er sich vorstellt, vor 100 Kollegen einen Vortrag zu halten, und er kann, wenn die Ängste sehr stark sind, versuchen, sich jetzt zu entspannen. Dies kann eine gute Vorübung für die Praxis sein. In der Imagination können wir uns auch ein Streitgespräch mit einem schwierigen Kollegen vorstellen und anschließend beurteilen, ob wir mit unserem eigenen Verhalten zufrieden sind.

Laden wir jemanden darüber hinaus ein, hier und jetzt dieses bisher nur vorgestellte Gespräch auszuspielen, wobei der schwierige Kollege von einem anwesenden Teilnehmer der Gruppe oder vom Trainer gespielt wird und der Betroffene sich mit sich selbst als demjenigen identifiziert, der in diesem Gespräch agiert, so sind wir in einem Rollenspiel. Die Imagination ist somit eine Vorstufe des Rollenspiels, ein Quasi-Rollenspiel.

Kaum einem Menschen ist das Spielen von Rollen völlig neu. Viele von uns haben schon in ihrer Kindheit „Vater-Mutter-Kind“ gespielt oder später „Winnetou und Old Shatterhand“ und in der Identifikation mit anderen Helden der Kindheit ihre frühen Allmachtsfantasien ausgespielt. Im Spiel simulieren wir die Wirklichkeit, ohne deren Ernsthaftigkeit befürchten zu müssen, und im geschützten Rahmen eines „Realitäts-Trockenkurses“ brauchen wir noch keine nachteiligen Konsequenzen bei „Fehlverhalten“ in Kauf zu nehmen.

Ursprünglich entwickelte sich das Rollenspiel aus dem Psychodrama von J.L. Moreno. Er formulierte den Satz: „Handeln ist heilender als Reden“ und eröffnete der Psychotherapie damit völlig neue Möglichkeiten. Aber auch für Pädagogen in Lehre und Unterricht und für Berater und Trainer in der Erwachsenenbildung liegt mit dem Rollenspiel heute ein vielfältig einsetzbares Instrument vor. Durch den Reichtum an technischen Möglichkeiten und seine ausgesprochene Vielseitigkeit bekommt das Rollenspiel in Beratung und Training von Führungskräften und in der Schulung von Mitarbeitern in Industrie, Wirtschaft und Verwaltung besondere Bedeutung. Es bietet die Möglichkeit, eine Vielzahl psychologischer und pädagogischer Ansätze und Konzepte zu vereinigen, und legt sich auf keine psychologische Schule oder pädagogische Theorie fest. Dadurch macht es sich immer neuen Zwecken verfügbar. Die vielschichtigen Wirkweisen des Rollenspiels lassen einen breiten Indikationsbereich zu: neben dem kathartischen Spiel, der Schulung von Kreativität und Spontaneität, der Ausdehnung des Rollenrepertoires und somit der Rollenflexibilität kann es der integrativen Vermittlung von emotionaler Erfahrung und rationaler Einsicht dienen. Durch seine Erlebnisintensität und plastische Anschaulichkeit kann es den Beteiligten, unabhängig von ihrem Bildungsgrad, tiefe Einsichten vermitteln und neue Verhaltensweisen eröffnen.

Wenn in der Vielfältigkeit eine besondere Stärke des Rollenspiels zu sehen ist, so impliziert dies zugleich, dass eine qualifizierte Handhabung dieser komplexen Methode ein differenziertes und sorgfältiges Vorgehen verlangt.

Instrumente des Rollenspiels

Die sechs konstituierenden Elemente und Instrumente des Rollenspiels sind:

- der Rollenspielleiter
- die Bühne
- der Protagonist
- die Mitspieler oder Hilfs-Ichs
- die Gruppe
- die Rollenspieltechniken.

Der Rollenspielleiter

Der Leiter ist als Regisseur für das Zustandekommen, den Verlauf und den Abschluss eines Rollenspiels, für Realitätsbezug, Zeit und

Struktur verantwortlich. Er sorgt für ein gutes Gruppenklima, erwärmt die Gruppe für das Rollenspiel, interveniert nach begonnener Handlung in bestimmten indizierten Augenblicken nach den Erfordernissen des Protagonisten, der Situation und der Gruppe mit geeigneten Rollenspieltechniken. Er beendet das Rollenspiel, sobald es nicht mehr klärend, hilfreich und produktiv ist, und fördert insgesamt die Problemlösung des Protagonisten. Während des Rollenspiels verhindert er unangebrachtes Rationalisieren und zu frühe „gute Ratschläge" durch die Gruppe. Nach dem Rollenspiel leitet er dessen Auswertung und die Integration des Protagonisten in die Gruppe.
Seine Aufgabe ist komplex. Er muss sechs Aspekte beachten und fast gleichzeitig im Blickfeld behalten:

Das 6–Punkte–Programm für den Rollenspielleiter

den Protagonisten und sein Thema,
damit dieser den Prozess als hilfreich erlebt;

den Antagonisten und die anderen Mitspieler,
damit sie wissen, was sie wie tun und was sie nicht tun sollen;

die beobachtende Gruppe,
damit sich die Gruppenteilnehmer, denen das Thema des Protagonisten sehr nahe geht, vom Leiter wahrgenommen und dadurch unterstützt fühlen;

den Einsatz der angemessenen Techniken zur richtigen Zeit,
wobei zu beachten ist, dass jeder Mensch und entsprechend jeder Protagonist ein für ihn stimmiges, individuelles Tempo hat;

den Rahmen,
z.B. die Zeit, damit er entscheiden kann, ob er das Rollenspiel verkürzen sollte oder ob noch Zeit bleibt, eine neue Variante des Verhaltens auszuprobieren; und vor allem

sich selbst.
Die Persönlichkeit des Leiters ist sein wichtigstes Instrument. Wenn er bei sich selbst für die Situation relevante Gefühle und Stimmungen übergeht, wird er wahrscheinlich auch beim Protagonisten oder bei anderen Gruppenteilnehmern etwas übergehen (Hemmungen, Scham, Scheu, Vorbehalte, Ängste, Befürchtungen etc.).

Der Leiter soll den Protagonisten vor allem leiten und begleiten. Jeder, der schon einmal Protagonist gewesen ist, hat erfahren, dass er vom Leiter erhoffte, dieser möge sich in ihn einfühlen und ihn aus diesem emotionalen Kontakt heraus im Rollenspiel begleiten und unterstützen. Eine begleitende Haltung sowie Vertrauen in den Protagonisten und in die eigene Intuition bringen den Prozess weiter. Wenn der Leiter unsicher ist, wie und womit er anfangen soll, oder im Prozess des Rollenspiels nicht weiter weiß, so kann er sich getrost vom Protagonisten führen lassen, denn der weist den aufmerksamen und einfühlsamen Leiter schon dahin, wo der Schuh drückt. Der Protagonist entscheidet auch, welche Erfahrungen er zulassen will und verkraften kann.

Jeder, der sich schon einmal auf ein Rollenspiel eingelassen hat, hat vermutlich auch die Erfahrung gemacht, dass er einen Leiter braucht, der ihn gut und sicher anleitet. Jemanden, der ihm klare Anweisungen gibt und sagt, was er wann und wie tun soll, damit er sich als Rollenspieler ganz auf das Thema seines Rollenspiels einlassen kann und nicht ziel- und orientierungslos auf der Bühne steht. Der Protagonist gibt die Impulse, der Rollenspielleiter nimmt sie auf und setzt sie in einen Handlungsvorschlag für den Protagonisten um, den dieser dann ausspielt, um neuen Impulsen zu folgen, die der Leiter wiederum aufgreift, usw. usf. Der Protagonist braucht die strukturgebende und damit Sicherheit vermittelnde Anleitung, damit er in sein Thema ganz einsteigen und sich seinen Impulsen überlassen kann. Sonst ist er verführt, immer wieder aus dem Prozess auszusteigen, da er selbst über das Rollenspiel, über eine mögliche Intervention oder über den Verlauf reflektieren muss. Daraus ergeben sich:

3 wichtige Regeln für den Rollenspielleiter:

1. Nimm die Leitung in deine Hand und verführe die Rollenspieler nicht auf den „Methodentrip“! Der Leiter ist für die Methode verantwortlich, nicht die Teilnehmer des Seminars.
2. Mach dem Protagonisten Vorschläge, wenn er nicht weiter weiß, aber achte darauf, dass du ihm deine Ideen nicht aufdrängst!
3. Versuche nicht, durch fürsorgliche Belagerung die Eigenverantwortung des Protagonisten für die Lösung seiner Probleme zu stehlen!

Leiten und Begleiten vermischen sich dann, wenn der Leiter während des Rollenspiels aus seiner Einfühlung heraus „stille Hypothesen“ darüber entwickelt, worum es bei diesem Rollenspiel hauptsächlich geht, was der psychodynamische Hintergrund sein könnte und was den Protagonisten hindert, sich so zu verhalten, wie er es gerne möchte oder wie es angemessen wäre. Diese nicht veröffentlichte Diagnose wird auch „roter Faden“ genannt. Am roten Faden entlang entwickelt sich das Rollenspiel, denn die „stillen Hypothesen“

Der rote Faden ist die Orientierung des Leiters

beeinflussen die Wahrnehmung des Leiters, bestimmen seine Fragerichtung und lenken bewusst oder unbewusst seine Interventionsrichtung. Deshalb ist es notwendig, dass sich der Leiter seinen roten Faden bewusst macht. Er sollte sich ihn nicht verbieten, weil er dem Ideal unvoreingenommener Anteilnahme und bedingungsloser Einfühlung folgen will. Er darf ihn haben – muss ihn aber wieder loslassen können!

Der Rollenspielleiter darf über längere Zeit an seinem roten Faden festhalten, sogar dann, wenn ihm der Protagonist Signale sendet, dass er selbst noch andere Richtungen sieht, die zu ihm und seinem Thema passen würden. Der Leiter sollte aber den roten Faden fallen lassen und im Kontakt zum Protagonisten einen neuen suchen, wenn der Protagonist deutlich anzeigt, dass die Richtung für ihn nicht mehr stimmt. Die Regel hierzu könnte lauten: Du darfst einen roten Faden haben, du darfst dich auch in ihn verlieben, du darfst ihn aber nicht heiraten!

Es kann schwierig und sogar gefährlich werden, wenn der Leiter seinen roten Faden durchsetzen will, womöglich gegen den Willen des Protagonisten, und ihn womöglich auch noch mit psychologischem Druck verunsichert: „Sie sind gerade im Widerstand!“ Die heimliche Botschaft lautet dann wohl: Ich weiß besser als du, was hier geschehen muss, und nehme auch keine Rücksicht auf deine Wahrnehmung und Gefühle. Spätestens jetzt zeigt sich, dass die Beziehung zwischen Leiter und Protagonist gestört ist, sich womöglich ein Machtkampf entwickelt, der Leiter keinen einfühlenden Kontakt zum Erleben des Protagonisten hat und der Protagonist sich deshalb gerade ohne begleitende Leitung allein auf der Bühne befindet. Der Leiter muss sich immer bewusst sein, dass seine Arbeit eine dienende Servicefunktion darstellt, ähnlich der Arbeit eines Kellners. Auch dieser hat vielleicht einen eigenen Geschmack und wundert sich, welche Gerichte die Gäste auswählen. Er kann vielleicht das Tagesmenü wärmstens empfehlen, der Gast entscheidet jedoch, was gegessen wird!

Der Leiter sollte aber auch keinen „inneren Stress“ bekommen, wenn er keinen roten Faden hat und ihm die Ideen ausgehen. Zumeist ist dies ein Anzeichen dafür, dass er im Moment keinen einfühlenden Kontakt zum Protagonisten mehr hat. Vielleicht aus dem inneren Druck und eigenen Anspruch heraus, etwas Gutes und Tolles bei dem Rollenspiel präsentieren zu müssen. Dieser Anspruch sollte selbstkritisch überprüft werden, damit sich wieder Vertrauen zu sich selbst, in die eigene Intuition und Spontaneität, und Vertrauen in den

Protagonisten entwickeln kann, da auch leichte, kleine Veränderungen hohen Wert besitzen. Eine allgemeingültige Hilfsregel für den Leiter lautet: Wenn du deinen roten Faden verloren oder noch keinen gefunden hast oder wenn du verunsichert bist, ob die Richtung noch stimmt, nimm Kontakt mit dem Protagonisten auf! Er weiß zumeist schon, was für ihn stimmt und wo welche Richtungsänderung vorgenommen werden sollte. Außerdem kann sich der Leiter auch in der Gruppe rückversichern und ihre Wahrnehmung nutzen.

Bei Verunsicherung Kontakt mit dem Protagonisten aufnehmen

Die doppelte Aufgabe des Leitens und Begleitens zeigt sich nicht zuletzt darin, welche räumliche Position der Leiter im Rollenspiel einnimmt.
Eine gute Leitung hat ihren Stammplatz am Rande der Bühne und außerhalb der Szene. Sie ist jedoch so flexibel, dass sie sich jederzeit auf der Bühne bewegen kann, um mit dem Protagonisten Kontakt aufzunehmen. Der Platz am Bühnenrand gewährleistet einen guten Überblick über das Spiel und schützt vor Übertragungen. Von dort kann er das ganze Beziehungsfeld mit seinen Energien spüren. Seine innere Präsenz hält die äußere Szene. Von dort kann er mit seinen Interventionen den Prozess aufrechterhalten und die Aktionsenergie des Protagonisten durch Doppeln (s.S. 72) und Interview so fördern, dass dessen Handlungsstrom nicht versiegt.

Distanz suchende Leiter, die zwar leiten, aber das einfühlende begleitende Element vernachlässigen, sind zwar außerhalb der Szene, aber häufig auch außerhalb der Bühne. Dort bleiben sie wie angewachsen stehen, egal wo sich der Protagonist gerade befindet. Sie laufen Gefahr, den inneren Kontakt zum Protagonisten zu verlieren. Ihre Anweisungen und Interventionen wirken kalt und mechanisch.

Nähe suchende Leiter, die einseitig zu sehr die einfühlende Begleitung betonen, neigen dazu, innerhalb der Szene zu wirken und dort ganz nahe am Protagonisten zu kleben. Wechselt dieser beim Rollentausch (s.S. 100), so wechseln sie mit, um dem Protagonisten das Gefühl zu geben, dass ihn jemand unterstützt. Sie lieben die Doppeltechnik, da sie so mit dem Protagonisten verschmelzen können, vergessen dabei jedoch, sich anschließend wieder zu entfernen und aus der Distanz zu fragen, ob ihre Doppelinhalte für den Protagonisten auch wirklich stimmen. Dieser Leitungsstil beinhaltet die Gefahr, dass sowohl der Protagonist als auch die Mitspieler durch die körperliche Anwesenheit und störende Ausstrahlung des Leiters in der Spielszene darin behindert werden, die Spannungen untereinander wahrzunehmen und im Handeln auszutragen. Zudem werden so die regressiven statt erwachsenen Tendenzen des Protagonisten gefördert.

Die zweite Gefahr des Nähe suchenden Leiters besteht darin, dass der Protagonist zwar ein gutes Doppel hat, aber keinen Leiter, der mit Abstand die Szene und den gesamten Prozess überschauen kann. Das Risiko, das sich aus dieser manchmal symbiotischen Nähe ergibt, ist, dass der Leiter zwar Kontakt zum Protagonisten bekommt, aber durch die zu enge Fokussierung auf den Protagonisten die anderen Rollenspielpartner und die beobachtenden Teilnehmer aus dem Auge verliert und nicht mehr das ganze Setting und die gesamte Gruppe leitet. So habe ich einmal als Supervisor in einer Ausbildungsgruppe erlebt, wie ein Leiter, der diesen Leitungsstil praktizierte, nicht mehr mitbekommen hat, dass ein beobachtender Gruppenteilnehmer, der stark mit dem Thema und einem Rollenspieler identifiziert war, so intensiv berührt war, dass er weinend den Gruppenraum verlassen musste und erst nach längerer Zeit wieder den Raum betrat und seinen Platz einnahm – dies alles unbemerkt vom Gruppenleiter.

Neigt ein Leiter zu solch einem Leitungsstil, sollte er nicht ohne Ko-Leitung in die Gruppe gehen. Der Ko-Leiter kann dann während des Rollenspiels den Kontakt zur Gruppe halten.

Selbsterfahrung und Supervision sind Pflicht, wenn man mit erlebnisaktivierenden Methoden arbeitet!

Als Grundanspruch an den Leiter gilt: Er muss selbst Erfahrungen als Protagonist im Rollenspiel gesammelt haben und sollte Themen, die ihm zu „heiß" sind, nicht leiten, sondern mit einem Supervisor seinen eigenen Umgang mit dem Thema bearbeiten.

Die Bühne

Die Bühne ist ein frei definierter, repressions- und vorurteilsfreier „Spielraum". Sie steht symbolisch für die ganze Welt. Sie ist Schauplatz des Lebensraumes und der Erweiterung des Lebens. Auf ihr können Vergangenheit und Zukunft, Himmel und Hölle, Traum und Realität gleichberechtigt nebeneinander stehen. Wirklichkeit und Fantasie stehen nicht im Widerspruch. Die Bühne stellt ein „Kraftfeld" dar, zu dessen Potenz jeder Anwesende im Raum seinen Energiebeitrag leistet. Das Rollenspiel stellt keine besonderen Ansprüche an die Bühne. Diese ist der Teil des Gruppenraumes, in dem es stattfindet. Ein freier Raum vor dem Halbkreis der Gruppe genügt. Er sollte allerdings genügend Platz für szenische Aktionen bieten. Die Bühne sollte immer ein klarer, für alle Beteiligten deutlich abgegrenzter Bereich im Raum sein, damit jeder weiß, wann er die Bühne betritt und wann er sie wieder verlässt, wann er beobachtender Gruppenteilnehmer und wann er aktiver Rollenspieler auf der Bühne ist. Um diese Bewusstheit bei allen Beteiligten zu erreichen, sind oft kleine, aber nicht unwichtige Interventionen hilfreich. So sollte der Leiter zum Beispiel darauf achten, dass er, wenn sich ein Protagonist und ein anderer Rollenspielpartner (als Hilfs-Ich, s.S. 68) auf zwei Stühlen sitzend begegnen, die benutzten Stühle auch deutlich als Rollenspielstühle auf der Bühne gekennzeichnet sind. Wenn das Rollenspiel beendet ist, kann der Protagonist (und das Hilfs-Ich) von seinem Rollenspielstuhl aufstehen, von der Bühne gehen und wieder auf seinem Teilnehmerstuhl Platz nehmen. Durch den Stuhlwechsel wird dem Protagonisten und seinem Rollenspielpartner deutlich, dass sie jetzt wieder im Kreis der Gruppe sitzen. Eine etwas „schludrige“ Rollenspielanweisung wäre es, wenn der Leiter sagen würde: „Nehmen Sie doch einmal ihren Stuhl und wenden Sie sich Herrn Müller zu, der sich bereit erklärt hat, Ihren Gesprächspartner zu spielen!“ Jetzt kann es im weiteren Verlauf des Rollenspiels und möglicher Zwischenauswertungen zu unterschwelligen Unsicherheiten kommen, wer noch auf der Bühne ist, und wer sich schon wieder in der Rolle des beobachtenden oder auswertenden Teilnehmers befindet.

Der Protagonist

Das Wort Protagonist, „der erste Spieler“ (von griechisch: prótos = erster und agonistés = Wettkämpfer, prót-agonistés = jemand, der die erste Rolle spielt) bezeichnet den Hauptdarsteller eines Rollenspiels, den, um dessen Anliegen es geht. Auch wenn dieser Begriff der Theatersprache entlehnt ist, wird aus dem Protagonisten kein Schauspieler. Der Schauspieler im Theater muss die Regieanweisung erst einmal denkend erlernen und sich das von anderen erdachte Rollenskript zu eigen machen. Das Rollenspiel in Beratung und Training ist jedoch häufig ungeplant und ungeprobt. Es wird außerdem immer vom Protagonisten inhaltlich geprägt.

Der Protagonist spielt gegenwärtige oder vergangene Situationen aus seinem (Berufs-)Leben oder er trainiert für seine Zukunft. Das Rollenspielgeschehen ergreift die ganze Persönlichkeit des Protagonisten, sein Denken, Fühlen und Handeln. Da er „ganzheitlich“ auf der Bühne steht, spielt er mit einer Transparenz und Offenheit, zu der er auf der rein verbalen Ebene der Kommunikation kaum fähig wäre. Während er sich in der exponierten Rolle auf der Bühne darstellt, erfährt er nicht nur sich selbst von seinem eigenen Standpunkt aus, sondern sieht sich im Rollentausch mit den Augen seines Gegenübers. Er erlebt somit auch den Standpunkt seines Mitmenschen. Auf der Bühne ist er Autor und Schauspieler in einer Person und zusammen mit dem Leiter auch Regisseur.

Als ich in den Anfängen meiner Trainerarbeit Rollenspiele anleitete und mir zu Beginn von Gruppenteilnehmern und potentiellen Protagonisten die Frage gestellt wurde: „Was bringen solche Rollenspiele eigentlich?" verunsicherte mich die kritische Haltung. War mir als Psychodramatiker diese Art der Arbeit doch selbstverständlich. Ich ging in die Universitätsbibliothek und suchte nach wissenschaftlich untermauerten Untersuchungen über die Effizienz von Rollenspielen. Ich hegte dabei die trügerische Hoffnung, dass ich jetzt, gewappnet mit mehreren Abhandlungen über die Effektivität von Rollenspielen, den Teilnehmern Rede und Antwort stehen konnte.

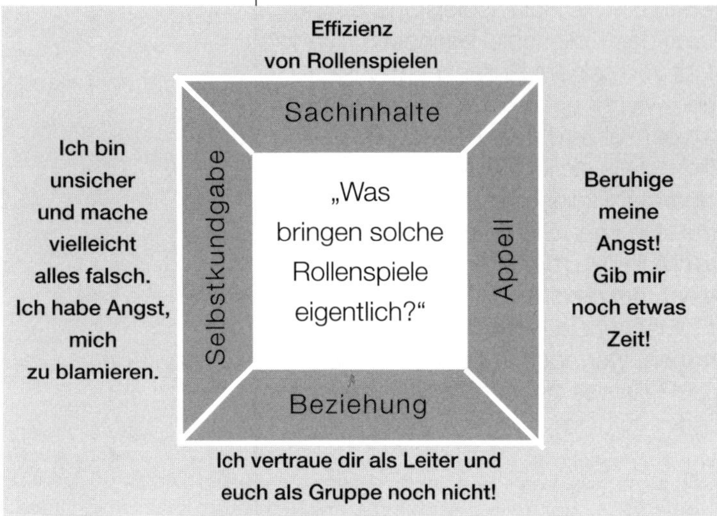

Abb. 9: Auch eine Frage hat immer vier Aspekte

Erst später bemerkte ich, dass der Schwerpunkt nicht auf dem sachlich-inhaltlichen Teil der Frage beruhte, sondern auf der Selbstkundgabeseite und manchmal auch auf der Beziehungs- und Appellseite.

Ohne Aufwärmphase kein Rollenspiel

Manche Teilnehmer im Training scheuen allein deshalb vor Rollenspielen zurück, weil ihnen die Selbstkundgabe im Rollenspiel Angst macht. Ihre Angst sagt vielleicht: Jetzt werde ich unsicher. Bisher konnte ich mich in diesem Seminar noch gut schützen und nur die Seiten von mir zeigen, die ich für ansehnlich und akzeptabel halte. Aber wenn ich mich gleich hier vor den anderen exponiere und mich in einem Rollenspiel bewege, kann vieles geschehen. Vielleicht zeige ich unbeabsichtigt etwas von mir, und anschließend bereue ich das dann. Im Rollenspiel habe ich nicht mehr alles so gut unter Kontrolle wie hier auf meinem Teilnehmerstuhl. Vielleicht kann ich nicht so souverän wirken, wie ich gerne möchte, und blamiere mich vor den anderen. Vielleicht wird auch etwas von mir ans Tageslicht gebracht, das ich selbst noch gar nicht von mir weiß und das mir auch nicht gerade angenehm ist.

Aus einer solchen Angst kann eine Spielhemmung entstehen, die ein Einlassen verhindert oder während des Rollenspiels zu Störungen und häufigen Unterbrechungen führt. Der Protagonist steigt beispielsweise bei jedem zweiten Satz seines Rollenspielpartners aus der Spielszene aus und möchte unbedingt verdeutlichen, dass der Rollenspielpartner nicht so reagiert, wie es der reale Gesprächspartner getan hat oder tun würde: „...der Tonfall war ganz anders!....Nein! Er würde erst einmal schweigen und dann ... Nein! So würde er niemals reden, er ist viel schleimiger.... er hat viel mehr gelächelt, während er langsam wütend wurde..." usw.

Sagt der Leiter bei einem diagnostischen Rollenspiel gleich zu Beginn, dass die Realität nicht immer genau getroffen werden kann, verhindert er solche Unterbrechungen. Eine Einführung könnte dazu sein: „Wahrscheinlich wird Ihr Rollenspielpartner sich nicht genauso verhalten, wie es Ihr Gesprächspartner in der Realität getan hat. Er kennt ihn ja nicht. Auch wenn Sie ihm schon einiges darüber gesagt haben, wie er sich in der Rolle verhalten soll – im Verlauf des Rollenspiels muss er zum Teil improvisieren. Ich werde deshalb nach einigen Minuten den Prozess kurz unterbrechen, und Sie können, wenn es nötig ist, noch einmal nachkorrigieren. Ansonsten möchte ich Sie bitten, sich einmal dem Prozess zu überlassen. Wir können ja in der anschließenden Auswertung alles andere besprechen. Sind Sie damit einverstanden?"

Da die Hemmung vor Rollenspielen weit verbreitet ist, braucht jede Gruppe, in der mit Rollenspielen gearbeitet wird, eine Anwärmphase, durch die sich zumindest so viel Vertrauen entwickeln kann, dass die Hoffnung auf eine Klärung, eine persönliche Entwicklung oder einen Lernfortschritt größer wird als die Selbstkundgabe-Angst. Die Erfahrung zeigt auch, dass die Angst geringer wird, je länger der Protagonist auf der Bühne ist. Das Spiel selbst hält den Spieler im Banne und will weitergespielt werden.

Die Playback-Methode ist angstfrei

Wenn die Angst des Protagonisten zu groß ist, kann der Leiter die Playback-Methode vorschlagen. Das Playback ist eine gute Möglichkeit, dem Protagonisten den Einstieg in das Rollenspiel zu erleichtern, ihm die Angst zu nehmen. Der Protagonist bleibt bei dieser Variante im Kreis der Sicherheit spendenden Gruppe sitzen oder steht am Rande des Geschehens, um von dort aus Anweisungen zu geben und um das Spiel beobachten zu können. Der Protagonist richtet zunächst einmal die Szene ein (Tisch? Stühle? In welcher Anordnung? etc.) und sucht sich dann aus der Gruppe zwei Rollenspieler aus: einmal jemanden, der ihn selbst spielen kann, und jemanden, der den Antagonisten spielen kann. Beide werden vom Protagonisten nacheinander in ihre Rolle eingewiesen. Im folgenden Rollenspiel geht es zwar um den Protagonisten und sein Thema, er ist jedoch nicht selbst aktiv als Rollenspieler auf der Bühne, sondern bleibt in sicherer Distanz. Er wird nicht Akteur, bleibt aber Regisseur. Nach der Schutz gewährenden Playback-Methode ist häufig im weiteren Verlauf des Gruppengeschehens ein anderes Rollenspiel möglich.

Die Mitspieler oder Hilfs-Ichs

Hilfs-Ichs sind Gruppenmitglieder, die vom Protagonisten ausgewählt werden, um die Rollen, die er zur Darstellung seines Lebensraumes braucht, einzunehmen. Die Hilfs-Ichs können auch nicht real vorhandene Personen (Gott oder Teufel), tote Objekte (Haus, Bild) oder sogar Eigenschaften und Gefühle (Mut, Angst) darstellen; sie spielen somit die entscheidenden Personen oder Aspekte, die der Protagonist braucht, um sein Thema auf der Bühne darstellen zu können. Hilfs-Ichs sollen flexibel in der Ausgestaltung der Rolle und sensibel für die Gefühlsnuancen des Protagonisten sein.

Gespielt wird nicht die objektive Realität, sondern die subjektive Interpretation der eigenen Wahrnehmung

Grundsätzlich gilt für das Rollenspiel, dass der Protagonist auf der Bühne nicht die objektive Realität ausspielt, sondern nur seine Interpretation auf seine Wahrnehmung der Realität; also seine subjektive Welt. Auch wenn sich die Wahrnehmung sehr stark der Realität annähert: Es ist und bleibt seine Interpretation auf seine Wahrnehmung!

Beispiel:
Herr Müller befindet sich in einem Seminar und thematisiert seine schwierige Beziehung zu seinem Kollegen Herrn Frech. Der nicht anwesende Herr Frech wird vom Protagonisten selbst oder von einem anderen Gruppenteilnehmer gespielt. Würde der Leiter Herrn Müller fragen, ob der Mitspieler Herrn Frech realistisch spielt, und Herr Müller würde antworten: „Ja, genauso ist der Kollege!“, ist es trotzdem nur seine Wahrnehmung des Herrn Frech. Würde Herr Frech während des Rollenspiels in den Seminarraum kommen und das Spiel beobachten, könnte es durchaus geschehen, dass dieser protestieren würde, da seine Sichtweise und Realitätswahrnehmung nicht beachtet wurden.

Bei der Darstellung von Rollen handelt es sich immer um verinnerlichte Sichtweisen und damit um Introjekte des Protagonisten. Die Mitspieler helfen also dem Protagonisten, verschiedene Anteile seines Ichs auszuspielen.

Die Mitspieler haben vor allem drei Aufgaben:

- Sie stellen die abwesende reale oder imaginäre Bezugsperson des Protagonisten dar und werden somit zu Trägern seiner Übertragungen und Projektionen.

- Sie spielen „im Dienste“ des Protagonisten und müssen sich einerseits auf den Protagonisten und sein Spiel einlassen und andererseits auf die Anweisungen des Leiters achten. Die Hinweise des Protagonisten und die Aufforderungen des Leiters bestimmen den Freiraum ihres spontanen Spieles. Der Leiter muss darauf achten, dass die Hilfs-Ichs ihre Rolle entsprechend der Wahrnehmung des Protagonisten spielen. Er sagt ihnen auch, wann sie ihre Rolle ein wenig übertreiben sollen oder wann sie einfach frei improvisieren dürfen.

- Die Mitspieler haben eine sozio-pädagogische Funktion. Sie ermöglichen dem Protagonisten die Darstellung und Untersuchung seiner zwischenmenschlichen Beziehungen sowie die Auseinandersetzung mit sich selbst und mit seinen Beziehungspartnern. Da sie auf der Bühne in ihren Rollen das Geschehen intensiv miterleben, können sie im Anschluss an das Rollenspiel dem Protagonisten differenziertes „Rollenfeedback“ geben.

Das Spektrum der möglichen Hilfs-Ich-Rollen ist unbegrenzt. Je nachdem, welche Rolle im Rollenspiel gebraucht wird, kann die Hilfs-Ich-Rolle ein Tier, ein Drache, bestimmte Wertvorstellungen, Gegenstände oder Menschen beinhalten. Dem Antagonisten, als Gegenspieler zum Protagonisten, kommt dabei eine besondere Hilfs-Ich-Rolle zu, während die anderen Hilfs-Ich-Rollen womöglich nur dazu dienen, die Rollenspielszene so realitätsnah zu gestalten, dass sie für den Protagonisten stimmt.

Ein Gruppenmitglied kann durch drei Möglichkeiten zum Hilfs-Ich werden: Im ersten Fall schlägt der Leiter vor, wer die Rolle seiner Meinung nach übernehmen sollte und könnte. Im zweiten Fall fragt der Leiter die Gruppe, wer die anstehende Rolle spielen möchte. Durch diese beiden Vorgehensmöglichkeiten verpasst der Leiter aber womöglich die Chance, dass der Protagonist seine eigene Projektion und Übertragung aufbaut. Deshalb bevorzuge ich die dritte Möglichkeit: Der Protagonist wählt sich seine Rollenspielpartner selbst aus. Die an den Protagonisten gerichtete Frage: „Wer soll diese Rolle übernehmen?“ wird zu einer bewussten Intervention, weil sie den Protagonisten dazu aufruft, sich in der Gruppe umzuschauen und sich zu fragen, wer aus seiner Sicht die anstehende Rolle am besten spielen kann. Der Protagonist wird damit unterschwellig aufgefordert, frei assoziierend seine Projektionsfäden zu spinnen und seinen Übertragungsenergien nachzugehen. Ein kleiner, aber nicht unbedeutender Schritt, damit das folgende Rollenspiel aus Sicht des Protagonisten wirklichkeitsnah wird.

Der Protagonist sollte die Mitspieler auswählen

An dieser Stelle können sich jedoch gruppendynamische Schwierigkeiten ergeben. Beschreibt beispielsweise der Protagonist in der Interviewphase seinen realen Beziehungspartner und den zur Klärung oder zum Üben benötigten Rollenspielpartner sehr negativ (als arrogant, schleimig, überheblich etc.) und wird ihm die Frage gestellt, wer diesen Menschen am ehesten spielen kann, dann führt dies häufig dazu, dass die Gruppe betreten auf den Boden oder zur Wand schaut und der Protagonist schweigt, da er keinen Gruppenteilnehmer durch die Wahl kränken und keinem diese Rolle zumuten will. Jetzt braucht es eine entlastende und erklärende Intervention des Gruppenleiters, welche die Situation entschärft und es dem Protagonisten und der Gruppe erleichtert, diesen Schritt zu gehen, z.B.: „Arrogant, schleimig und überheblich sind natürlich negative Eigenschaften. Aber wer aus der Gruppe hat vielleicht äußerliche Ähnlichkeiten mit Ihrem Gesprächspartner oder Ihrer Einschätzung nach genug Selbstbewusstsein, um auch mal einen arroganten und überheblichen Menschen zu spielen?“ Nach der Wahl kann der Protagonist erklären, warum seine Entscheidung so ausgefallen ist, und der gewählte Teilnehmer kann sich zur Wahl ebenfalls noch einmal äußern.

Indem ein Hilfs-Ich durch das Spielen ihm fremder Rollen sein Rollenrepertoire erweitert und neue Seiten an sich entdeckt, kann es selbst viel über sich lernen. Die sozial abgewerteten Rollen sind zumeist die Rollen, in denen am meisten über sich gelernt wird. Daraus ergibt sich der Leitsatz: Ein mäßiges Hilfs-Ich spielt nur die guten Rollen, ein gutes Hilfs-Ich spielt alle Rollen! Deshalb gilt in manchen therapeutischen Psychodrama-(Ausbildungs-)gruppen die Devise, dass derjenige, der eine Rolle nicht spielen will oder kann, die Chance bekommt, der nächste Protagonist zu sein. Jetzt kann er sich anschauen, was ihn hindert, diese Rolle einzunehmen und auszuspielen. Er bekommt die Gelegenheit, zu mehr Rollenflexiblität zu gelangen und das, was er abspaltet, zu integrieren. Im Kommunikationstraining kann natürlich eine Rolle abgelehnt werden, ohne dass dies ein Nachspiel oder sonstwie Konsequenzen hat.

Auch wenn „Gefälligkeitsrollen“ vergeben werden oder der Protagonist offensichtlich so auswählt, dass er sich möglichst heil „aus der Affäre ziehen“ will, indem er z.B. den „Gruppensoftie“ in die Rolle eines egoistisch-rücksichtslosen Kollegen wählt, ist das zulässig. Der Leiter kann darauf hinweisen, aber der Protagonist entscheidet! Die damit verbundene Vermeidung kann entweder später korrigiert werden, oder sie wird akzeptiert, da jeder die Verantwortung für sich und seine Wahl hat. (Der „Gruppensoftie“ wird in der ihm zugewiesenen Rolle wahrscheinlich ebenfalls eine große Lernchance erhalten.)

Die Gruppe

Die Gruppe hat beim Rollenspiel eine besondere Bedeutung. Sie gilt als ein Reservoir für unterschiedliche Wahrnehmung, emotionale Unterstützung oder Begegnung, für Rückmeldungen und als Ideenspenderin für neue Verhaltensweisen. Die Gruppe hat die Aufgabe, ein Beziehungsgeflecht und ein Klima des gegenseitigen Vertrauens und Annehmens aufzubauen, so dass es möglich wird, persönliche Themen „ins Spiel" zu bringen.

Rollenspiele können zwar auch in der Einzelberatung eingesetzt werden, finden aber meistens in Gruppen statt. Eine geeignete Gruppengröße beträgt sechs bis zehn Teilnehmer. Wird die Gruppe kleiner, könnte der Fall eintreten, dass drei oder vier Gruppenteilnehmer spielen und nur noch ein Gruppenmitglied zuschaut. In der anschließenden Gesprächs- und Auswertungsphase fallen die Gruppenresonanz und das Identifikationsfeedback entsprechend mager aus.

Die Gruppenteilnehmer nehmen folgende Funktionen wahr:

- potentielle Hilfs-Ich-Rollen, die sie für den Protagonisten übernehmen
- den Protagonisten durch ihre Anteilnahme zu tragen und ihm im Sharing das Gefühl zu geben, dass er mit seinem Problem nicht allein ist
- durch Feedback (aus den Hilfs-Ich-Rollen und als Beobachter) dem Protagonisten ihre persönliche Sicht wiederzugeben, indem sie ihm mitteilen, wie sie ihn, sein Problem, sein Rollenverhalten oder seinen Kommunikationsstil erlebt haben. Der Protagonist profitiert auf diese Weise von ihren Eindrücken und Erfahrungen.

Rollenspieltechniken

Die Rollenspieltechniken sind Interventionsinstrumente, die der Rollenspielleiter kreativ zur Strukturierung einer Situation und zur Förderung des Rollenspielprozesses einsetzen kann, wobei weniger die Technik den Prozess bestimmen sollte, sondern vielmehr der Rollenspielprozess die Auswahl der Technik. Alle Techniken sind nicht schematisch einzusetzen, sondern brauchen ihre situationsspezifische Adaption. Würden die Interventionen zu mechanisch-technischen Instrumenten entarten, so führte dies zur Manipulation und damit zu einem Missbrauch des Protagonisten.

Doppeln

Beim Doppeln geht es darum, sich in den Protagonisten einzufühlen und diejenigen Gefühle und Stimmungen zu verbalisieren, die im Raume sind, aber nicht ausgesprochen werden. Es hilft dem Protagonisten, die Beziehung zu sich selbst neu zu entwickeln, da die Wahrnehmung für eigene Empfindungen erhöht wird. Das Doppeln leistet somit Wahrnehmungs- und Verbalisierungsarbeit!
Auch wenn diese Interventionsmöglichkeit für manche neu und im beruflichen Kontext zunächst ungewöhnlich ist, beherrschen wir sie alle mehr oder weniger gut. Vor allem Mütter wenden sie häufig unbewusst an. Sie „doppeln" ihr Kind beispielsweise beim Füttern, indem sie bei jedem Mundöffnen des Kindes unwillkürlich ihren eigenen Mund mit aufmachen oder indem sie Töne, Laute und Bewegungen des Kindes nachahmen oder vormachen und ihr Kind so zum lebendigen Ausdruck anregen.

Durchführung

Doppeln immer im Dreier-Schritt!

Das Doppeln als gezielte Intervention geschieht immer in drei Schritten:

1. Schritt: Erlaubnis einholen

Die Formulierung sollte so lauten: „Darf ich mal neben Sie kommen und etwas für Sie sagen, und Sie sagen dann, ob es für Sie stimmt?"
Dieser Schritt ist wichtig, weil wir

- ankündigen, eine bisherige Grenze zu übertreten
- die Einwilligung des Protagonisten einholen
- ihn darauf aufmerksam machen, etwas für ihn sagen zu wollen, und er sich innerlich darauf einrichten soll, dem gedoppelten Inhalt nachzuspüren
- an ihn appellieren, bei der Stimmigkeits-Überprüfung kritisch zu sein.

Die Erlaubnis sollte der Leiter noch von seinem ursprünglichen Platz aus einholen und nicht, während er schon zum Protagonisten unterwegs ist. Sonst würde der Eindruck entstehen, dass die Zustimmung des Protagonisten nur eine Formsache und selbstverständlich ist. Beim Erlaubnisholen handelt es sich nicht nur um eine Frage der Höflichkeit und des Respekts. Es geht vor allem darum, dass der Protagonist in eine innere Aufnahmebereitschaft und offene Haltung geht, die den Doppler körperlich an sich herankommen und seine Inhalte in sich hineinfallen lässt, um zu überprüfen, ob sie für ihn stimmen.

Doppeln wir in einer Beratung oder in einem Gruppentraining zum ersten Mal, versteht der Protagonist häufig nicht, was gemeint ist: „Wie bitte, was wollen Sie jetzt machen?“ In diesem Fall sollte der Leiter dem Protagonisten noch einmal genau erklären, was er vorhat und wie es gemeint ist. Fragt der Protagonist: „Und warum wollen Sie das machen?“ kann der Leiter antworten: „Ich möchte gerne überprüfen, ob ich Sie richtig verstanden habe.“

2. Schritt: Für den Protagonisten sprechen
Wenn der Protagonist verstanden hat, um was es geht, und einwilligt, tritt der Doppler seitlich hinter den Protagonisten, damit er dessen Mimik noch sehen kann. Das Doppel spricht dann in der Ich-Form (1. Person Singular) die Gedanken, Stimmungen und Gefühle aus, von denen es glaubt, dass sie zu dem Protagonisten in dieser Situation gehören, welche aber nicht ausgedrückt werden. Indem das Doppel versucht, die Gefühlswelt des Protagonisten zu erspüren und das Gefundene zu kommunizieren, unterstützt es ihn in seiner Selbstklärung.

Die Sätze, die gedoppelt werden, sollten nicht zu lang sein, da dies eher kognitive Überlegungen in Gang setzt. Beim Doppeln geht es vor allem um Stimmungen, Gefühle und Wünsche, die sich meist in kurzen Sätzen ausdrücken lassen, z.B.: „Ich schweige, da ich Angst habe.“

3. Schritt: Seine Zustimmung oder Korrektur erfragen
Nachdem der Leiter gedoppelt hat, geht er wieder an seinen ursprünglichen Platz zurück und nimmt aus seiner ursprünglichen Rolle und Distanz Kontakt zum Protagonisten auf, indem er von dort überprüft, ob seine Inhalte „gedeckt“ sind: „Stimmt das so?“

Die gedoppelten Impulse müssen zeitlich so platziert sein, dass dem Protagonisten genügend Gelegenheit bleibt, sorgsam nachzuspüren, auf sie zu reagieren und die jetzt gefühlte Wahrheit zu formulieren.
Vier Reaktionen sind möglich:

- Der Protagonist stimmt zu: „Ja, genau so ist es für mich!“
- Der Protagonist kann die durch das Doppeln eingeleitete Wahrnehmungsänderung nachvollziehen, muss aber die Worte so für sich korrigieren, dass sie für ihn stimmen: „ Angst?... ja schon, aber vor allem fühle ich mich von den anderen unverstanden und befürchte, dass ich hier Außenseiter werde.“
- Der Protagonist lehnt die gedoppelten Inhalte ab. Häufig äußert der

Protagonist nach der Ablehnung der Doppelinhalte das Gefühl, die Stimmung, Haltung oder Absicht, die für ihn jetzt formulierbar werden: „Nein, das stimmt für mich so nicht. Ich schweige, weil die bisher besprochenen Themen mit mir und meinem Leben wenig zu tun haben. Ich bin außerdem ein zurückhaltender Mensch und brauche immer viel Zeit, bis ich auftaue.“

- Der Protagonist stimmt einem Teil des Gedoppelten zu, einem anderen nicht.
  Trainer: „Stimmt das für Sie?
  Protagonist: „Zum Teil ja.“
  Trainer: „Welcher Teil stimmt für Sie?“

Durch die Tiefung wird Doppeln zu einer Kunst, die nur mit äußerster Sorgfalt, Einfühlung und Vorsicht durchzuführen ist, da jetzt auch Gefühle aufgeschreckt werden können, die vorher so nicht wahrnehmbar waren. Deshalb muss das Grundprinzip des Doppelns beachtet werden: „Auch wenn ich durch die Ich-Sprache deine dich schützenden Gefühls-Wächter umgehe, so bleiben meine Inhalte immer nur ein Angebot von mir. Du allein kannst und sollst entscheiden, ob es für dich zutrifft!“

Abb. 10:
1. Leiter (stehend) fragt die Protagonistin (sitzend), ob er sie doppeln darf;
2. Leiter doppelt Protagonistin;
3. Leiter überprüft, ob seine Doppelinhalte zutreffen

Grundregeln, Voraussetzungen und Wirkung

Insgesamt erzeugt das Doppeln beim Protagonisten ein wohliges Gefühl, er spürt die Stimmigkeit. Kann er die gedoppelten Inhalte bejahen, so spricht er jetzt über die Aspekte, die ihm noch einige Minuten zuvor nicht zugänglich waren.

Bei der Überprüfung sollte das Doppel genau wahrnehmen, wie die Antwort des Protagonisten klingt. Sagt der Protagonist beispielsweise mit zögerlich-nachdenklichem Blick: „Jaaaa... schooon...“, so braucht er entweder noch Überprüfungszeit oder ist sich nicht ganz sicher, ob das Gedoppelte für ihn genau stimmt. Im ersten Fall sollte der Leiter dem Protagonisten einfach Zeit lassen. Im zweiten Fall sollte er ihn auffordern, das Gefundene so zu formulieren, wie es für ihn persönlich passt: „Sagen Sie mit eigenen Worten, was für Sie jetzt stimmt.“ Insgesamt sollte der Leiter bei der Überprüfung vorsichtig und kritisch sein: Ein zögerliches „Jaaa“ wird häufig durch die Frage:

„Stimmt es hundertprozentig?" zu einem „Nein, letztlich stimmt es nicht." Durch die Aufforderung, das mitzuteilen, was stimmt, spricht der Protagonist jetzt über die Aspekte, die für ihn zutreffen und bedeutsam sind. Nach meiner Erfahrung ist auch nach der Antwort: „Ja, genau so ist es für mich!" die eigene Formulierung dann doch immer noch etwas anders als die des Doppels. Deshalb habe ich mir angewöhnt, den Protagonisten fast immer zu bitten, das Gefundene mit eigenen Worten zu formulieren: Leiter: „Stimmt das so?" Protagonist: „Ja, das stimmt." Leiter: „Sagen Sie es bitte mal mit Ihren eigenen Worten." Indem er es jetzt selbst formuliert, verankert er die Inhalte und verbindet sie mit anderen Aspekten.

Gutes Doppeln setzt gute Einfühlung voraus. Trotzdem kommt es auch bei hoher Empathie immer wieder vor, dass das Doppel Gefühle und Gedanken zum Ausdruck bringt, die für den Protagonisten nicht stimmen. Lehnt der Protagonist die gedoppelten Inhalte als unstimmig ab, so ist das kein Beinbruch, und der „Fehlgriff" erweist sich für den Prozess, in dem sich der Protagonist befindet, nicht als abträglich. Im Gegenteil, der Protagonist wird angeregt und ist zumeist in der Lage, jetzt zu sagen, was für ihn stimmt.

Als Protagonist lassen wir die Doppelinhalte wie „Sonden" in uns hineinfallen, um zu prüfen, ob sie in uns eine innere Entsprechung finden. Doppelt jemand die Sonde: „Ich schäme mich dafür", so fällt dieser Satz in unseren gefühlten Wahrnehmungsbereich hinein, und wir erforschen, ob es einen „Widerhall" gibt. Finden wir: „Ja, ich schäme mich dafür," so können wir, manchmal sogar erschrocken über uns selbst, das „Gefundene" jetzt wahrnehmen und ausdrücken. Das Gefühl hatte sich bisher gut versteckt und ist nun bewusst geworden. Vielleicht passte „schämen" nicht in unser Selbstbild eines erwachsenen souveränen Menschen, und wir müssen die gefundene innere Wahrheit bestürzt in unser Bild von uns einbauen. Jetzt können und dürfen wir uns eingestehen, dass wir diese menschliche Seite auch haben. Bei sorgfältiger und sensibler Selbstbeobachtung können wir sogar orten, wo sich dieser Satz in uns befindet, wo wir ihn im Körper spüren.

Wird eine Sonde gedoppelt, deren Widerhall wir nicht in uns finden können, so ist bei genauer Selbstbeobachtung des Protagonisten die innere Reaktion nicht nur ein „Nein, das stimmt nicht", sondern ein „Nein, das stimmt nicht, aber...". Wir finden zwar keinen bejahenden Widerhall, finden aber zumeist einen Widerhall, den wir bisher noch nicht wahrgenommen und geäußert haben. Vielleicht das Gegenteil von Scham, vielleicht etwas ganz anderes, aber zur äußeren und inneren Situation Gehörendes. Bei einem „Nein, so stimmt es nicht" sollte das Wörtchen „so" den Doppler deshalb aufhorchen lassen, da es nahelegt, dass der Protagonist ahnt, was für ihn stimmen würde. Hier hilft die kleine Intervention: „Was würde denn stimmen?" oder „Was wurde denn bei Ihnen ausgelöst?"

Formen der Doppelinterventionen

Wir können zunächst einmal zwei Arten des Doppelns unterscheiden: das Selbstklärungs-Doppeln und das dialogische-Doppeln (C. Thomann, 1998).

Abb. 11: Selbstklärungsdoppeln und dialogisches Doppeln

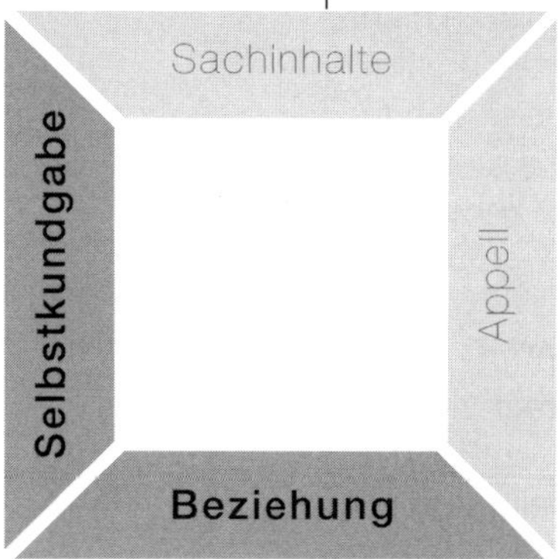

Selbstklärungsdoppeln

Beim Selbstklärungsdoppeln geht es vor allem darum,

- die Selbstkundgabe in der Kommunikation zu fördern und Ich-Botschaften zu erleichtern
- tiefere Persönlichkeitsebenen und Gefühlsschichten zu erforschen und das dort Gefundene ins Bewusstsein zu bringen und zu differenzieren
- insgesamt die Selbstexploration des Protagonisten zu fördern, d.h. ihm zu helfen
- den Kontakt zu sich selbst herzustellen
- sich selbst besser zu verstehen
- die verschiedenen Persönlichkeitsanteile anzuerkennen und dadurch zu integrieren
- Einsicht in seine Haltungen und in die Hintergründe seiner Verhaltensweisen zu gewinnen.

Doppeln immer in der Ich–Form!

Beim Selbstklärungsdoppeln versucht das Doppel, durch einfühlende Identifikation mit dem Protagonisten dessen inneres Erleben zu erspüren und Gedanken, Haltungen, Stimmungen und Gefühle, die dieser nicht äußert, für ihn in Worte zu fassen. Es ähnelt dem aktiven Zuhören, ist in seiner Form und seiner Wirkung jedoch völlig anders. Beim Selbstklärungsdoppeln (auch beim dialogischen Doppeln) spricht das Doppel (intrapersonal) nicht zum Protagonisten, sondern als ein Teil von ihm (Alter Ego = mein anderes Ich). Das Doppel spricht den Protagonisten also nicht direkt an, sondern es spricht für ihn in der Ich-Form, z.B.:

Protagonist: „Es ist schon eigenartig, welche Kommunikationsform sich mein Kollege da angewöhnt hat."

Doppel für den Protagonisten: „Es kränkt mich, wenn mein Kollege so aggressiv mit mir redet. Ich bin dann verletzt und werde deshalb wütend!"

Beim Selbstklärungsdoppeln kommt es darauf an, sich in die Situation und Stimmung des Protagonisten so genau wie möglich einzufühlen und erspürte Gefühlsvorgänge so anzubieten, dass der Protagonist sie als zu sich gehörig erkennt, sie wahr- und annehmen kann und angeregt wird, diese Gefühle selbst zu verbalisieren. Doppeln dient somit der Klärung von Gefühlen, vor allem bei Projektionen und innerem „Durcheinander". Die Inhalte können aus der Vergangenheit und der Zukunft sein oder sich auf das Hier-und-Jetzt beziehen („...wenn ich hier darüber rede, dann fühle ich...").

Das Doppel braucht hier bei der „Gefühlsförderung" keine Rücksicht auf einen schwierigen anderen Mitmenschen zu nehmen, da dieser nicht real anwesend ist. Letzterer wird im Rollenspiel häufig nur von einem anderen Gruppenteilnehmer (Antagonistenrolle) gespielt. Die Worte des Doppels können deshalb, wenn es dem emotionalen Erleben des Protagonisten entspricht, auch unverschämt oder für einen anderen verletzend sein, da sie hier niemanden treffen: z.B. „Ich bin stocksauer auf dich, du arroganter Klugscheißer!". Im Vordergrund steht die Erleichterung des Gedoppelten, wenn seine „negativen" oder „positiven" Gefühle durch das Doppeln ans Tageslicht gefördert werden.

Auch wenn ein oder mehrere Antagonisten anwesend sind, spricht das Doppel beim Selbstklärungsdoppeln in der Ich-Form über den oder die anderen: „Die nehmen mich gar nicht so wahr, wie ich bin!" und spricht diese nicht direkt an (also nicht: „Ihr nehmt mich nicht so wahr, wie ich bin!").

Dialogisches Doppeln

Manchmal bekommen wir als Berater oder Trainer von zwei Menschen, die in einen Konflikt miteinander verwickelt sind, den Auftrag, sie bei der Konfliktklärung zu unterstützen. Ihre Verstrickung, ihre unterschiedlichen Standpunkte oder ihre Verletzungen verhindern eine eigenständige Beziehungsklärung.

Jetzt wäre es unangemessen und häufig sogar falsch, einen von beiden Beteiligten zum Problemfall zu erklären und ihm alleine den Raum anzubieten, um sein Problem zu klären. Schließlich haben wir es mit zwei Menschen zu tun, die etwas miteinander (interpersonal) klären müssen.

Hier muss also beachtet werden, dass es sich nicht um einen Protagonisten handelt, der sich z.B. für ein Rollenspiel ein Hilfs-Ich aus der Gruppe wählt, welches den Antagonisten „spielt", sondern hier haben wir zwei reale Protagonisten, deren Beziehung gestört ist. Sind beide Beteiligte auch Betroffene und so in ihrem Beziehungsgeflecht verstrickt, dass sie aus eigener Kraft nicht mehr herauskommen, so leidet der Kontakt zwischen ihnen, und der Dialog gelingt nicht mehr. Manchmal zeigt sich dies durch demonstratives Schweigen, durch vollkommenen Kommunikationsabbruch („Der ist für mich Luft!") oder durch destruktives und aggressiv verletzendes Aufeinander-Einschlagen, häufig auch unter dem Deckmantel einer scharfen Sachdiskussion.

Beim dialogischen Doppeln geht es nicht nur um die Verbalisierung emotionaler Erlebnisinhalte, sondern ebenso um die Ergänzung von Sachinhalten, Selbstaussagen, Beziehungsaussagen und Appellen. Jeder der Beteiligten möchte auf allen vier Seiten des Kommunikationsquadrates verstanden werden und sich verstanden wissen. Das Doppel muss deshalb seine ansonsten in der „Ich-Sprache" gehaltenen Doppel-Interventionen durch die „Ich-du-Sprache" erweitern, um den Dialog zu fördern.

Es kommen gegenüber dem Selbstklärungsdoppeln drei Aspekte hinzu:

- Wirkungsbewusstsein
  Der „andere" ist anwesend. Damit geht es nicht mehr nur um Ausdruck, sondern auch um die Wirkung; um das Zusammenbringen von Ehrlichkeit und Annehmbarkeit, von Wahrhaftigkeit und Takt.
- Quadratische Vollständigkeit
  Das Doppel überprüft das Gesagte, ob es im Hinblick auf alle vier Seiten des Kommunikationsquadrates verständlich, deutlich und vollständig war; Fehlendes wird „nachgeliefert".
- Systemisches Bewusstsein
  Die Kommunikation zwischen den Menschen verläuft kreisförmig. Es ist zwecklos, nach Opfer und Täter zu forschen, da sich im Konfliktfall schnell ein ungebremstes Aufschaukeln von Ursache und Wirkung zu einem Teufelskreis bildet: Je mehr der eine den Teamgeist und die Zusammenarbeit beschwört, umso mehr fühlt sich der andere eingeengt und vereinnahmt, was ihn nur noch mehr veranlasst, „sein Ding" durchzuziehen und sich abzugrenzen. Dies wiederum „zwingt" den ersten dazu, jetzt erst recht das kooperative Alle-müssen-am-gleichen-Strick-Ziehen zu betonen, was wiederum... . Die Ursache treibt die Wirkung, und die Folge jagt den Anlass vor sich her. Keiner fühlt sich mehr verstanden und will verstehen, jeder fühlt sich angegriffen und muss „richtigstellen". Zum Schluss herrschen „eisiges", trotziges Schweigen, Weinen, verschlossene Türen oder lautstarke Angriffe.

Durch Doppeln der Beteiligten werden die jeweiligen emotionalen Hintergründe des eigenen Anteils am Teufelskreis bewusst. Außerdem wird die Kommunikationsform verändert. Sie wird von einer destruktiv-anklagenden zu einer informierenden Ich-Kommunikation: Ich sage dir, wie ich innerlich reagiere, wie ich die Sache, dich und unsere Beziehung sehe und was ich mir von dir wünsche.

Das konkrete Vorgehen beim dialogischen Doppeln unterteilt sich in fünf Einzelschritte:

1. Der Moderator unterbricht den Kommunikationsprozess der Beteiligten.
2. Er fragt Person A, ob er etwas für sie sagen darf (Erlaubnis holen).
3. Er spricht für Person A und doppelt sie.
4. Er lässt sich das Gedoppelte bestätigen und fordert Person A auf, das Gedoppelte mit eigenen Worten zu wiederholen, damit diese korrigieren und ergänzen kann.
5. Danach wendet er sich Person B zu und bittet sie, auf die Inhalte zu antworten: „Wie reagieren Sie darauf?“ oder: „Glauben Sie das?“.

Die Reihenfolge wird dann bedeutsam, wenn Person B von den Inhalten stark betroffen ist und sofort auf das Gedoppelte reagieren möchte. Jetzt wird womöglich die Bestätigung von der Person A (Schritt 4) übersprungen. Antwortet also B schon, obwohl A noch nicht die Gelegenheit hatte, die Doppelinhalte zu überprüfen, muss der Leiter sofort eingreifen und unterbrechen: „Ich muss Sie (B) stoppen, da das bisher nur meine Worte waren. Wir sollten jedoch zunächst einmal überprüfen, ob das für Person A überhaupt zutrifft.“

Insgesamt sollten beim dialogischen Doppeln die Doppelanteile auf alle Beteiligten gleich verteilt sein. Dadurch entsteht kein Ungleichgewicht, und keiner der Betroffenen bekommt das Gefühl, dass der Leiter für eine Seite Partei genommen hat. Deshalb sollte der Leiter sich spätestens nach dem zweiten Doppeln für die gleiche Person wieder der anderen Person zuwenden, um diese, wenn es passt, auch zu doppeln.

Varianten des Doppelns

Wie schon bei der Durchführung erläutert, geht der Leiter, nachdem er sich die Erlaubnis geholt hat, zum Protagonisten, doppelt seine Wahrnehmung und fragt aus ursprünglicher Distanz den Protagonisten, ob der Inhalt zutrifft. Dies ist ein relativ kurzfristiger Vorgang.

Theoretisch gesprochen ist das Doppel im Moment des Doppelns in der Rolle eines Hilfs-Ichs, welches durch die besondere Doppelfunktion zum Doppel-Ich wird. Für bestimmte Situationen kann es hilfreich sein, das Doppel für eine längere Sequenz in der Rolle des Doppel-Ichs zu lassen. Wir können also auf der Zeitachse zwischen kurzfristigem und längerfristigem Doppeln unterscheiden.

In der Doppel-Ich-Rolle können wir mit „mutter-“ oder mit „vaterspezifischen“ Haltungen agieren. Damit sind nicht unsere sozial-biologischen Rollen gemeint, sondern die archetypischen Haltungen, wie sie anschaulich von C. G. Jung beschrieben werden.

Nehmen wir eine mutterspezifische Haltung ein, so versuchen wir, uns als Doppel in die innere Welt des Protagonisten einzufühlen und uns so weit wie möglich mit ihm zu identifizieren. Mit dieser Haltung kann das Doppel diejenigen Impulse des Protagonisten wahrnehmen und akzeptieren, die dieser selbst kaum bemerkt, nicht akzeptiert oder nicht kommuniziert. Das Doppel wird hier zu einer einfühlend-verstehenden und stützenden inneren Stimme des Protagonisten.

Nimmt das Doppel eher vaterspezifische Haltungen ein, kann es auch direktiv sein. Jetzt steht seine einfühlende Doppel-Ich-Rolle im Dienste der Selbstkonfrontation des Protagonisten und schließt Herausforderung, Widerspruch, Übertreibung und Verneinung mit ein.

Auf der Zeitachse haben wir also die kurzfristige und die langfristige Dimension, und auf der Ebene der Haltungen finden wir die mutter- und vaterspezifischen Haltungen. Aus diesen jeweils zwei Kategorien ergeben sich vier Felder, die uns die verschiedenen Doppelvarianten eröffnen. In der nebenstehenden Grafik werden in den Zeilen die Haltungsaspekte und in den Spalten die Zeitaspekte unterschieden.

Bei der folgenden Darstellung der verschiedenen Doppelvarianten handelt es sich um eine an Erfahrungen aus der Praxis orientierte Interventionssammlung.

Zeit-dimension / Haltungen	Kurzfristig	Langfristig
mutter-spezifisch: Einfühlend-verstehend	**Empathisches Doppeln** Feld 1	**Unter-stützendes Doppeln Ambivalenz-Doppeln** Feld 2
vater-spezifisch: Einfühlend-direktiv	Feld 3 **Drasti-fizierendes Doppeln Paradoxes Doppeln**	Feld 4 **Ermutigendes Doppeln**

Abb.12: Doppelvarianten

Feld 1: Empathisches Doppeln

Das empathische Doppeln ist die grundlegendste und am häufigsten eingesetzte Doppelvariante und erfordert ein hohes Einfühlungs- bzw.

Identifikationsvermögen. Hier kommt es darauf an, sich in die Gefühlslage des Protagonisten so genau wie möglich einzufühlen, um ihm zu helfen, sich differenziert wahrzunehmen und zu äußern. Die Grundbotschaft des Doppels an den Protagonisten könnte lauten: „Betrachten Sie mich als einen Teil Ihres Selbst; einen Persönlichkeitsteil, der normalerweise nur in Ihnen selbst existiert. Ich werde vor allem Dinge sagen und benennen, bei denen Sie Schwierigkeiten haben, sie deutlich zu spüren, oder die Sie vielleicht fühlen, sich aber scheuen, sie auszudrücken. Ich helfe Ihnen also in Wahrnehmung und Ausdruck. Ich lasse Ihnen, nachdem ich etwas gesagt habe, Zeit, damit Sie dann selbst überprüfen können, ob und wie genau es für Sie stimmt. Wenn meine Aussagen nicht mit Ihren Empfindungen übereinstimmen, können Sie mich ungehindert korrigieren."

Empathisches Doppeln nimmt wahr, was nicht gesagt wird, aber offensichtlich im Raum steht

Diese Form des Doppelns scheucht keine Gefühle auf, sondern nimmt nur wahr, was ist und was schon zwischen den Zeilen deutlich im Raum steht. Das Doppel verbalisiert nicht nur die psychischen Inhalte des Protagonisten, sondern es versucht sich durch Modulation der Stimme (Stimmhöhe, Sprachtempo etc.) auf den Protagonisten einzustellen. Außerdem wird der emotionale Kontakt erhöht, indem das Doppel in die gleiche Körperhöhe geht wie der Protagonist. Sollte der Protagonist gerade auf einem Stuhl sitzen, so geht das Doppel in die Hocke oder holt sich ebenfalls einen Stuhl, um die gleiche Körperhaltung (etwa eine müde, resignierende Sitzhaltung) einzunehmen. So kann es die gleichen Körperempfindungen in sich wachrufen, wie sie der Protagonist verspürt. Das Doppel kann dem Protagonisten gegebenenfalls eine Hand auf die Schulter legen, da im körperlichen Kontakt Gefühlsregungen des Protagonisten besser wahrnehmbar werden. So können Atemrhythmus, Verspannungen, die sich ja besonders im Schulter-Rückenbereich zeigen, Zittern oder plötzliches Zusammenzucken unmittelbar wahrgenommen werden. Allerdings ist bei Anwendung von körperlichem Kontakt darauf zu achten, dass es Menschen gibt, denen eine plötzliche Körperberührung äußerst unangenehm ist. Ihre Aufmerksamkeit ist dann so stark mit der aus ihrer Sicht erfolgten Grenzüberschreitung beschäftigt, dass sie den gedoppelten Inhalten nur schwer Beachtung schenken können. Ich selber berühre den Protagonisten beim Doppeln nicht, sondern beobachte ihn genau.

Räumlich sollte das Doppel schräg neben dem Protagonisten sein und sich möglichst nicht direkt hinter dem Protagonisten befinden, da dieses Verhalten bei manchen Menschen phobische oder paranoide Reaktionen auslösen kann.

Das empathische Doppeln gehört zu den „tiefenden" Interventionen. Will das Doppel den Erlebensprozess des Protagonisten vertiefen, so verbalisiert es nicht immer sofort den tiefer liegenden Affekt oder das dem Protagonisten unerträglich erscheinende Gefühl (Ich fühle mich alleingelassen und ausgenutzt.). Besser ist es, den Protagonisten da abzuholen, wo er ist, und von außen nach innen zu aktivieren. Dazu kann das Doppel zuerst kurz das in Worte fassen, was außen offensichtlich zu sehen ist, dann das offensichtlich mitschwingende Gefühl des Protagonisten verbalisieren und zuletzt erst das darunter liegende tiefere Gefühl eindoppeln.

Beispiel:
„Ich sehe, wie wir uns ständig streiten, wie das Gespräch immer wieder eskaliert, weil wir beide unsere Werte verteidigen und nicht loslassen wollen. – (Überprüfung und Bestätigung vom Protagonisten) – Ich werde dann wütend, hart und starr, aber zugleich auch traurig, da ich mich nicht verstanden fühle. – (erneute Überprüfung) – Meine Befürchtung dabei ist, dass ich untergehe, wenn du Recht bekommst, dass ich unterliege, wenn du gewinnst. Unterliegen und untergehen ist für mich sehr bedrohlich. Deshalb kämpfe ich wie ein Löwe."

Feld 2: Unterstützendes Doppeln
Die Variante des unterstützenden Doppelns kann dann gewählt werden, wenn der Protagonist eine für ihn belastende und schwer zu ertragende Situation erlebt. Vielleicht berichtet er, dass er sich in seiner Abteilung als Außenseiter erlebt, und der Leiter spürt die Isolationskälte der Situation und die Einsamkeit des Protagonisten. Vielleicht will sich der Protagonist mit seinem vorzeitigen Ruhestand auseinandersetzen, und jeder ahnt, dass dabei existentielle Themen berührt werden, die ihm große Angst bereiten.

Um dem Protagonisten in solchen Situationen zu helfen und um eine mögliche Überforderung zu vermeiden, kann ihm das stützende Doppel länger als nur einen kurzen Moment zur Seite stehen. Das Doppel handelt dabei nicht als stellvertretender Ersatzmann an Stelle des Protagonisten, sondern begleitet und unterstützt den Protagonisten über längere Zeit bei der Bearbeitung seines Themas auf der Bühne und bietet ihm als Hilfs-Ich immer dann, wenn er es braucht, seine Wärme, Anteilnahme und sein Mitgefühl an. Diese Rolle wird auch „Doppelgänger" genannt. Er vermittelt häufig nur durch seine Anwesenheit Beistand und Beruhigung, durch Anteilnahme Kraft und Sicherheit. Insofern übernimmt er als Hilfs-Ich den Persönlichkeitsanteil des Protagonisten, der ihn im normalen Alltag unterstützt und aufbaut. Er doppelt nicht nur und geht dann wieder zurück, sondern übernimmt für einige Zeit die Rolle des Doppel-Ichs.

Unterstützendes Doppeln ermutigt zu neuem Verhalten

Auch hier kann der körperliche Kontakt eine wichtige Funktion haben. Eine leichte Berührung, deren Intensität bei intensiveren, vielleicht aufwühlenden Gefühlen mit leichtem Nachdruck verstärkt werden kann, hat eine sehr beruhigende Wirkung und vermittelt das Gefühl von Wärme und Geborgenheit. Der Protagonist bleibt bei sich, aber nicht alleine.

Das unterstützende Doppeln kann auch dann eingesetzt werden, wenn der Protagonist etwas für sich Neues oder Wichtiges ausprobieren will, aber viel Angst davor hat. Mit einem guten Doppel an seiner Seite kann er neue Risiken eingehen, die er sich sonst unter Umständen nicht erlauben würde. Das Doppel schenkt ihm Vertrauen und Sicherheit. Es ist ein positives, schönes Gefühl, ein begleitendes Selbst zu haben, das ermutigt und immer „auf meiner Seite ist – egal, was geschieht".

Merke: „Das empathische Doppeln führt zur Selbsterkenntnis, das interaktionell mitagierende unterstützende Doppeln zur Selbstverwirklichung" (Moreno, 1959).

Im Gegensatz zum empathischen Doppeln, wo der Leiter oder jeder Gruppenteilnehmer diese Intervention von sich aus anbieten kann, darf der Protagonist hier seinen „Doppelgänger" auch selbst auswählen.

Vielleicht will sich der Protagonist im Rollenspiel einer befürchteten Kritik seines Vorgesetzten stellen, die er nur schwer ertragen kann. Vielleicht will er sich von seiner Angst, bei gezeigter Wut abgelehnt zu werden, befreien und einmal ausprobieren, seine Aggression zu zeigen und die Reaktion dann auszuhalten. Die Intervention des unterstützenden Doppels eignet sich vor allem für solche Situationen, wo eine Dekompensation zu befürchten ist oder der Protagonist einen Gefühlsausbruch ahnt, den er fürchtet. Das unterstützende Doppel hilft häufig allein schon durch körperliche Anwesenheit schwierige Situationen zu ertragen und schlimme Gefühle auszuhalten. Seine gedoppelten Worte sollen die aufkommenden Gefühle benennen und so formulieren, dass sie akzeptiert werden können, den Protagonisten somit stärken.

Manchmal ist es jedoch wichtiger und angemessener, die inneren Hindernisse des Protagonisten zu erforschen, als ihn zu ermutigen, einen neuen Schritt zu wagen und die neue Absicht durch ein unterstützendes Doppel voranzutreiben. Will jemand mutig üben, sich der Kritik eines Vorgesetzten zu stellen, so kann es bedeutsam sein, dass im Vorfeld die Projektion der eigenen Selbstabwertung thematisiert wird. Vielleicht reagiert der Teilnehmer deshalb so empfindlich auf eine mögliche Kritik von außen, weil sie seiner eigenen inneren Kritik entspricht. Werden die inneren Hindernisse (hier der eigene innere Kritiker) nicht erforscht und bleiben die inneren Bedenkenträger und Ängste unberücksichtigt und unbeachtet, so erweist sich das neue Verhalten vielleicht als „Eintagsfliege", welche die Nacht nicht überlebt. Am nächsten Morgen melden sich die alten Ängste wieder, wurden sie doch wieder einmal nicht erhört, vielleicht sogar durch das gute Zureden eines Doppels „zerredet". Zwar hat die Handlungsabsicht des Protagonisten Unterstützung erfahren, er erhält aber keine Unterstützung darin, die Abwertung seines eigenen Kritikers zu durchschauen.

Manch wichtige Veränderungsschritte brauchen eher innere Reifungszeit als geschickten Veränderungsdruck von außen. Unterstützung und Ermutigung sollte nur dann angeboten werden, wenn der Betroffene den anstehenden Entwicklungsschritt wirklich will, die angebotene Hilfe wirklich braucht und die Intervention nicht einseitig im Dienste der Beschwichtigung, Beruhigung und Besänftigung steht. Alle Doppelvarianten sollten deshalb mit selbstkritischer Grundhaltung des Leiters sparsam und umsichtig eingesetzt werden.

Beispiel:
Diese längere Doppelsequenz stammt aus einem Kommunikationstraining für Gymnasiallehrer. Alle Teilnehmer saßen am dritten Seminartag morgens zur metakommunikatorischen Morgenrunde im Kreis zusammen. Eine Lehrerin, die am vorherigen Nachmittag Protagonistin war und an einem Kommunikationsproblem mit einem Schüler gearbeitet und dabei auch ihren eigenen Anteil mit emotionaler Berührung aufgespürt hatte, wollte etwas sagen, schwieg dann aber doch. Nach einigen tiefen Atemzügen versuchte sie es erneut, diesmal kamen aber nur Tränen und keine Worte. Sie schüttelte die Hände und signalisierte nonverbal, dass sie zwar etwas sagen wolle, es aber jetzt gerade nicht könne und ein anderer Kollege weiter machen solle. Die Gruppe respektierte dies, und einige andere Kollegen und Kolleginnen berichteten, wie sie den gestrigen Tag erlebt hatten. Nach einiger Zeit nahm die besagte Lehrerin einen erneuten Anlauf. Es fiel ihr aber sichtlich schwer, sich zu äußern. Nur stockend konnte sie sagen: „Ich weiß gar nicht, was mit mir los ist. Beim Frühstück ging es mir noch ganz gut, aber jetzt?!" Der Ko-Leiter fragte sie, ob er neben

sie kommen und ihr dabei helfen dürfe, das auszusprechen, was sie bewegt. Sie nickte, und er setzte sich neben sie auf einen Stuhl. Beide schwiegen. Nach einiger Zeit legte er seine Hand auf ihren Rücken. Diese Bewegung bewirkte, dass sie tief Luft holte und nach Worten suchte.

Lehrerin: „Also gut, ich versuch' es mal. Ich wollte euch nur sagen, dass mir die Arbeit an meinem Problem gestern Nachmittag geholfen hat. – Pause – Mir wurde dabei klar, um was es geht. Anschließend war ich zwar aufgeweicht, bin aber insgesamt gestärkt aus der Fallarbeit herausgekommen. – Pause – Trotzdem ging es mir danach nicht so gut. Mich hat etwas gestört, und zwar, wie wir als Gesamtgruppe nach solch einer Situation miteinander umgehen. Man kann doch danach nicht einfach zum nächsten Tagesordnungspunkt übergehen. Ich habe mich dann nach dem Abendessen zurückgezogen und noch lange über uns als Gruppe nachgedacht."
Leiter: „Was genau hat Sie denn gestört?"
Lehrerin: „Wisst ihr, ich habe euch gestern über meine Schultern schauen lassen und ein Problem mit einem Schüler offengelegt. Dass sich jemand so persönlich öffnet, kommt bei uns im Kollegium ja selten genug vor. Wie ihr mitbekommen habt, blieb es nicht bei einer rein sachlichen Analyse. Ich bin mir selbst auf die Schliche gekommen und war zum Teil ganz schön gefordert und betroffen. Als der Leiter euch danach in der Sharing-Runde aufgefordert hat mitzuteilen, was während meiner Arbeit in euch vorgegangen ist, was ihr gedacht und gefühlt habt oder ob ihr ähnliche Erfahrungen schon einmal gemacht habt, da habt ihr alle geschwiegen. Nur Peter hat gesagt, dass er das Vorgehen interessant fand. Diese Sharing-Situation fand ich schon sehr merkwürdig."
Ko-Leiter (doppelt): „Durch diese Arbeit habe ich viel von mir gezeigt. Ich hätte gebraucht, dass ihr danach auch etwas von euch gezeigt hättet."
Lehrerin: „Genau, sonst steht man dann da wie bestellt und nicht abgeholt. Ich habe mich danach gefragt, ob ich mich jetzt schämen müsste, als erfahrene Lehrerin noch solche Probleme mit Schülern zu haben. Später auf meinem Zimmer habe ich mir dann gesagt, dass ihr wahrscheinlich auch alle schon mal solche Probleme mit Schülern gehabt habt oder noch haben werdet."
Ko-Leiter (doppelt): „Ich war danach sehr verunsichert und fühlte mich von euch allein gelassen. Es hat viel Kraft gekostet, mich wieder zu stabilisieren. Ihr habt es euch leicht und bequem gemacht, dabei hätten mir einige Sätze von euch schon sehr geholfen."
Lehrerin: „Ja, stimmt. Euer Schweigen war das Schlimme! Wisst ihr, Alleingelassen-Sein in einer Gruppe, das kann weh tun. Ich habe zwar

in der Sharing-Runde gesagt, dass es für mich in Ordnung ist, wenn ihr nichts sagt. Aber es war in Wirklichkeit nicht in Ordnung. Es hat sogar richtig weh getan. Ich habe da so meine Gruppenerfahrungen hinter mir. Aber das will ich jetzt gar nicht thematisieren. Ich rede nur über euch und meine Gefühle."
Ko-Leiter (doppelt): „Ich bin danach traurig geworden, da ich mich einsam gefühlt habe."
Lehrerin: „Genau, und mir kommen jetzt schon wieder die Tränen. Ich spürte das wie eine Wand zwischen uns."

Schweigende Pause.

Ko-Leiter (doppelt nach einer Weile): „Ich öffne mich und stehe schutzlos vor euch, und ihr lasst mich anschließend an eurer Schweigemauer einfach auflaufen und abprallen. Wenn ich so verletzt werde und traurig bin, kann ich mich nur noch in mein Schneckenhaus zurückziehen."
Lehrerin: „Und dort kann ich dann weinen."

Schweigen

Ko-Leiter: „Später, auf meinem Zimmer, spürte ich dann erst, dass ich auch wütend auf euch bin."
Lehrerin: Sie schaut ihn überrascht an und sagt zur Gruppe: „Richtig, stimmt genau! Ich war fassungslos und habe mich sehr geärgert. Ich erwarte mehr von euch als Schweigen und so einen Metaspruch wie von dir, Peter. Den Prozesskommentar kannst du dir an der Stelle schenken. Im Klugscheißen sind wir alle Weltmeister, aber wenn sich mal einer traut, wirklich etwas von sich zu zeigen, und dann reale Gefühle im Raum sind, dann ist anschließend neben eisigem Schweigen nur noch die Rettung in die theoretische Prozessorientierung möglich. Wir sind doch alle hier, damit wir unsere Kommunikation verbessern. Nicht nur mit den Schülern, auch untereinander. Aber so wird das nie was. Lasst uns doch endlich damit anfangen!"

Im weiteren Verlauf doppelt der Ko-Leiter immer weniger, zieht seine unterstützende Hand zurück und verlässt nach kurzer Absprache mit der Lehrerin seinen Platz neben ihr und setzt sich auf seinen ursprünglichen Stuhl. Einige Teilnehmer wollen jetzt Sharing von gestern nachliefern, andere eher begründen, warum sie geschwiegen haben. Danach ergibt sich ein heftiger Austausch darüber, wie sie als Menschen und als Lehrer im Kollegium miteinander umgehen wollen, was sie leisten können, wo sie gefordert und überfordert sind und was dieser Kurs für ihr alltägliches Miteinander konkret bedeuten und leisten soll. Es wird Metakommunikation im besten Sinne möglich.

Das unterstützende Doppeln geht insoweit über das empathische Doppeln hinaus, als es die Rückwirkung des Protagonisten auf das Doppeln mit einbezieht. Das Doppel geht also, nachdem es seine Inhalte dem Protagonisten angeboten hat, nicht wieder weg, sondern bleibt in seiner Doppel-Ich-Rolle und wartet auf die Reaktion des Protagonisten. Es kann auch Fragen stellen, die zu einer tieferen Einsicht führen. Sagt der Protagonist beispielsweise: „Heute bin ich nervös und unsicher", so könnte gedoppelt werden: „Ich bin nervös und durcheinander. Kann mich nur schwer konzentrieren. Ist das heute ein besonderer Tag, oder bin ich jemandem begegnet, der mich nervös gemacht hat?"

Durch Reaktion des Protagonisten und Gegenreaktion des Doppels entsteht ein Gespräch, wie es sonst nur das stille Selbstgespräch sein kann, und ein Dialog, der neue, wichtige Informationen erbringen kann. Auch diese Doppelvariante setzt eine hohe Empathie voraus. Je stärker dabei die Einfühlung des Doppels gelingt, umso weniger wird der Protagonist die Unterscheidung zwischen sich selbst und dem Doppel wahrnehmen. Beide erleben und handeln als eine Person. Das Doppel stimuliert nicht nur den Protagonisten. Es kann vorkommen, dass es sich auch vom Protagonisten derart stimulieren lässt, dass in ihm die gleichen Gefühle wie z.B. Zorn, Angst oder Hilflosigkeit aufkommen wie beim Protagonisten. Diese Form des Doppelns kann vor allem im therapeutischen Setting mit so starker emotionaler Beteiligung erfolgen, dass das Doppel genau wie der Protagonist wütend wird oder weint, und zwar nicht „gespielt", sondern als authentische Reaktion auf den einfühlenden, vertiefenden Doppelprozess.

Für diese Doppelvariante muss das Doppel eine integrierte, gleichermaßen flexible und stabile Persönlichkeit besitzen, die in der Lage ist, sich zunächst sehr stark auf die Identifikation einzulassen und danach wieder zu distanzieren, um zu den eigenen Persönlichkeitsgrenzen zurückzufinden.

Das unterstützende Doppel kann auch im Konfliktgespräch zwischen zwei Konfliktpartnern eingesetzt werden, wenn beide bereit sind, sich auf den Versuch einer Konfliktbearbeitung einzulassen.

Das unterstützende Doppel im Konfliktgespräch

Vorgehen beim Konfliktgespräch mit unterstützendem Doppel:
1. Die Konfliktpartner setzen sich gegenüber.

2. Jeder von ihnen wählt sich ein unterstützendes Doppel aus der Gruppe, das sich jeweils neben die Protagonistin setzt.
3. Die Konfliktpartner tauschen sich jetzt über ihren Konflikt aus und können bei Bedarf ihr unterstützendes Doppel zu Rate ziehen (öffentlich und für alle hörbar). Der jeweilige Doppelpartner braucht seinerseits nicht zu warten, bis ihn sein Partner zu Rate zieht, sondern kann aktiv seine Unterstützung anbieten. Das stützende Doppel versteht sich dabei als Helfer für eine Konfliktlösung, die im Interesse seines Partners liegt, und achtet darauf, dass dieser zum Schluss nicht als Verlierer dasteht. Dazu beobachtet das Doppel die Kommunikation zwischen den beiden und teilt seinem Partner (für alle hörbar) seine Beobachtungen mit (z.B. wenn er glaubt, dass Missverständnisse aufgetreten sind oder dass der andere nicht wirklich zuhören kann, so dass „sein" Partner entweder andere Formulierungen wählen sollte oder selbst zunächst einmal zuhören muss). Er verhindert somit einen destruktiven Verlauf oder eine mögliche Eskalation des Gesprächs.
4. Der Leiter moderiert das Konfliktgespräch und wacht über die Einhaltung der Regeln.

Ambivalenz-Doppeln

Häufig gelingt Selbstklärung, indem wir eine Art Selbstgespräch führen. In diesem stillen Selbstgespräch werden unterschiedliche Sichtweisen angeführt, die Pro- und Kontra-Argumente abgewogen und die sie begleitenden Gefühle wahrgenommen. Nachdem eine innere Stimme gesprochen hat, meldet sich eine zweite, die in eine andere Richtung argumentiert und einen gegensätzlichen Standpunkt einnimmt. Häufig sind wir, nachdem wir die einzelnen Stimmen im Selbstgespräch zu Wort kommen ließen, von ihren unterschiedlichen Anschauungen, Argumenten und Wünschen verwirrt. Wir haben das Gefühl, im „Einerseits-und-andererseits" festgefahren zu sein und nicht weiterzukommen.

Vielleicht hat ein Protagonist immer vor einer Präsentation beklemmende Angst, und die Anforderung wird für ihn zur Stress-Situation. In der Exploration wird deutlich, dass sich im stillen Selbstgespräch zwei Stimmen unterhalten: der „entwertende Entmutiger" und der „aufbauende Ermutiger". Der Entmutiger sagt vielleicht vor und während des Vortrages: „Das wird bestimmt wieder schiefgehen! Das schaffe ich nie! Sicher kommen unangenehme Fragen, die ich nicht beantworten kann! Oh je, jetzt habe ich mich versprochen, wie peinlich!" usw. Der Ermutiger hält jeweils dagegen und sagt: „Erst mal abwarten. Bisher ging es doch meistens gut. Ich bin ja bestens vorbereitet und weiß deshalb mehr als die anderen. Bei kritischen

Zwischenfragen wird mir schon eine Antwort einfallen. Ich muss außerdem nicht perfekt sein und es auch nicht allen recht machen!" usw.

Ambivalenz-Doppeln führt zu innerer Klarheit

Beide miteinander widerstreitenden Auffassungen sind im Seelenleben jedoch häufig nicht so fein säuberlich getrennt wie hier, sondern im inneren Clinch verwickelt. Die eine innere Stimme lässt die andere kaum ausreden, und beide hören einander nicht richtig zu.

Eine ungeklärte innere Ambivalenz könnte so bearbeitet werden, dass beide inneren Stimmen durch jeweils ein Doppel repräsentiert und besetzt werden. Indem jedes Doppel eine der beiden inneren Stimmen übernimmt, wird durch ihre Unterstützung die Ambivalenz des inneren Dialoges deutlich herausgearbeitet und manchmal so maximiert, dass ein anderer Umgang mit der Fragestellung möglich wird. Eine „Auflösung der Ambivalenz" wäre dabei eine überhöhte Zielvorstellung und würde der Wirklichkeit des Lebens oftmals nicht gerecht werden.

Beispiel:
Ein Manager kann sich nicht entscheiden, ob er sich mehr auf das Familienleben einlassen oder ob er wie bisher an seiner Karriere arbeiten soll. Nach der Exploration fragt der Leiter die Gruppe: „Wer von Ihnen kann diesen inneren Konflikt nachvollziehen?" Es melden sich einige Teilnehmer. Der Leiter fragt sie, wer von ihnen mehr auf der Seite der Familie ist und wer mehr auf der Seite der Karriere. Als zwei Teilnehmer gefunden wurden, die in die jeweilige Doppel-Ich-Rolle gehen können, bittet der Leiter diese beiden, sich neben den Protagonisten zu setzen. Zuvor hat er den Protagonisten gefragt, welche innere Stimme auf welche Seite von ihm gehört.

Manager: „Wie schon gesagt, ich möchte beides ... auch meine Kinder."
Doppel 1 (auf seiner rechten Seite): „Das Leben läuft mir davon, und ich bekomme die Kinder in diesem Alter gar nicht richtig mit. Da will ich mehr dabei sein, damit ich sie und die Familie genießen kann."
Manager: „Stimmt, ich will sie nicht nur kurz abends und später mal in 10 Jahren auf dem Video sehen, das meine Frau aufgenommen hat."
Doppel 1: „Meine Frau hat den Kontakt und darf sie häufig erleben, und ich kann ihnen nur einen Gute-Nacht-Kuss geben. Das ist mir zu wenig."
Manager: „Manchmal sehe ich sie ja nur noch schlafend im Bett. Da

ist dann gar kein Kontakt mehr möglich. Aufwecken will ich sie ja auch nicht."
Doppel 1: „Und der Kontakt zu meiner Frau könnte auch intensiver sein."
Manager: „Intensiv ist er schon, aber er könnte unbelasteter sein, entspannter und mit weniger Zeitdruck. Ja, das wäre schön."
Doppel 2 (sitzt an der linken Seite des Managers): „Aber meine Karriere und mein berufliches Weiterkommen ist mir auch wichtig!"
Manager: „Stimmt. Beides ist mir wichtig."
Doppel 2: „Das mit der Familie kann ich doch haben, wenn ich es mit meiner Karriere geschafft habe."
Manager: „Aber mein Verdacht ist, dass das nie ein Ende hat. Das könnte immer so weitergehen mit meinem Beruf. Jetzt dieses Projekt, dann jene Aufgabe usw. usf."
Doppel 2: „Das sind alles Sachen, die ich gerne mache und die mir wichtig sind."
Manager: „Stimmt, ich arbeite gerne in meinem Beruf und genieße meinen Erfolg. Als jemand ohne Abitur so weit gekommen zu sein — das ist schon was!"
Doppel 2: „Die Arbeit gibt mir viel Anerkennung und Selbstbestätigung."
Manager: „Und das ist doch auch wichtig, dass man Anerkennung bekommt und zufrieden mit sich ist."
Doppel 2: „Und außerdem bin ich ein dynamischer Mensch und genieße es, wenn ich mit Power in meiner Arbeit agieren kann."
Manager: „Ja, das stimmt:"
Doppel 1: „Das könnte ich aber auch zu Hause. Mit beiden Jungs lustvoll Fußball spielen" usw.

Statt die beiden Seiten des Protagonisten durch jeweils ein Doppel über längere Zeit zu besetzten, lässt sich auch die gesamte Gruppe mit einbeziehen. Dabei kann jedes Gruppenmitglied, wenn es einen Doppelimpuls verspürt, auf die Seite des Protagonisten treten, die repräsentativ für die Stimme ist und verbalisiert, was seinem Empfinden nach diese Stimme im Protagonisten meint, fühlt oder sich wünscht. Nachdem das jeweilige Gruppenmitglied gedoppelt hat, macht es den Platz wieder frei, damit später ein anderes Gruppenmitglied seine Wahrnehmung doppeln kann. Diese Doppelvariante gehört dann in Feld 1 zum empathischen Doppeln.

Das Ambivalenz-Doppeln erfordert ein hohes Maß an Einfühlungsvermögen und Weitblick des Rollenspielleiters. Dieser sollte unbedingt darauf achten, dass die doppelnden Hilfs-Ichs nicht in ihrem Dialog einer Eigendynamik unterliegen und dabei den Protagonisten hinter sich lassen. Es müssen auch hier die Grundregeln der Doppeltechnik eingehalten werden. Jedes Doppel darf erst dann seinen Part übernehmen oder den Prozess durch neue Impulse weiterführen, wenn die Reaktion des Protagonisten abgewartet wurde. Seine Reaktion auf die Doppel-Angebote ist der Maßstab für die Dynamik und das Tempo.

Diese Intervention ist kontraindiziert, wenn dem Protagonisten eine Defragmentierung seiner Persönlichkeitsanteile droht oder wenn diese Arbeit in eine therapeutische Situation wechselt, wo vielleicht verschiedene Stimmen akustischer Halluzinationen thematisiert werden. Das ambivalente Doppeln im beruflichen Bereich ist nicht dazu da, eine Krise herbeizuführen und sie mit dem Protagonisten therapeutisch zu durchleben und zu bearbeiten. Es soll auf schonende Weise zu einer klärenden Einsicht führen und dem Protagonisten helfen, sich einer Entscheidungsfindung zu nähern.

Feld 3: Drastifizierendes Doppeln
Im Gegensatz zu den bisherigen Varianten der mutterspezifischen Haltung kann der Leiter auch vom Protagonisten nur vage angedeutete Stimmungen, Gefühle oder Wünsche durch „drastifizierendes Doppeln" verstärken.

Beispiel:
Eine Trainerin berichtet in einem Ausbildungsseminar von einem Problem mit einem Kollegen. Sie und ihr Kollege arbeiten gleichberechtigt in einem Trainerteam zusammen und haben sich als Ko-Leitung gegenseitig gewählt.

Sie (zu ihrem Kollegen, der von einem Seminarteilnehmer gespielt wird): „Du stehst gerne an der Front, glänzt mit deinen Weisheiten und genießt es, wenn alle dich anhimmeln. Das sei dir auch gewährt, und du machst es auch ganz gut. Aber wenn ich dann dran bin und in die „Bütt" muss, dann ist es für mich beschwerlich."
Berater: „Was beschwert Sie dann genau?"
Sie: „Ich muss viel tun, damit ich die Akzeptanz der Gruppe bekomme."
Berater (doppelt dialogisch und drastifizierend): „Du spielst den Guru, und ich muss mich dann ungeheuer anstrengen, neben dir akzeptiert zu werden und nicht als das ´Anhängsel des Meisters` betrachtet zu werden."
Sie: „Richtig, du weißt doch, dass ich es als Frau sowieso schon schwer genug habe, von den meist männlichen Teilnehmern akzeptiert zu werden. Wenn ich dann vorne stehe, hältst du dich zwar zu-

rück, aber irgendwie bist du auch dann immer noch der eigentliche Leiter und ich nur die Assistentin."

Berater (doppelt drastifizierend): „Auch wenn du im Hintergrund bist, hältst du die Fäden in der Hand. Du gibst die Leitung, wenn ich dran bin, nicht wirklich ab. Dadurch fühle ich mich ständig kontrolliert und gegängelt."

Sie: „Ja, vor allem die Kontrolle strengt mich an. Wenn ich dann mit meinem Teil zu Ende bin und Raum für offene Fragen oder andere Kommentare gebe, dann ist unsere Absprache zwar so, dass du dann auch noch etwas sagen kannst, aber so wie du es machst, das belastet mich dann schon wieder."

Berater (doppelt): „Ich möchte meinen Teil frei und unbeschwert machen, ohne immer befürchten zu müssen, dass du am Ende durch weise Abschlusskommentare meinem Part noch einmal deinen Stempel aufdrückst."

Sie: „Richtig, das ist mein Wunsch. Aber auf der anderen Seite finde ich, dass du oft auch wirklich kluge Sachen sagst..."

Durch das drastifizierende Doppeln wurde sowohl die vom Protagonisten nur vage angedeutete Selbstoffenbarung, die Beziehung als auch der Appell übertrieben, so dass Gefühlserleichterung, Beziehungsklarheit und Appellverdeutlichung möglich wurden.

Paradoxes Doppeln

Durch das Doppeln, vor allem das empathische Doppeln, wird eine maximale Gefühlserleichterung dadurch erreicht, dass der Protagonist eine emotionale Schicht tiefer gehen kann, als er es ohne das Doppeln hätte schaffen können. Mögliche Widerstände und abwehrende „Gefühls-Wächter" werden durch die Ich-Sprache umgangen. Das „paradoxe Doppeln" will im Gegensatz dazu die Abwehr stärken bzw. übernehmen und nicht umgehen. Dies in der Hoffnung, dass nach Verstärkung der Abwehr die Gegenimpulse spürbar werden. Häufig wird nach diesem „technischen Kunstgriff" der Prozess durch andere Doppelvarianten fortgesetzt.

Beispiel:

Ein aggressionsgehemmter Protagonist steht im Rollenspiel einem Antagonisten gegenüber, der seinen Kollegen am Arbeitsplatz spielt. Der Kollege hat ihn des öfteren durch herabsetzende und bissige Bemerkungen in Gegenwart anderer gedemütigt, und der Protagonist hat jedesmal dazu geschwiegen. So auch jetzt auf der Rollenspielbühne. Obwohl er mit anderer Absicht auf die Bühne gekommen ist: Seine Abwehr eigener aggressiver Impulse ist so stark, dass er sogar auf stark provozierend-verletzende Bemerkungen des Antagonisten nicht reagiert und auch aufmunternde Reaktionen der Gruppe zur Gegenwehr keine Veränderung ermöglichen.

Nach einer erneuten, offensichtlich boshaften Kränkung doppelt ihn der Leiter: „Eigentlich ist das ja alles gar nicht so schlimm. Er meint es nicht wirklich böse. Er sagt zwar unangenehme Sachen, aber in Wirklichkeit ist er ein liebenswerter Kollege." Der Protagonist zögert, schaut den Antagonisten an und sagt: „Der und liebenswert! Der versucht doch schon die ganze Zeit, mich fertig zu machen!" Der Leiter bleibt bei seiner paradoxen Doppel-Strategie und doppelt: „Na ja, aber er wird gute Gründe dafür haben. Vielleicht hat er ja private Probleme." Der Protagonist sagt jetzt mit selbstbestimmender Haltung und lauter Stimme zum Rollenspielpartner: „Deine Gründe sind mir ziemlich egal!" Der Leiter greift diesen aggressiven Impuls auf und doppelt nicht mehr paradox, sondern verstärkend: „Immer hackst du auf mir herum und behandelst mich als Mülleimer!" Der Protagonist spürt jetzt deutlich seine Empörung und Wut: „Der will mich fertig machen mit seiner miesen Tour." Der Leiter doppelt wieder paradox: „Aber das wird ihm nicht gelingen. Ich mache einfach dicht und schlucke alles runter, was mich ärgert. Mir geht's dann gut, und er hat seinen Frust." Protagonist: „Nein, das stimmt so nicht. Ich versuche zwar, es abprallen zu lassen, aber in Wirklichkeit bin ich stocksauer. Was der sich so alles erlaubt, das geht doch auf keine Kuhhaut. Das muss ich mir doch wirklich nicht bieten lassen."

Der Leiter könnte mit dieser jetzt gefundenen Energie weitergehen und z.B. den Protagonisten fragen, ob er es einmal üben will, den Rollenspielpartner zu konfrontieren und mit Worten eine Grenze zu ziehen.

Beim paradoxen Doppeln – ihm liegt das kommunikationstheoretische Prinzip der paradoxalen Kommunikation von Watzlawik (1982) zugrunde – wird absichtlich „falsch" gedoppelt, um eine Reaktion zu provozieren. Da diese Doppelvariante etwas herauslockt, was sich bisher nicht zeigen wollte, beinhaltet es ein provozierendes Element und sollte nur von geschulten Dopplern mit Vorsicht, mit psychologischem Wissen um Widerstände und mit hohem Verantwortungsgefühl eingesetzt werden. Das Doppel muss wissen, was in welcher Form geeignet ist. Sonst besteht die Gefahr, einen gegenteiligen Effekt auszulösen. Es soll eine entlastende und keine belastende Wirkung eintreten. Außerdem muss der Antagonist jederzeit das Gefühl haben, dass sein Doppel wirklich als sein Doppel-Ich da ist und nicht als jemand von außen, der ihn durch eine geschickte Strategie zu irgendetwas bewegen will.

Da bei allen direktiven Doppelvarianten die Gefahr besteht, dass unbemerkt Projektionen einfließen können und damit unbewusster Manipulation Tor und Tür geöffnet wird, sollten sie nur von gut trainierten Dopplern durchgeführt werden. Auch sollten sie sich vor dieser Intervention kurz zurücknehmen, um aus innerer Distanz ihre Absicht kritisch zu überprüfen.

Feld 4: Ermutigendes Doppeln
Hier übernimmt das Doppel die Stimme aus dem inneren Team des Protagonisten, mit der dieser sich manchmal selbst Mut zuspricht. Will der Protagonist in einem übenden Rollenspiel neues Verhalten ausprobieren, so kann das ermutigende Doppel als Souffleur an seiner Seite stehen und ihn durch aufmunternde, zustimmende Worte bekräftigen. Die Indikation dieser Doppelform ist beispielsweise dann gegeben, wenn der Protagonist auf der Bühne in einer Spielsituation ein neues, für ihn ungewohntes Verhalten wagen will, letztlich aber immer wieder vor der „Hürde" zurückscheut und das Risiko meidet. Hier und in „festgefahrenen" Rollenspielsituationen, die wieder in Gang gebracht werden sollen, hat sich das „gute Zureden" des „ermutigenden Doppelns" bewährt.

Das ermutigende Doppel könnte etwa so sprechen: „Ich sollte es doch einmal versuchen. Was kann mir hier schon Schlimmes passieren? Das alte Verhalten kenne ich nun schon lange genug. Jetzt ist die Zeit reif, mal etwas Neues zu wagen. Die hemmende Angst davor habe ich nun einmal, aber ich kann ja handeln, obwohl ich Angst habe. Wenn ich mich jetzt da durchbeiße, fühle ich mich nachher freier und kann stolz auf mich sein. Hier sind mir ja alle wohlgesonnen, und ich kann es einmal ausprobieren. Vielleicht versuche ich zunächst einmal nur einen kleinen Schritt und sehe dann weiter. Jetzt schaue ich mein Gegenüber einmal fest an und nehme innerlich Anlauf ..."

Das ermutigende Doppel bleibt während des gesamten Rollenspiels auf der Bühne und regt an, beflügelt, lobt und zollt auch bei kleinen Schritten Anerkennung, damit der Protagonist diese selbst würdigen kann und motiviert ist weiterzugehen. Bei guter Dosierung kann, da in der Ich-Form gedoppelt wird, die erreichte Leistung intensiver als eigene Leistung erlebt werden und nicht als ein durch fremde Hilfe erreichtes Verhalten. Damit gewinnt die Handlung an selbstverstärkendem Wert.

Das Doppel muss jedoch sehr darauf achten, nicht zu viel des Guten zu doppeln. Sonst übernimmt es unbemerkt leicht die Rolle eines „inneren Antreibers“ oder „Peitschenschwingers“, der zur erbarmungslosen Überforderung aufruft.

Auch hier sei nochmals darauf hingewiesen, dass es ebenso sinnvoll sein kann, die Spielszene abzubrechen und die inneren Hindernisse zu erforschen, die ein Gelingen des Protagonistenwunsches vereiteln. Vielleicht sind im inneren Team des Protagonisten einige bedeutsame und mächtige Teammitglieder aktiv, die zunächst erforscht werden wollen. Vielleicht agiert der Leiter aber auch wohlmeinend als ermutigendes Doppel, ohne zu bemerken, dass der Protagonist etwas für ihn leisten soll, da der Leiter das gleiche Thema unbearbeitet mit sich herumschleppt oder ein Erfolgserlebnis als Trainer braucht.

Fern-Doppeln

Bei der bisher noch nicht beschriebenen Sonderform des Fern-Doppelns steht der Leiter nicht seitlich vom Protagonisten, er doppelt von seinem bisherigen Platz aus. Ohne seine Position räumlich zu verändern, kann er beispielsweise zum Protagonisten sagen: „Wenn ich mal laut für Sie denke, dann könnte ich mir vorstellen, dass Sie sagen könnten : Ich bin ziemlich verzweifelt und hilflos. Stimmt das für Sie so?“, oder: „Stimmt es für Sie, wenn ich sage, dass Sie gerade (ängstlich, wütend etc.) sind?“ Beim Fern-Doppeln bietet er auch häufig nur Satzanfänge an: „Ich fühle mich jetzt...“, oder: „Ich habe aufgehört zu sprechen, weil...“, oder: „Wenn ich so wie jetzt nach vorne auf den Boden schaue, dann denke ich...“ Der Protagonist ist dann jeweils aufgefordert, den Satz zu ergänzen und zu beenden. So kann erreicht werden, dass der Protagonist beispielsweise aus seinem Schweigen „auftaucht“ und wieder Kontakt mit seiner Umwelt aufnimmt.

Zum Abschluss dieses Kapitels noch zwei Grundregeln für das Doppeln:

Grundregel 1:
Nicht zu viel und nicht zu lange doppeln!

Will man die Doppel-Intervention negativ beschreiben, so könnte man sagen, dass das Doppel die Arbeit für den Protagonisten übernimmt. Der Leiter fragt den Protagonisten nicht, was er spürt und wahrnimmt, sondern sagt es für ihn. Im ersten Fall müsste der Protagonist sich selbst der Mühe unterziehen, sich fühlend zu erforschen und seine Wahrnehmung auch zu verbalisieren. Beim suchenden Erspüren seines Innenlebens würde er das Risiko eingehen, vielleicht Gefühlen zu begegnen und Impulse zu entdecken, die er rational ablehnt, die seinen Wertvorstellungen widersprechen oder die nicht in sein Selbstbild passen. Zusätzlich müsste er dann auch noch den inneren Widerstand überwinden, das Wahrgenommene zu kommunizieren.

Nur sparsam doppeln

Die Chancen des Doppelns, innere Wächter und Widerstände zu umgehen, kann sich, wenn wir diese Medizin zu viel und zu häufig einsetzen, negativ auswirken. Das Doppel übergeht immer wieder die innere Blockierung des Protagonisten. Sein Widerstandswächter wird für ihn nicht deutlich erlebbar und das damit verbundene Verhaltensmuster nicht aufgezeigt. Beim Doppeln ist der Ausdruck des zurückgehaltenen Gefühls das Ziel. Der oft mühevolle Weg, wie man zu diesem Resultat ohne das Doppeln kommt, bleibt unberücksichtigt. Das Ziel ist der authentische Ausdruck und erst in zweiter Linie die Einsicht in die innerseelischen, psychodynamischen Zusammenhänge von Erleben, Ausdruck und innerem Widerstand.

Wird nun diese potente Interventionsmethode zu häufig eingesetzt, lernt der Protagonist: „Es ist so angenehm und erleichternd. Ich mag mich innerlich gar nicht mehr anstrengen und selber den direkten Kontakt zu meinen Gefühlen wagen. Was soll ich mir da auch Mühe geben, das Doppel macht das so gut und perfekt, wie ich das nie können werde. Es ist ja auch schließlich sein Beruf, soll er mal ruhig so weitermachen..." Jetzt ist aus einer „Ermöglichung eine Verhinderung und aus einem Heilmittel ein Suchtmittel" (Ch. Thomann, 1988) geworden. Die ursprünglich förderliche Wirkung des Doppelns verkommt, da der Doppler zum Gefühlslieferanten und der Protagonist zum Zuwendungskonsumenten wird.

Projektion und Übertragung des Dopplers

Kontraindiziert wäre das Doppeln vor allem, wenn das Doppel durch seine Projektionen den Prozess des Protagonisten stört bzw. kontaminiert. Vor allem bei Protagonisten, die Schwierigkeiten haben, „Nein" zu sagen und sich abzugrenzen, ist darauf zu achten, ob diese nicht aus „Gefälligkeit" die gedoppelten Inhalte übernehmen. Aus Angst, dass ihre Ablehnung des für sie nicht stimmigen Inhaltes zu einer Ablehnung des Leiters ihrer Person gegenüber führen könnte, beginnen sie ihre eigene Gefühlswahrnehmung zu manipulieren: „Nicht dass ich das Gedoppelte bei mir wahrnehme, aber wahrscheinlich hat er doch damit Recht. Er wirkt so erfahren und kompetent. Er soll mir nur noch ein wenig Zeit lassen. Ich glaube, ich fühle es schon ein wenig..."

Doppeln ohne Druck und Anspruch auf Richtigkeit

Jetzt besteht die Gefahr, dass Protagonist und Doppel sich im Geflecht von Übertragung und Gegenübertragung verstricken. Da die Involvierung des Doppels um so größer ist, je empathischer es sich mit dem Protagonisten identifizieren kann, sind die Möglichkeiten zur „inneren Distanzierung“ immer mehr eingeschränkt. Für Trainer und Berater, die gepaart mit starken Helferimpulsen zur übertriebenen mitmenschlichen Nähe oder zu Dominanzverhalten neigen, gilt deshalb die Empfehlung, sich mit dem Doppeln zurückzuhalten, um zu vermeiden, sich des Protagonisten mit psychologischen Konzepten und eigenen Lebensvorstellungen zu bemächtigen. Das Argument, dass der Protagonist nicht zutreffende Doppelinterventionen abwehren wird, gilt nur mit Einschränkung. Ich-schwache und suggestible Protagonisten sind hierzu sicher nicht immer in der Lage. Der Leiter ist verantwortlich dafür, dass das Doppeln eine nicht-manipulative Interventionstechnik bleibt, die sich ausschließlich am Erleben des Protagonisten orientiert.

Das Doppeln erfordert gerade bei starker gefühlsmäßiger Beteiligung auf Seiten des Dopplers eine integrierte, gleichermaßen flexible und stabile Persönlichkeit, die in der Lage ist, sich einzufühlen, aber auch wieder zu distanzieren. Um den Überblick über das Gesamtgeschehen (Protagonist, Hilfs-Ichs, beobachtende Teilnehmer, Zeit etc.) zu behalten, können Leiter mit wenig Erfahrung die Doppel-Intervention an die Gruppenteilnehmer delegieren und diese explizit zum Doppeln einladen. Natürlich nur, wenn diese wissen, was Doppeln bedeutet und wie es technisch geht. Wenn auch Teilnehmer doppeln können, ist der Leiter entlastet, und manchmal ist die einfühlende Treffsicherheit von Menschen aus gleichem oder ähnlichem Lebenskontext höher als die eines externen Beraters oder Trainers.

Grundregel 2:
Der Protagonist wird nur in seiner eigenen Rolle gedoppelt!

Diese Regel betrifft vor allem den Rollentausch.

Beispiel:
Will Herr Eiche (Protagonist) auf der Rollenspielbühne im Kommunikationstraining eine schwierige Situation mit seiner nicht am Seminar teilnehmenden Kollegin Frau Starck klären und befindet er sich gerade in der Rolle von Frau Starck (also im Rollentausch), sollte er hier nicht gedoppelt werden. Zunächst wäre sonst unklar, um wessen Gefühle es sich handelt: die Gefühle von Frau Starck? Die ist ja gar nicht real auf der Bühne und noch nicht einmal im Raume anwesend. Handelt es sich um die Gefühle von Herrn Eiche? Dann müsste zunächst wieder ein Rollentausch zurück in die eigene Rolle erfolgen, damit Herr Eiche auch als Herr Eiche gedoppelt wird. Oder will der Leiter, dass Herr Eiche sich mehr in die Rolle von Frau Starck hineinversetzt?

Da wären Fragen an Herrn Eiche, während er in der Rolle von Frau Starck ist, besser geeignet: Wie alt sind Sie, Frau Starck? Wie tragen Sie ihre Haare? Wie bewegen Sie sich, wenn Sie laufen? Was ist Ihnen im Beruf, grundsätzlich im Leben oder in dieser Situation wichtig? Was denken Sie über Herrn Eiche, und wie stehen Sie zu ihm? Wie reagieren Sie innerlich, wenn Herr Eiche sich ... verhält? etc.

Kann der Protagonist die Antagonistenrolle nicht einnehmen und ausspielen, muss der Hintergrund dieser Schwierigkeit in seiner eigenen Rolle erforscht werden. Ihn durch die Doppeltechnik in die Rolle zu „drücken", wäre unangemessen und falsch.

Außerdem wird nur der Protagonist gedoppelt und nicht ein Hilfs-Ich, welches sich gerade in der Protagonisten-Rolle oder einer anderen Rolle befindet. Die Gruppenteilnehmerin, die Frau Starck im Rollenspiel spielt, darf nicht gedoppelt werden, weil es ja um das Anliegen des Protagonisten (Herr Eiche) geht und er im Mittelpunkt der Aufmerksamkeit steht. Nur er hat die Möglichkeit, das Gedoppelte zu korrigieren, da es ja um seine Wahrnehmung und seine Kontaktfähigkeit geht. Soll ihm klar werden, was jemand in der Antagonistenrolle denkt und fühlt, so ist das Rollenfeedback in der Auswertungsphase die geeignete Intervention dafür.

Anders ist es beim Rollenwechsel. Die Doppelintervention ist möglich, wenn der Protagonist die Rolle wechselt, um sein Rollenrepertoire zu erweitern oder um genau zu erspüren, wie es ist, einmal für längere Zeit in einer bestimmten Rolle zu agieren (z.B. ein Mitarbeiter, der einmal in die Rolle eines Vorgesetzten geht, um sich darin auszuprobieren, oder ein angestellter Trainer, der einmal in die Rolle eines Freiberuflers geht). Da der Protagonist sich durch den Rollenwechsel nur den jeweiligen Rollenmantel angezogen hat, kann die Person des Protagonisten darunter gedoppelt werden.

Merktafel für gutes Doppeln

Versuche, das zu fühlen, was der Protagonist fühlt!
Erinnere dich an eine gleiche oder ähnliche Situation wie die, in der sich der Protagonist gerade befindet, und erforsche, was du dabei empfunden hast. Versuche dadurch einfühlend zu verstehen, was der Protagonist im Augenblick empfinden könnte. Beobachte den Protagonisten genau: sein Reden und sein Schweigen, seine Mimik und seine Gestik. Nimm seinen (Atem-)Rhythmus an und empfinde seine Körpersprache nach. Wenn du den Fluss seiner Bewegungen angenommen hast, übersetze dies in bisher nicht ausgesprochene Aussagen!

Doppeln bedeutet nicht: Ich bringe dir was bei!
Musst du feststellen, dass du keinen einfühlenden Kontakt mit dem Protagonisten aufnehmen kannst, ärgerlich auf den Protagonisten bist oder dich in einer belehrenden Rolle befindest, dann solltest du lieber nicht doppeln!

Deine gedoppelten Inhalte sollten so kurz und präzise wie möglich sein!
Bedenke, dass die potente Methode des Doppelns nicht vergeudet werden darf. Falls du bemerkst, dass du zu viel doppelst, halte inne und mach dir dein Motiv bewusst. Vielleicht willst du den Protagonisten durch das Doppeln in eine Richtung drängen. Vielleicht willst du den Protagonisten aber auch schonen; womöglich aber auch dich selbst, da du die schmerzhaften oder „negativen" Gefühle des Protagonisten selbst nicht aushalten kannst!

Es geht nicht um „Recht haben"!
Nach jeder gedoppelten Aussage muss die Reaktion des Protagonisten abgewartet werden. Sollte der Protagonist mit deinen Aussagen nicht einverstanden sein, dann insistiere nicht, selbst wenn du der Meinung bist, dass du richtig liegst. Vielleicht kannst du deine Aussagen bei späterer Gelegenheit noch einmal anbieten!

Wahrheit und Klarheit so viel wie möglich – Doppeln nur so viel wie nötig!
Warte auf den richtigen Zeitpunkt für dein Doppeln. Wenn ein Prozess gut läuft und der Handlungsablauf sinnvoll und stetig vorangeht, brauchst du nicht zu doppeln. Es würde die Handlung bremsen. Sprich dann, wenn der Protagonist blockiert ist und sich nicht selbst ausdrücken kann. Wenn er redet, unterbrich ihn nicht, sondern höre gut zu! Du nimmst beim Doppeln nur die Rolle einer Hebamme ein. Das bedeutet, dass der Protagonist der „Gebärende" bleiben soll und du nur unterstützende Funktion für den Protagonisten übernimmst. Das bedeutet aber auch, dass Doppeln überflüssig ist, wenn das Kind schon zur Welt gekommen ist.

Sei insgesamt taktvoll und vorsichtig!
Wähle akzeptierende Aussagen, bevor du provokative Aussagen machst!

Rollentausch

Jeder Mensch hat seine persönliche Sichtweise der Umwelt. Diese Sichtweise ist u.a. das Produkt von Wahrnehmungen und Erleben und wird gespeist durch die individuelle Verarbeitung von Erfahrungen. Wenn ich mit meiner Lebensgefährtin Lilian über Weihnachten spreche, so wird ihre Sichtweise eine völlig andere sein als meine, da sie als Chinesin mit Weihnachten andere Vorstellungen, Kindheitserinnerungen, Glaubenssätze und Erfahrungen verbindet. Wir schauen jedes Jahr mit verschiedenen Wahrnehmungsbrillen auf diesen Tag und müssen jedes Mal aufs Neue ausloten, wo sich unsere Sichtweisen überschneiden und wo sie sich unterscheiden.

Dies gilt grundsätzlich für die Kommunikation. Wer kennt nicht die Aussage: „Das sehe ich völlig anders!" und wer nicht die Bitte: „Kannst du das nicht mal aus meiner Position betrachten? Versetze dich doch mal in meine Rolle!"

In jedem Gespräch und vor allem im Konfliktfall wird schnell deutlich, dass sich unterschiedliche Sichtweisen gegenüber stehen: in der Sache, in der Beziehung, im inneren Erleben und der Appellebene. Um trotz dieser Voraussetzung zu einer gemeinsamen Sichtweise und einer von allen getragenen Lösung zu kommen, müssen wir im Kontakt mit anderen Menschen immer wieder unsere Sichtweise „loslassen" und zumindest für eine kurze Zeit die Sichtweise des anderen einnehmen. Sonst würden wir nicht miteinander, sondern gegeneinander reden. Den anderen verstehen wollen heißt in diesem Zusammenhang, das anstehende Thema oder den Konflikt aus seiner Sichtweise zu sehen. Wir identifizieren uns mit unserem Gegenüber. Dann könnte z.B. Herr Müller, Mitarbeiter im Innendienst eines Unternehmens, zu Herrn Knuth, dort Mitarbeiter im Außendienst, sagen: „Die Bearbeitung des Vorgangs für den Kunden XY braucht mindestens vier Tage, wenn wir alle Vorschriften beachten. Aus Ihrer Sicht soll es natürlich so schnell wie möglich gehen, damit Sie am besten schon morgen zum Kunden gehen können, um ihm die Unterlagen zu überreichen. Das ist verständlich. Vielleicht können wir..."

In den Fällen, bei denen es nicht um eine Sache (hier Kundenvorgänge) geht, sondern um eine Auseinandersetzung auf der Beziehungsebene, steht das Thema im Raum: Wie sehe ich dich, wie siehst du mich, und wie stehen wir zueinander? Sich in diesem Fall mit einem anderen zu identifizieren fällt vielen Menschen ungleich schwerer, weil wir für den Moment der Identifizierung nicht auf eine Sache, sondern auf uns selbst blicken – jetzt allerdings mit der Wahrnehmungsbrille eines anderen Menschen. Diesen „Blick von außen auf uns selbst" nennt man Rollentausch.

Er wird als Intervention dann eingesetzt, wenn sich neben dem Protagonisten auch andere Personen seines sozialen Umfeldes auf der Rollenspielbühne befinden. Da diese jedoch nicht real im Seminar anwesend sind, werden sie von anderen Gruppenteilnehmern gespielt. Als Hilfs-Ichs helfen sie dem Protagonisten, sein Thema auszuspielen.

Eine erste Beschreibung des Ablaufes eines Rollentausches könnte so lauten:

- Der Protagonist tauscht auf der Rollenspielbühne seine Rolle mit der Rolle eines Rollenspielpartners, z.B. mit einem Hilfs-Ich in der Antagonistenrolle.
- Der Rollenspielpartner übernimmt im Gegenzug die Rolle des Protagonisten und verhält sich so, wie dieser es zuvor getan hat.
- Der Protagonist übernimmt die Rolle des Rollenspielpartners (Antagonistenrolle) und agiert in dessen Rolle – reagiert aber auch auf das Verhalten des Rollenspielpartners, der sich zur Zeit in der Protagonistenrolle befindet und das Verhalten des Protagonisten übernommen hat.

Der Protagonist schaut also aus einer anderen Rolle auf seine eigene Rolle und reagiert auf sich selbst. Dieser Blick auf sich selbst geschieht manchmal mit der Haltung: „Das kann doch wohl nicht wahr sein, was ich da mache!", und dieses Sich-selbst-gegenüber-Treten kann unter allen Lebewesen wohl nur der Mensch leisten. Um dieser psychischen Leistung Respekt zu zollen, spricht man beim Rollentausch auch von einer Ich-Leistung.

Mit Rollentausch ist nicht der Rollenwechsel im Sinne von „Karl, spiel mal einen strengen, gesetzestreuen Polizisten, der einem Verkehrssünder einen Strafzettel verpasst und sich dabei nicht beeinflussen lässt, und wechsle dann die Rolle, indem du einen freundlichen, nachgiebigen Polizisten spielst, der sich von den Argumenten des Autofahrers überreden lässt, den Strafzettel nicht auszufüllen."

Rollentausch wäre etwas anderes. Wenn ich, Karl Benien, beispielsweise gestern als Autofahrer etwas zu schnell mit meinem Auto gefahren bin und ein Polizist hat mich angehalten, um mir einen Strafzettel zu geben, so stehen sich vielleicht in dieser realen Situation zwei unterschiedliche Sichtweisen gegenüber. Ich habe gute Gründe gehabt, zügig zu fahren, und glaube, dass ich nur ein wenig über die vorgeschriebene Geschwindigkeitsgrenze hinausgegangen bin. Der Polizist darf mich deshalb als Ordnungshüter freundlich ermahnen, bestrafen darf er mich nicht. Der Polizist sieht die Situation völlig anders. Für ihn bin ich einer von vielen, die sich nicht an die Straßenverkehrsregeln halten, und er bleibt hart in der Sache. Vielleicht eskaliert das Gespräch zu einem Konflikt. Der Rollentausch würde durch den Wirkmechanismus der Identifikation einen Perspektivwechsel ermöglichen. Ich würde aus der Rolle des Polizisten und Ordnungshüters auf Karl Benien, den Autofahrer und Geschwindigkeitsübertreter, schauen und damit auf jemanden, der sich „herausreden" will.

Ich übernehme beim Rollentausch einfühlend und handelnd die Rolle meines Gegenübers mit allen Gefühlen, Einstellungen, Normen und Werten – und das Gegenüber übernimmt außerdem meine Rolle. Beim Rollentausch versetzen wir uns nicht nur in die Rolle des anderen und spielen diese Rolle aus, sondern blicken aus dieser inneren Distanz zusätzlich auf uns selbst. Wer im Rollentausch einfühlend die Rolle eines anderen einnimmt, erlebt den anderen durch seine einfühlende Identifikation als Subjekt und sich selbst als Objekt, auf das er aus innerer Distanz schaut.

Da auf der Rollenspielbühne häufig mehrmals hintereinander ein Rollentausch stattfindet, entsteht ein komplexer Kreislauf mit hoher psychodynamischer Energie: In der eigenen Rolle steht der Protagonist zunächst agierend seinem Mitmenschen gegenüber. In der Rolle des Antagonisten wird er zum Empfänger seiner selbst initiierten Handlung und erlebt dessen Auswirkungen am eigenen Leibe. Außerdem wird er hier Subjekt und Initiator von dessen Handlungen. Wieder in seiner eigenen Rolle, erlebt er die in der Antagonistenrolle selbst initiierten Handlungen und ihre Auswirkungen in der eigenen Rolle. Zugleich ist er hier wieder Initiator eigener Impulse und Handlungen, indem er eine neue Ich-Position gegenüber seinem Beziehungspartner bezieht. Nehmen wir zum Thema Rollentausch das Kommunikationsmodell zur Hand, so wird hier bedeutsam, dass wir zum Sender und zum Empfänger werden. Wir senden, wenn wir unser Gegenüber ansprechen, eine vierfache Botschaft, und im Rollentausch empfangen wir diese vierfache Botschaft; wenn wir aus der Antagonistenrolle antworten, senden wir wiederum vierfach, und durch einen erneuten Rollentausch empfangen wir wiederum diese Botschaften in unserer eigenen Rolle. Im Rollentausch (jeweils als Empfänger) bekommen wir die Qualität unserer eigenen gesendeten Inhalte (jeweils als Sender) zu spüren.

Der Protagonist agiert somit nicht nur in einer anderen Rolle, sondern in zwei Rollen, die sich komplementär gegenüberstehen. Rollentausch verschafft Einsicht in Ursache und Wirkung des Beziehungshandelns. Da der Protagonist im Rollentausch nicht nur die Rolle des anderen ausspielt, sondern, genauer betrachtet, die Rolle des anderen in Beziehung zu sich selbst und danach wieder die eigene Rolle in Beziehung zum anderen einnimmt, hilft diese Intervention, Beziehungsmuster in Konflikten zu erkennen und zu verändern. Der Blick aus der Perspektive des Gegenübers ergänzt die eigene Sicht, kann die einseitige Einstellung des Protagonisten oft besser korrigieren als jede Interpretation von außen.

Wir können mit allem und jedem einen Rollentausch durchführen: mit realen Menschen aus unseren Lebensbezügen (z.B. einem Kollegen oder dem Lebenspartner) und realen Gegenständen (z.B. einem Computer oder einem Schreibtisch), aber auch mit fiktiven Menschen, mit Göttern, Teufeln, Toten und zukünftig Lebenden. Im originären Sinn ist der Rollentausch nicht nur auf der Rollenspielbühne mit einem Hilfs-Ich, sondern auch mit realen Bezugspersonen möglich. Dies wird z.B. dann praktiziert, wenn es um Klärungshilfe im beruflichen Bereich geht, wo die Betroffenen sich mit einem Moderator zur Klärungsarbeit zusammengesetzt haben. Hier kann es eine sinnvolle Intervention sein, für eine kurze Sequenz die Rollen tauschen zu lassen.

In den folgenden Beschreibungen gehe ich jedoch hauptsächlich von einer Rollenspielsituation in Beratung und Training aus, in der die Antagonistenrolle durch einen Teilnehmer übernommen wird (Hilfs-Ich), da der wirkliche Kommunikationspartner zumeist nicht real in der Beratung oder im Seminar anwesend ist.

Wie geht der Rollentausch?

Der Protagonist steht oder sitzt z.B. seinem Antagonisten (das Hilfs-Ich wird von einem anderen Teilnehmer gespielt) gegenüber und führt mit ihm einen Dialog oder ein Streitgespräch. Hat der Leiter die Idee, dass eine Identifizierung mit dem Gegenüber für den Protagonisten hilfreich ist, so spricht er die Anweisung aus: „Tauscht bitte einmal eure Rollen“.

Jetzt tauschen beide ganz real ihre Plätze und schlüpfen in die Rolle des jeweils anderen. Sie brauchen vielleicht etwas Zeit, um diesen äußeren Rollentausch auch innerlich nachvollziehen zu können. Der

Leiter hilft, an das bisherige Geschehen anzuknüpfen und den Prozess weiter in Gang zu halten. Er wiederholt die Äußerungen des Protagonisten für den Antagonisten (der sich jetzt in der Rolle des Protagonisten befindet) und lässt den Protagonisten (jetzt in der Rolle des Antagonisten) auf seine eigenen Aussagen reagieren. Der Protagonist reagiert also auf sich selbst, und bei einer Frage, die er in seiner eigenen Rolle an den Rollenspielpartner gestellt hat, gibt er sich nach dem Rollentausch in der Rolle des Gegenübers selbst die Antwort.

Häufig findet der Rollentausch statt, wenn der Protagonist eine wichtige Äußerung gemacht oder dem Antagonisten eine Frage gestellt hat, die für den Fortgang des Rollenspiels bedeutsam ist und die nur der Protagonist selbst „richtig“ beantworten kann und soll. „Richtig“ kann hier zweierlei bedeuten: (1) wie der wirkliche Kommunikationspartner wahrscheinlich antworten würde (dazu muss der Protagonist sein Gedächtnis oder seine Einfühlung aktivieren), oder (2) wie der Protagonist glaubt, dass dieser antworten würde. Dann müsste er seine Fantasien, Projektionen und Übertragungen aktivieren.

Hat der Protagonist dem Antagonisten eine Frage gestellt und wurden die Rollen getauscht, wiederholt der Antagonist (jetzt in der Rolle des Protagonisten) die Frage, so dass der Protagonist (jetzt in der Rolle des Antagonisten) diese Frage auch direkt gestellt bekommt und nach der Antwort suchen kann. Hat er die Antwort verbalisiert, so kann direkt danach der Rollentausch zurück in die eigene Rolle stattfinden. Jetzt wiederholt der Antagonist (wieder in seiner ursprünglichen Antagonistenrolle) die vom Protagonisten gefundene Antwort, und der Protagonist (wieder in seiner eigenen Protagonistenrolle) kann sich mit der Antwort auseinandersetzen. Hat der Protagonist viele Aussagen gemacht, so dass der Antagonist nicht mehr alle Worte behalten kann, so kann der Leiter den Antagonisten auffordern, selbständig zusammenzufassen und nur das Wesentliche zu wiederholen, oder ihn bitten, nur den letzten Satz oder die abschließende Frage zu äußern.

Durch mehrfachen Rollentausch wird unbewusstes projektives Material des Protagonisten auf die Bewusstseinsebene gespült, so dass dieser mit bisher unbekannten Anteilen seiner Person in Kontakt kommen kann. Durch den Rollentausch wird ein Rollenspiel zum psychodramatischen Rollenspiel.

Im Überblick sieht das Vorgehen folgendermaßen aus:

- Der Protagonist macht eine wichtige Aussage, stellt dem Antagonisten eine Frage oder äußert einen Appell an ihn.

- Der Leiter gibt die Anweisung, dass beide (Protagonist und Antagonist) die Rollen tauschen sollen. Der Antagonist (jetzt in der Rolle des Protagonisten) wiederholt die Aussage oder die Frage.
- Der Protagonist (jetzt in der Rolle des Antagonisten) reagiert auf die (ursprünglich von ihm selbst gemachte) Aussage oder beantwortet die Frage so, wie er glaubt, dass der Antagonist reagieren und antworten würde.
- Der Leiter bittet beide, erneut die Rollen zu tauschen.
- Der Antagonist (wieder in seiner ursprünglichen Rolle) wiederholt, was der Protagonist in der Antagonistenrolle zuvor gesagt hat.
- Der Protagonist (wieder in seiner eigenen Rolle) reagiert auf die Äußerung des Antagonisten (also auf die Äußerung, die er zuvor in dessen Rolle selber formuliert hat).

Abb.13: Protagonst und Antagonist

Dieses Vorgehen kann je nach Indikation so verändert werden, dass es der Situation und dem Lernziel entspricht.

Wozu dient der Rollentausch?

Der Rollentausch hat unterschiedliche Einsatzfelder, aber immer eine integrierende Funktion (Indikationen: teilw. nach Krüger, 1989):

- **Zum Einüben von neuem Verhalten**

  Beispiel:
  In einem Seminar für angehende Führungskräfte stellt ein Teilnehmer, Herr Schwarzer, eine Situation vor, in der seiner Meinung nach sein eigener Vorgesetzter sich ungeschickt verhalten hat. Er würde gerne herausarbeiten, welche Alternativen in der Vorgesetztenrolle bestehen, da er demnächst die Funktion seines Vorgesetzten übernehmen soll. Der Leiter schlägt vor, dieses Thema durch ein Rollenspiel in Szene zu setzen. Herr Schwarzer bleibt in seiner Rolle, ein Gruppenmitglied übernimmt die Rolle des Vorgesetzten.

  Zur Situation:
  Regelmäßig findet in der Abteilung ein Montags-Meeting statt. In einem dieser Meetings ist Unruhe spürbar, da Herr Schwarzer sich vom Vorgesetzten zu wenig unterstützt und in eine Außenseiterrolle gedrängt fühlt. Immer, wenn Herr Schwarzer versucht, sein Un-

behagen anzusprechen, kanzelt ihn der Vorgesetzte (im Rollenspiel von einem freiwilligen Teilnehmer gespielt) mit sachlichen Argumenten erneut ab. Herr Schwarzer rüstet entsprechend auf und versucht, seinen Vorgesetzten nachhaltig zu konfrontieren und dessen Führungsstil zu kritisieren. Der Vorgesetzte verteidigt sich und wird massiver – die Situation droht zu eskalieren. An dieser Stelle schlägt der Gruppenleiter einen Rollentausch der beiden Akteure vor. Er fragt Herrn Schwarzer, ob er die Rolle des Vorgesetzten übernehmen und diese Rolle so gestalten möchte, wie es seiner Ansicht nach wünschenswert wäre. Dieser ist sofort bereit, und der Teilnehmer, der den Vorgesetzten gespielt hatte, übernimmt jetzt die Rolle des kritisierenden Mitarbeiters, so wie sie bisher ausgespielt wurde. Alle Seminarteilnehmer sind gespannt, wie der „neue" Vorgesetzte diese Situation meistert. Der bleibt trotz Konfrontation ruhig und hört zunächst einmal nur zu. Nachdem der Mitarbeiter seine Kritik formuliert hat, sagt der „neue" Vorgesetzte , halb zu diesem und halb zur Gesamtgruppe gewandt: „Das ist jetzt eine schwierige Situation für mich. Scheinbar hat sich bei Ihnen, aber vielleicht auch noch bei anderen, einiger Unmut angesammelt. Womöglich habe ich bisher alles zu sachlich angefasst und die zwischenmenschlichen Störungen nicht genügend aufgegriffen und thematisiert. Vielleicht sollten wir uns einmal einige Stunden Zeit nehmen und all das auf den Tisch packen, was sich bisher an Unzufriedenheiten untereinander und zwischen ihnen und mir angesammelt hat. Ich würde mich dann dieser Kritik stellen, aber auch meine Meinung sagen. Im Moment brauche ich jedoch eine Pause, um mich wieder sammeln zu können, da diese Vorwürfe für mich recht überraschend kamen. Wir können ja nachher darüber sprechen, wann und in welcher Form wir so eine Klärung durchführen."

Nachdem Herr Schwarzer wieder in seiner eigenen Rolle und sein Rollenspielpartner wieder in der Vorgesetztenrolle ist, wiederholt dieser als Vorgesetzter die Reaktionsvariante des Themenspenders in der Rolle des Vorgesetzten. Herr Schwarzer kann jetzt in seiner Rolle als Mitarbeiter überprüfen, wie er auf diesen Chef reagieren würde.

Anschließend wird im Seminar diese Äußerung der Führungskraft besprochen, und jeder Mitspieler wird über seine innere Reaktion befragt. Danach sind mehrere Seminarteilnehmer bereit, selber einmal in die Rolle der Führungskraft zu gehen und ihre Kommunikationsvariante zur Diskussion zu stellen.

Kommentar:
Nach der ersten Phase des Rollenspiels hätte der Leiter auch an den Reaktionsmöglichkeiten des Themenspenders (Herr Schwarzer) arbeiten können. Da jedoch das Seminarthema und das Ziel von Herrn Schwarzer war, sich für die Führungsrolle zu sensibilisieren, entschied der Leiter sich für einen Rollentausch. Herr Schwarzer war durch das Agieren in seiner eigenen Rolle schon so sensibilisiert, dass er genau wusste, was er an alternativem Verhalten von seiner Führungskraft gebraucht hätte. Nachdem er in dessen Rolle geschlüpft war, konnte er sich dort so verhalten, wie er es in der Rolle des Mitarbeiters erwartet hätte. Der Gruppenteilnehmer, der zuerst die Führungsrolle gespielt hatte, und alle anderen Teilnehmer bekamen jetzt ein alternatives Verhalten vorgespielt und konnten diese mit eigenem Verhalten in der Führungsrolle vergleichen.

Als Einfühlungshilfe in die Rolle des Antagonisten

Indem sich der Protagonist in die Person des anderen hineinversetzt und sich darum bemüht, die Situation aus dessen Sicht zu betrachten, entwickelt er seine „soziale Sensibilität". Diese Identifikation mit dem Gegenüber erweist sich immer dann als wichtig, wenn es um eine Erweiterung des Verständnisses für die Bedingungen der komplementären Rolle geht. Durch den Rollentausch wird es leichter möglich, Haltungen, Absichten und Handlungspläne des Interaktionspartners einzuschätzen, um sie dann in den eigenen Handlungsplan einzubeziehen.

Beispiel:
Der Abteilungsleiter einer EDV-Abteilung, Herr Struck, will im Kommunikationstraining die Fragestellung bearbeiten: Welche kommunikativen und rhetorischen Mittel kann und muss ich einsetzen, um von meinem Vorgesetzten, einem Vorstandsmitglied, informelle Hinweise zu bekommen? Seine Firma befindet sich in einem Umstrukturierungsprozess, die Zukunft ist unklar, und die „Gerüchteküche" kocht. Die Informationen benötigt er für sich und seine Position, aber auch für seine Abteilung, an deren Struktur und Wohlergehen er sehr interessiert ist. Ein anderer Abteilungsleiter (Verkauf) mit viel Macht und Einfluss wickelt den gemeinsamen „schwachen" Chef um den Finger und übt mit seinen Strukturvorschlägen und strategischen Winkelzügen massiv Einfluss auf die EDV-Abteilung aus. Er selbst hat gehört, dass beim Vorstand schon einige Beschlüsse feststehen, welche jedoch noch nicht veröffentlicht wurden.

Der Trainer lässt Herrn Struck auf der Bühne schon zu Beginn des Rollenspiels einen Rollentausch mit seinem Vorstand durchführen. Die erste Frage des Leiters an den Vorstand (somit an Herrn Struck in der Vorstandsrolle) ist: „Ich weiß, Sie sind ein vielbeschäftigter Mann, aber wenn Sie einmal Freizeit haben, was tun Sie dann? Welche Hobbys haben Sie?" Vorstand: „Ich spiele leidenschaftlich Golf."

Jetzt schlüpft der Leiter selbst in die Rolle eines Golffreundes, unterhält sich mit dem Vorstand auf der Du-Ebene zunächst über das gemeinsame Hobby. Durch Fragen des Leiters: „Wie alt bist du eigentlich? Wo hast du denn deine körperlichen Wehwehchen, bei mir ist es der Rücken? Wie bist du bei deiner Arbeit gekleidet, trägst du immer blaue oder graue Anzüge? Hast du eigentlich Kinder? Wie ist dein beruflicher Werdegang, und wie lange arbeitest du schon in diesem Unternehmen? Bist du stolz auf deine Karriere? Wie viele Stunden arbeitest du täglich? Was ist dir wichtig als Vorstand? Willst du noch lange arbeiten oder bald aussteigen und nur noch Golf spielen?" usw., wird es Herrn Struck möglich, sich immer stärker mit seinem Vorstand zu identifizieren.

Die nächsten Fragen zielen mehr auf das Thema des Protagonisten: „Wie stehst du zur Umstrukturierung? Was hältst du vom Abteilungsleiter des Verkaufs? Wie stehst du zum Abteilungsleiter der EDV, Herrn Struck (Protagonist)? Was glaubst du, wie dieser zu dir steht?"

Nachdem der Rollenspielleiter den Eindruck gewonnen hat, dass Herr Struck sich relativ gut mit seinem Vorgesetzten identifiziert, stellt er als Golffreund die Frage an den Vorstand: „Herr Struck möchte etwas mehr Informationen bekommen, was die Umstrukturierung und deren Auswirkungen auf seine Abteilung betrifft. Er weiß, dass du nicht viel darüber sagen darfst, aber was muss er tun, damit er wenigstens ein bisschen Orientierung und ein paar sicherheitsgebende Hinweise von dir bekommt?"

Protagonist als Vorstand: „Das Wichtigste ist, dass er mir sagt, warum er diese Informationen bekommen will. Er muss mir offen und ehrlich sagen, wieso und wozu er das wissen will." Der Leiter stellt sich als Golfpartner dumm und fragt naiv: „Wie, so einfach ist das bei euch? Einfach sagen, warum er das wissen will?" Vorstand: „Ja weißt du, bei uns wird so viel getrickst, intrigiert und mit rhetorischen Finessen gearbeitet, dass ich die Kunstgriffe erstens alle selber schon kenne und deshalb gewappnet bin, und zum anderen ist es ja gerade die Stärke von Herrn Struck, dass er nicht auch mit den Methoden aus der Waffenkammer der Schmierölpsychologie arbeitet. Ich schätze ihn, weil er so direkt und offen ist."

An dieser Stelle bricht der Leiter das improvisierte Rollenspiel ab, fordert den Protagonisten auf, wieder in seine eigene Rolle zu gehen, und fragt ihn dort, was er bezüglich seiner ursprünglichen Fragestellung jetzt denkt.

Protagonist: „Na ja, im Moment denke ich, dass ich ihm einfach sage, warum ich die Informationen brauche. Die Identifikation hilft mir schon ein Stück weiter. Das würde ich jetzt gerne noch absichern. Dazu möchte ich noch hören, was die anderen Seminarteilnehmer dazu sagen würden, welche Erfahrungen sie mit solchen Situationen gemacht haben und ob sie mir zu einem so offenen Vorgehen raten würden."

Die anschließende rege Diskussion bestätigte den Lösungsansatz des Protagonisten.

Kommentar:
Der Rollentausch ermöglicht eine Identifikation mit anderen Menschen. Dies ist vor allem dort wichtig, wo wir uns nur schwer in andere einfühlen können, z.B. im Konfliktfall, bei starker emotionaler Vorwurfshaltung oder bei heftiger Projektion und Übertragung. Muss ein Protagonist feststellen, dass er die Meinung oder Haltung eines anderen Menschen im privaten und beruflichen Bereich nur schwer verstehen kann, so ist ein Rollentausch hilfreich. Indem er die Rolle mit diesem Menschen tauscht und sich wirklich mit ihm und allen dazugehörigen Gedanken, Gefühlen, Werthaltungen, Charaktereigenschaften, Sehnsüchten und Ängsten identifiziert und in dessen Rolle spielerisch agiert und kommuniziert, hat er die Chance, die Haltung und Beweggründe des anderen besser nachvollziehen zu können. Einfühlung kann aber nur begrenzt geschehen. Wir bleiben letztlich immer wir selbst und können nie die völlige Identität eines anderen Menschen annehmen.

Durch die obigen Fragen des Rollenspielleiters an den Protagonisten in der Rolle des Vorstandes verführte der Leiter ihn, sich sowohl in die Rolle des Vorstandes einzufühlen als auch auf diese Person zu projizieren. Der letzte Satz des Vorstandes kann wirklich die Sichtweise des Vorstandes sein, muss es aber nicht. Darauf kommt es auch hier nicht so sehr an. Wichtiger als die Realitätsfrage ist es, dass der Protagonist zum Schluss zur eigenen Sicherheit gefunden hat und zu sich selbst und seiner Kommunikationsart stehen kann. Wird dies in einem Kommunikationstraining erreicht, ist ein wichtiger Schritt gelungen.

Die Identifikation mit anderen Menschen kann auch bei einer Teamentwicklung bedeutsam werden. Schwemmt die Gruppendynamik ein Teammitglied an den Rand der Gruppe, so dass es zum Außenseiter wird, bekommt dieses Teammitglied viel Schimpf und Schande (und viel Projektionsmaterial) ab. Die bewusste „Identifikation mit dem Nichtidentifizierten" durch einen Rollentausch kann diesen Mangel an Einfühlung mindern, manchmal sogar auflösen und zur Integration des Außenseiters einen wichtigen Beitrag leisten.

Das im Beispiel von Herrn Struck gewählte Vorgehen zeigt, dass im Rahmen eines Rollentausches der Leiter selbst eine Rolle einnehmen kann. Aus dieser Rolle interviewt er den Protagonisten in der Antagonistenrolle, und wenn der Zeitpunkt geeignet ist, stellt er ihm von dort die Schlüsselfrage, mit der dieser auf die Bühne gekommen ist. Jetzt beantwortet der Protagonist im Rollentausch seine ursprüngliche Frage selbst.

■ Zur Aufweichung von Vorurteilen und zur Wahrnehmungserweiterung

(soziometrische Realitätsprüfung)

Beispiel:
Herr Murr bringt in ein Kommunikationstraining folgendes Anliegen: „Ich habe zur Zeit kein berufliches Problem, aber ein privates Thema. Es geht um meine Tochter, die noch bei uns zu Hause wohnt. Sie hat seit einem Jahr einen Freund, einen Ausländer, den sie jetzt heiraten will. Ich habe ja nichts gegen Ausländer, aber es ist doch so: Kein Einkommen, kein Geld, wohnt irgendwo in so einem Heim und ist arbeitslos, kann ihr also nichts bieten. Ist doch immer das Gleiche, womöglich will er nur die Heirat wegen einer Aufenthaltsgenehmigung. Ich sehe meine Tochter mit offenen Augen in ihr Unglück rennen. Die Frage, die mich beschäftigt, ist also, wie ich meiner Tochter ihren Freund ausreden kann. Sonst kann ich andere ganz gut überzeugen, aber bei meiner 22-jährigen Tochter bin ich hilflos. Wir haben schon oft gesprochen, aber sie ist in letzter Zeit nur noch bockig und trotzig."
Leiter: „Wer ist alles an dem Konflikt beteiligt?"
Protagonist: „Meine Frau, meine Tochter und ich."
Leiter: „Und der Freund ihrer Tochter?"

Protagonist: „Na ja, den kenne ich gar nicht. Mit dem rede ich ja nicht."
Leiter: „Ich habe verstanden, dass Sie sich darüber Sorgen machen, dass Ihre Tochter eine Entscheidung fällt, die sie später bereuen wird, und dass hauptsächlich vier Personen an dem Konflikt beteiligt sind: Sie, Ihre Frau, Ihre Tochter und nach meiner Meinung auch deren Freund. Ich schlage Ihnen vor, dass wir diese vier Personen einmal auf die Bühne holen. Sie können sie dann so aufstellen, dass uns räumlich deutlich wird, wie die Beteiligten zueinander stehen. Danach können Sie dann in die vier Rollen wechseln und äußern, was die Person zu dem Thema meint und wie die Situation von dem jeweiligen Standpunkt aussieht."

Der Protagonist stimmt zu und wählt vier Rollenspieler aus der Gruppe. Er stellt sich und seine Frau nebeneinander auf. Mit etwas Abstand und mit dem Rücken zu sich (und seiner Frau) stellt er seine Tochter und daneben ihren Freund.
Leiter: „Mit wem möchten Sie beginnen?"
Protagonist: „Mit mir selbst."
Leiter: „Gut, dann gehen Sie einmal in Ihre eigene Rolle und sprechen Sie alles aus, was Ihnen zu diesem Thema wichtig ist."
Protagonist (in seiner Rolle): „Ich liebe meine Tochter sehr und möchte nur ihr Bestes. Sie ist ja erst 22 Jahre alt und noch sehr treuherzig. Der Knabe kann ihr ja alles Mögliche erzählen und schöne Augen machen, sie fällt darauf herein. Dabei könnte sie es doch so gut haben. Sie hat eine gute Ausbildung, ein liebevolles Elternhaus, ein wenig Geld gespart und damit alle Voraussetzungen für eine gesicherte Zukunft. Jetzt tut sie sich das an. Das wird mit Sicherheit nicht klappen! Wer weiß, was der alles in Wirklichkeit will und plant. Außerdem sind die Mentalitätsunterschiede doch sehr groß, das kann ja gar nicht gutgehen, und ich will nicht, dass sie dann leidet. Das will ich ihr ersparen."
Leiter (wartet ein wenig und fragt dann): „So weit aus Ihrer Rolle?"
Protagonist: „Ja, das war das Wichtigste."
Leiter: „In welche Rolle wollen Sie jetzt einmal gehen?"
Protagonist: „In die Rolle meiner Frau."
Protagonist (in der Rolle seiner Frau und damit im Rollentausch): „Ich stimme meinem Mann zu. Das geht doch nicht gut. Außerdem, wo wollen die denn wohnen? Der hat ja kein Geld und kann ihr nichts bieten. Das bereut sie später bestimmt einmal. Nein, ich bin entschieden dagegen."
Leiter:„Mit wem wollen Sie sich jetzt identifizieren?"
Protagonist: „Mit meiner Tochter, aber das wird mir schwerfallen, da ich ja gegen ihren Standpunkt bin."

Leiter: „Probieren Sie es ruhig einmal aus und experimentieren Sie ein wenig."
Protagonist (in der Rolle seiner Tochter nach anfänglichem Zögern): „Ich bin bockig und trotzig... Vater soll mich in Ruhe lassen... Das ist meine Entscheidung und mein Leben. Ich liebe diesen Mann und will ihn heiraten, und damit basta! – lange Pause – Wenn Vater mich wirklich lieben würde, dann würde er mich nicht so quälen. – Pause – Ja, er quält mich, da er mich zwingt, zwischen meiner Liebe zu meinem Freund und zu meinen Eltern zu wählen. Das will ich aber nicht. – längere Pause – Wenn Vater und Mutter so weitermachen, dann verlieren sie mich."
Leiter: „Jetzt bleibt noch die Rolle des Freundes Ihrer Tochter übrig."
Protagonist: „Naja, soll ich da auch hineingehen? Da weiß ich ja gar nichts zu sagen."
Leiter: „Versuchen Sie es einmal. Da Sie wenig über ihn wissen, lassen Sie Ihren Vorstellungen und Fantasien ruhig freien Lauf."
Protagonist (in der Rolle des Freundes seiner Tochter): „Ich... ich bin Kroate und seit 14 Monaten in Deutschland. Ich finde, Deutschland ist ein tolles Land. Da kann man alles kaufen. In Kroatien habe ich noch fünf Geschwister und meine Eltern. Die leben auf dem Land und sind arm, da alles durch den Krieg zerstört wurde. Ich will mein Glück in Deutschland versuchen, habe aber immer wieder Probleme mit meiner Aufenthaltsgenehmigung. Wenn ich diese Frau heirate, kann ich so lange in Deutschland bleiben, wie ich will. Dann kann ich vielleicht auch eine Arbeit finden. Die Frau selbst ist mir nicht so wichtig. Ich mag sie ganz gerne, aber richtige Liebe ist es nicht."

Nachdem sich der Protagonist wieder in seiner Ausgangsposition als Teilnehmer befindet, schaut er noch einmal (etwas nachdenklich) auf die vier Personen (Protagonist im Spiegel). Der Leiter fragt ihn.
Leiter: „Was sehen Sie, und wie haben Sie die Rollen erlebt?"
Protagonist: „Viel Neues ist dabei ja nicht herausgekommen, aber in der Rolle meiner Tochter ist mir dann doch gekommen, dass ich sie durch meine Art aus dem Haus treibe. Das will ich nun auch wieder nicht. Ich konnte gar nicht mehr merken, ob ich als Tochter diesen Mann nun liebe oder nicht, ich konnte nur meinen Trotz gegenüber meinen Eltern spüren. Ich war nur noch in Abwehrhaltung. Vielleicht geht es meiner Tochter ja auch so? Meine Frau ist eindeutig auf meiner Seite, das ist sonnenklar. Mit der Rolle des Freundes war es überraschend leicht, da habe ich alles gesagt, was ich über ihn zu wissen glaube. Richtig kennen tue ich ihn ja gar nicht. – Pause – Vielleicht müsste ich einmal mit ihm reden, so

von Mann zu Mann. Dann bekäme ich wahrscheinlich mehr Argumentationsfutter. Vielleicht ist er ja auch gar nicht so, wie ich es immer denke. Das Gespräch mit ihm würde mir zwar schwerfallen, und ich müsste über meinen Schatten springen, aber ich habe bemerkt, dass ich in seiner Rolle unsicher war, ich hatte nichts Reales in der Hand."

Im danach folgenden Austausch in der Gruppe geht es hoch her. Einige Teilnehmer sind empört und bestürzt über die Haltung des Protagonisten. Andere mahnen ihn, aufgrund eigener Erfahrung, zur Nachsicht und bestärken ihn darin, mit dem Freund zu sprechen und seine Tochter loszulassen, sie sei schließlich 22 Jahre alt und erwachsen. Ein Teilnehmer erzählt, dass er einen großen Fehler in seinem Leben gemacht habe, als er nämlich die gleiche Haltung wie der Protagonist eingenommen hatte. Seine Tochter habe dann über acht Jahre nicht mit ihm und seiner Frau gesprochen, da sie ihm nicht verzeihen konnte, dass er ihre Wahl nicht billigte.

Als der Leiter den Protagonisten zum Schluss fragte, wie er nun zu seiner Ursprungsfrage stehe, antwortete dieser, dass er, obwohl es ihm schwerfalle, zunächst noch einmal mit seiner Tochter sprechen wolle und danach auch mit ihrem Freund. In diesen Gesprächen wolle er weniger „predigen", sondern mehr fragen und zuhören. Ob er einen anderen Standpunkt einnehmen werde, dass wisse er jetzt noch nicht.

Kommentar:
Der Leiter bemerkte zu Beginn, dass seine eigenen Werthaltungen und politischen Einstellungen provoziert wurden und er deshalb verführt war, den Protagonisten mit alternativen Sichtweisen zu konfrontieren. Er hatte aber auch den Eindruck, dass jeder derartige Versuch den Protagonisten nur noch mehr in seine ablehnende Haltung zur Wahl der Tochter und in seine starren Ansichten über ihren Freund treiben würde.

Deshalb entschied er sich für eine Realitätsüberprüfung, in der der Protagonist seine Wahrnehmung erweitern kann. Indem der Protagonist zuerst in die eigene Rolle und dann in die Rolle seiner Frau ging, konnte er sich selbst den inneren Freiraum schaffen, der es ihm ermöglicht, anschließend in die Rolle seiner Tochter und ihres Freundes zu wechseln. Nachdem er sich öfter des experimentellen Charakters seines Rollenspielhandelns versichert hatte, konnte er sich den anderen Rollen annähern. Im Rollenwechsel mit seiner Tochter bekam der Protagonist schrittweise Zugang zu bisher abgewehrten Erlebnisanteilen, nämlich zu ihrer Liebe zu ihm und zu ihrer Liebe zu ihrem Freund, zu ihrer Qual und der Konsequenz seines druckvollen Handelns. Zur Rolle des Freundes konnte er nur wenig „inneren Zugang" bekommen. Aber der Vorsatz, dass er mit dem Freund seiner Tochter jetzt, nach einem Jahr zum ersten Mal, sprechen will und somit den „projektiven Raum" mit Realität füllen will, war durch den Rollenwechsel entstanden.

Zur Aufhebung der Projektion

Beispiel:
Herr Schlau, der zusammen mit herrn Birke als Organisationsentwickler und Trainer eine Beraterfirma leitete, befand sich in einer Supervisionsgruppe. Er wollte an dem Thema arbeiten: „Die Partnerschaft und Zusammenarbeit mit meinem Kollegen verbessern." Auf die Frage des Leiters, worunter denn die Partnerschaft mit seinem Kollegen leide, antwortet er, dass er Herrn Birke im Grundsatz gut leiden mag und sich bewusst für eine berufliche Kooperation mit ihm entschieden habe, da dieser Fähigkeiten in die Sozietät mit einbringe, die er selbst nicht habe. Umgekehrt sei das genauso. Seine eigenen Fähigkeiten lägen eher im analytisch-klaren Denken und die Fähigkeiten seines Kollegen eher darin, Akquisition zu betreiben, Kontakt mit den Kunden zu halten und zu verhandeln. Aktuell gehe es jetzt um die Frage, wie ihre verschiedenen Leistungen und Fähigkeiten bewertet werden und sich letztlich in Euro niederschlagen: Was ist wie viel wert, und was ist eine faire Gewinnverteilung, welche die Unterschiedlichkeit angemessen berücksichtigt?

Als der Leiter den Protagonisten fragt, wie sie denn über dieses schwierige Thema sprechen würden, antwortet
Herr Schlau: „Vielleicht sind wir manchmal sogar zu lieb miteinander. Zwar darf jeder den anderen mal treten, aber ja nicht weh tun."
Leiter: „Würden Sie ihm denn gerne mal weh tun?"
Herr Schlau: „Nein, so nun auch wieder nicht. Aber manchmal möchte ich ihn schon massiver konfrontieren."
Leiter: „Wären Sie einverstanden, wenn wir das hier auf der Bühne einmal ausspielen würden?"
Herr Schlau stimmt zu, wählt einen anderen Teilnehmer in die Rolle seines Kollegen, Herrn Birk, richtet sich die Szene so ein, dass die Stühle für eine Konfrontation den für ihn richtigen Abstand haben und beginnt.
Herr Schlau: „Ich bin froh, mit dir zusammenzuarbeiten. Du kannst mit anderen Menschen elegant umgehen, bist höflich, nett,

verbindlich, machst sogar mit Vorständen deine Witzchen. So bekommst du schnell die Akzeptanz. Was du aber nicht siehst, ist, dass die konkrete Arbeit, die harte Analyse von betriebswirtschaftlichen Fakten, Knochenarbeit ist. Diese Arbeit bringt das Geld. Du telefonierst immer in der Weltgeschichte herum, hier mal ein Gespräch, da mal Sekt und Smalltalk, und am Wochenende segelst du auf deinem Kutter in Holland. Zum Beispiel vorletztes Wochenende, wo du mit unserem Kunden in Frankfurt warst, da habe ich vor dem Computer gesessen und die nüchterne Zahlenauswertung und Analyse gemacht. Ich habe die Hotelrechnung gesehen und weiß, wo du abgestiegen bist. Du machst dir einen schönen Lenz, verbindest das noch mit einem Besuch bei deiner Freundin, und ich rackere mich hier ab. Sogar am Sonntag habe ich noch vor dem Computer gesessen!"

Der Leiter bittet den Protagonisten, mit Herrn Birk einen Rollentausch zu machen. Das Hilfs-Ich (nun in der Rolle von Herrn Schlau) wiederholt zusammenfassend die wichtigsten Aussagen des Protagonisten.
Herr Birk (jetzt gespielt von Herrn Schlau) antwortet: „Nun mal langsam. Natürlich sehe ich, dass du gut arbeitest. Aber dass du mir unterstellst, ich arbeite nicht ebenso hart für unsere Firma wie du, überrascht und ärgert mich."

Rollentausch

Herr Schlau (Protagonist): „Das darfst du auch, aber das ist nicht der Hauptpunkt für mich. Ich glaube schon, dass du dich für die Firma einsetzt und hart arbeitest. Aber ich finde es ungerecht, dass ich so nüchterne Arbeit machen muss und du die wichtige, aber schöne und leichte Arbeit machen darfst."

Rollentausch

Herr Birk (Protagonist): „Schön und leicht stimmt so nicht. Meinst du, es macht mir Spaß, ewig dieses Gesäusel und Gequatsche mit Sekt und Selters, ewig dieses Unterwegssein und in Hotels übernachten? Von mir aus kannst du auch mal den Aquisitionspart übernehmen."

Rollentausch

Herr Schlau (Protagonist): „Will ich ja gar nicht... doch, will ich schon...kann ich aber nicht so gut wie du...ach ich weiß auch nicht. – Pause – Ich glaube, ich bin einfach nur neidisch auf deine leichte Lebensart. Ich arbeite, bis mir der Kopf qualmt, und am Wochenende mache ich noch eine Fortbildung in 'Bilanzanalyse von internationalen Konzernen'. So langsam verknöchere ich, und du machst mir immer vor, wie man richtig lebt. Du hast dein Schiff und deine Freundin und ich meinen Computer und meine Analysen..."

Im weiteren Verlauf dieser Anliegenarbeit geht es vorrangig darum, was der Protagonist für sich selbst tun kann, damit er innerlich nicht „verknöchert", sondern wieder Zugang zu seiner Lebensfreude gewinnt.

Kommentar:
Leben wir mit einigen Anteilen unserer Person auf Kriegsfuß, so können wir diesen inneren Spannungszustand abwehren, indem wir den Kriegsschauplatz nach außen verlagern. Wir entdecken dann bei anderen das, was wir bei uns ablehnen, und können es dort selbstwertschonend bekämpfen. Wir hängen unsere Projektionen überall dort auf, wo wir einen geeigneten Haken dafür finden. Aufhänger für Projektion gibt es in unserem sozialen Umfeld genug. Haben wir einen solchen Haken gefunden, wird der Mitmensch zum Gegner und Widersacher, der uns „zum Kochen" bringen kann. Im Rollentausch fangen wir aber unsere Projektionen wieder ein und begegnen unseren eigenen abgewehrten Anteilen. Indem wir mit unserem Widersacher die Rolle tauschen, und das mehrmals, begegnen wir uns selbst und „kochen" unsere eigenen Projektionen aus. Durch den Projektionsanteil im Rollentausch wird unsere unbewusste Dynamik hochgeschwemmt und deutlich.

Abb. 14: Rollentausch bei Projektionen

Zur Beziehungsklärung

Beispiel:
Zwei Kollegen, der Leiter der Buchhaltung und der Leiter der Personalabteilung, hatten einen Konflikt miteinander und stritten sich häufig. Durch die Art, wie sie sich gegenseitig abwerteten, miss-

trauten und beschuldigten, wurde deutlich, dass sie in ihrer Begegnung eine jeweils komplementäre Position einnahmen. Die Fronten waren so verhärtet, dass keiner von beiden den anderen verstehen wollte und sich in den anderen einfühlen konnte, so dass kein Austausch, sondern nur Dauerkonfrontation entstand.

Nachdem beide Kontrahenten wieder einmal heftig aneinander geraten waren und sich bereit erklärt hatten, an ihrer Beziehung zu arbeiten, ließ der Klärungshelfer die beiden Protagonisten miteinander die Rollen tauschen und ihre Auseinandersetzung noch einmal wiederholen und nachspielen. Im darauf folgenden Rollenfeedback konnten beide mitteilen, wie sie sich und den anderen erlebt hatten.

Leiter der Buchhaltung: „Ich habe mich selbst aus der anderen Rolle als jemand wahrgenommen, dem seine Prinzipien und die Leistung der Mitarbeiter das Wichtigste sind. Diese Prinzipientreue erschien mir aber fast wie starre Prinzipienreiterei, und ich habe den Verdacht, dass es in Wirklichkeit um was anderes geht, vielleicht um einen Machtkampf, da ich nicht klein beigeben will. Ich kämpfe ja sogar am Stammtisch um die Lufthoheit."

Leiter der Personalabteilung: „Ich habe mich in der Rolle sachlich souverän erlebt, aber die andere Rolle, also meine eigene, als trotzig. Das erinnert mich an Konflikte mit meiner Frau. Ich werde auch immer dann trotzig, wenn ich mich nicht verstanden fühle. Dann kämpfe ich auch wie ein Terrier."

In dem anschließenden Beziehungs-Klärungsgespräch konnten beide besser einander zuhören und sich gegenseitig verständigen.

Kommentar:
Jeder Rollentausch bedeutet auch eine Spiegelung, nur schaut sich bei ihm der Protagonist nicht vom Rande der Bühne aus zu, sondern spielt und fühlt gleichzeitig die Rolle seines Gegenübers, des Antagonisten. Im obigen Beispiel wurde der Rollentausch nicht wie im Training mit einem Hilfs-Ich durchgeführt, welches den Antagonisten spielt, sondern mit dem realen Konfliktpartner.

Zur Aufdeckung unbewusster Konflikte

Beispiel:
Ein Abteilungsleiter wollte in einem Kommunikationstraining seine schwierige Beziehung zu einem Mitarbeiter, einem Gruppenleiter,

bearbeiten. In der Interviewphase erzählte er, dass in seiner zunächst sehr guten Beziehung, in der er den Kollegen gefördert und sogar in die Gruppenleiterrolle gebracht hatte, der Kontakt seit einiger Zeit für beide recht anstrengend und unbefriedigend geworden sei. Er wisse jedoch nicht, warum sich die Beziehung so negativ entwickelt habe. Der Seminarleiter schlug vor, einmal ein typisches schwieriges Gespräch zwischen ihm und dem Gruppenleiter auf der Bühne in Szene zu setzen (diagnostisches Rollenspiel). Der Protagonist stimmte zu. Da er die meisten Gespräche nicht hinter seinem Schreibtisch führte, sondern in einer Sitzecke, wurde eine solche Szene improvisierend aufgebaut und der Antagonist in seine Rolle eingeführt. Als sich beide Rollenspieler hingesetzt hatten und das Gespräch beginnen konnte, legte der Protagonist einen Kugelschreiber und zwei Zettel vor sich hin. Der Leiter fragte ihn, welche Bedeutung diese kleine Geste habe. Der Protagonist antwortete: „Ich habe immer was zum Schreiben dabei, damit ich mir wichtige Gedanken aufschreiben kann und meinen Gesprächspartner deswegen nicht unterbrechen muss. Auf dem zweiten Papier stehen die neuen Führungsleitsätze unseres Unternehmens. Die habe ich in letzter Zeit immer dabei, damit ich, wenn es angebracht ist, auch darauf hinweisen kann."

Der Leiter bittet ihn, einmal einen Rollentausch mit den Führungsleitsätzen zu machen. In der Rolle der Führungsleitsätze wird der Protagonist zum Vorstand, der den Abteilungsleiter (Protagonist) mit drohendem Zeigefinger zur neuen Firmenkultur ermahnt. Durch den Rollentausch deutet sich ein Konflikt des Protagonisten zwischen Einhaltung der „aufgedrückten" Führungsleitsätze und der Beziehung zu seinem Mitarbeiter an. Um diese Hypothese zu überprüfen, bietet ihm der Leiter einen anschließenden Rollentausch mit seinem Gruppenleiter (ein Gruppenteilnehmer spielte diese Hilfs-Ich-Rolle) an. In dieser Rolle äußert er jetzt, dass sein Chef (also der Protagonist selbst) früher immer umgänglich und motivierend gewesen sei, aber seitdem die neuen Führungsleitsätze im Unternehmen bestünden, sei dieser wie ausgewechselt, oft sehr rigide und in seiner Unnachgiebigkeit auch ungerecht.

Kommentar:
Wir können mit allen nur denkbaren Aspekten einen Rollentausch durchführen: Symbolen, Gegenständen, Menschen, Gedanken, Körperteilen, Führungsleitsätzen etc. Indem der Rollenspielleiter seiner Intuition folgte, konnte er im obigen Beispiel durch verschiedene Rollentausche den Konfliktherd herausarbeiten.

Zur Aufhebung von Verleugnung

Beispiel:
In einem Selbsterfahrungsseminar für Manager wurden die Teilnehmer gebeten, ihre Themen zu benennen, an denen sie in dem Seminar arbeiten wollen. Ein Teilnehmer, Herr Sonne, sagte, dass er kein Thema habe und noch warten wolle, ob ihm während der Seminartage irgendein Anliegen ins Bewusstsein komme. Der Leiter stimmte zu. Am vorletzten Tag, nachdem alle anderen Teilnehmer ihre Themen bearbeitet hatten, fragte der Leiter Herrn Sonne, ob er doch noch an einem Anliegen arbeiten wolle. Dieser antwortet.
Herr Sonne: „Ich habe noch kein Thema gefunden. Ich habe zwar beruflich viel zu tun und auch manchmal Stress, aber das ist heutzutage ja normal. Insgesamt geht es mir gut, beruflich und privat. So etwas soll es doch auch geben, oder?!"
Der Leiter: „Natürlich, ich freue mich, dass es Ihnen in Ihrem Leben so gutgeht. Sie können sich aber auch die Bühne nehmen, ohne einen Konflikt oder ein konkretes Problem zu haben. Nur einfach so, um sich selbst zu erfahren oder sich etwas Schönes zu gönnen. Wollen Sie das?"
Herr Sonne: „Kann ja nicht schaden. Einverstanden."

Auf der Bühne fragt der Leiter den Protagonisten, wo, wann und womit es ihm denn besonders gutgehe. Er antwortet wie folgt:
Herr Sonne: „Am besten geht es mir, wenn ich mit meinem Auto am Wochenende auf der Autobahn fahre. Dann sause ich einfach nur so durch die Gegend und lasse den ganzen Alltagsstress hinter mir."
Der Leiter: „Wären Sie einverstanden, wenn wir Ihr Auto einmal auf die Bühne holen?"
Der Protagonist stimmt zu, und das Auto wird, symbolisch mit vier Stühlen dargestellt, auf der Bühne aufgebaut. Der Leiter bittet den Protagonisten, sein Auto einmal anzusprechen:
Protagonist (zum Auto): „Gut, dass ich dich habe. Du machst mir viel Freude und bietest mir Entspannung."
Der Leiter bittet den Protagonisten, einen Rollentausch mit dem Auto durchzuführen.
Protagonist (als Auto): „Ja, das weiß ich. – Pause – Aber warum muss ich ein Porsche sein, warum so teuer, warum so viel PS, warum so rot und warum mit Ledersitzen?"
Der Leiter bittet den Protagonisten, zurück in seine eigene Rolle zu kommen und zu antworten.
Protagonist: „Weil das einfach schön ist und es Spaß macht, mit

offenem Verdeck zu fahren und sich den Wind um die Nase wehen zu lassen. Das entspannt mich."

Erneuter Rollentausch mit dem Auto

Protagonist (als Auto): „Jetzt bist du aber nicht ganz ehrlich. Du brauchst mich auch, um dich ein wenig aufzubauen, um ein wenig anzugeben. Ohne mich wärst du doch auch nur ganz normales Mittelmaß."

Erneuter Rollentausch

Protagonist (zögernd und leise): „Na ja, ganz Unrecht hast du nicht. Aber es ist doch auch in Ordnung, wenn man sich was gönnt – oder?"

Erneuter Rollentausch

Protagonist (als Auto): „Richtig, ich will ja auch nur sagen, dass du nicht immer so tun sollst, als ob alles in Ordnung wäre. Du kompensierst deine Unsicherheiten und redest dir ein, dass du zufrieden bist. Sei mal ein wenig ehrlicher zu dir. Du bist zwar zufrieden, aber nicht glücklich."

Letzter Rollentausch

Protagonist: „Du machst mich nachdenklich. – Pause – Eine bittere Pille, die ich da schlucken soll, aber ich glaube, dass ich dir zustimmen muss. (und zum Leiter:) Jetzt möchte ich gerne aufhören."

In der anschließenden Abschlussphase und Auswertung spricht der Protagonist über die Anteile in seinem Leben, mit denen es ihm gutgeht, die ihm wirklich Freude machen und Kraft geben, und die Lebensanteile, bei denen er, sensibilisiert durch das Rollenspiel, den Verdacht hegt, sich „etwas vorzumachen". Auch die anderen Gruppenteilnehmer äußern sich über das Thema „Zufrieden oder glücklich", und es entsteht eine dichte Gruppenatmosphäre und ein offener Austausch über existenzielle Lebensfragen.

Kommentar:
Im Rollentausch identifizieren wir uns nicht nur „äußerlich" mit der übernommenen Rolle eines anderen Menschen, eines Symbols oder, wie in diesem Beispiel, mit einem Gegenstand. Wir identifi-

zieren uns vor allem „innerlich" mit der Bedeutung, die dieser Mensch, dieses Symbol oder dieser Gegenstand für uns hat. Man könnte sagen, wir identifizieren uns mit der „inneren Repräsentanz" dieser Person oder dieses Gegenstandes. Diese Repräsentanz bekommt als unbewusster Ich-Anteil im Rollentausch eine Sprache und kann uns fordern und fördern, konfrontieren oder bestätigen. So wird der Dialog im Rollentausch manchmal zu einem „dialogischen Monolog", das Gespräch zum Selbstgespräch. Dadurch treten vielleicht vor sich selbst verborgene Konflikte auf und können bearbeitet werden, eine bisherige Verleugnung (hier Selbstwertproblematik und Lebensglück) wird aufgehoben und integrierbar.

Dieses Beispiel soll nicht zu dem Verdacht Anlass geben, dass auf der Rollenspielbühne und im Rollentausch immer nur problematische Themen bearbeitet werden. Das obige Rollenspiel hätte auch dazu führen können, dass der Protagonist sich auf der Bühne „etwas Schönes gönnt" oder den Kollegen demonstriert, wie er es in seinem Leben hinbekommt, zufrieden und glücklich zu sein. Da der Leiter die hohe Potenz der Rollentauschintervention kannte, war er jedoch nicht überrascht, als das Rollenspiel eine Kehrtwende einnahm.

Für die Stärkung des Abwehrmechanismus: durch Identifizierung mit dem Angreifer

Beispiel:
Ein Trainingsteilnehmer, Herr Späth, berichtete, dass er kürzlich seinen Kollegen Herrn Tosch lautstark und heftig „angehauen" habe und sich jetzt starke Vorwürfe mache, da er ihm gegenüber aus der Haut gefahren war. Normalerweise würde ihm so etwas nicht passieren, und er wisse auch nicht den Grund dafür. Das Ganze sei ihm unangenehm und peinlich. Er würde gerne herausfinden, wie ihm so etwas unterlaufen könne und welcher Teufel ihn da geritten habe.

In der Exploration wurde deutlich, dass er sich auf dem Weg zu einer wichtigen Präsentation befand, zu der er sich um ca. 15 Minuten verspäten würde, da sein Wagen nicht angesprungen war. Die Batterie, die er schon längst einmal auswechseln wollte, hatte gestreikt. Er war mit seinem Kollegen verabredet, um zusammen mit ihm eine gemeinsame Arbeit zu präsentieren. Als er zu spät und entsprechend gehetzt ankam, war sein Kollege nicht anwesend. Deshalb musste er ohne innere Ruhe und Vorbereitung die Präsentation alleine durchführen. Danach sei er dann wütend zu seinem Kollegen gestürmt.

Der Leiter bittet den Protagonisten auf die Bühne und fragt ihn, ob sie den Vorfall in Szene setzen können. Der Protagonist willigt ein. Bevor es zu der Begegnung mit Herrn Tosch kommt, bittet der Leiter den Protagonisten, in die Rolle des Antagonisten zu gehen und in dessen Rolle ein lautes Selbstgespräch zu führen.

Herr Späth (im Rollentausch mit seinem Kollegen): „Ich sitze hier in meinem Büro und warte auf den Späth. Warum lässt der mich nur so lange warten. Der weiß doch, dass Pünktlichkeit bei uns wichtig ist. Er hätte doch wenigstens anrufen können, dann könnte ich mich entsprechend verhalten. So sitze ich hier und weiß nicht, ob ich warten oder zur Besprechung gehen soll, ob ich mir Sorgen machen muss oder ob ich wütend werden kann. Jetzt habe ich schon lange gewartet und kann nicht mehr in die Besprechung gehen. Das Zuspätkommen müsste ich begründen und damit meinen Kollegen reinreißen. Die ganze Situation ist verfahren, nur durch den Späth. Ich bin stocksauer auf ihn! Jetzt muss ich ein unangenehmes Telefonat führen und die Kollegen benachrichtigen, dass wir die Präsentation an einem anderen Termin halten werden."

Als er, wieder, in seiner eigenen Rolle im Rollenspiel, die Türklinke symbolisch herunterdrückt und in das Zimmer seines Kollegen eintritt, herrscht er den Kollegen Tosch sofort an:
Herr Späth: „Mein Gott, hier sitzt du herum. Wahrscheinlich wartest du die ganze Zeit auf mich. Du hättest doch schon längst gehen und die Stellung halten können. Ich fahre wie ein Verrückter, hetze mich ab, um es noch einigermaßen pünktlich zu schaffen, und du sitzt hier und drehst Däumchen. Die Präsentation hättest du doch zur Not auch alleine halten können, jetzt habe ich das für uns beide gemacht – aber mit Stress und Hektik!"

Rollentausch

Herr Späth (als Herr Tosch) ist überrascht und gekränkt: „Ich warte hier aus Solidarität zu dir und habe immer gehofft, dass du noch kommst, damit wir gemeinsam unsere Ergebnisse präsentieren können. Ich wollte nicht alleine die Lorbeeren einheimsen. Irgendwann war es dann zu spät. Ich hätte mit dir schon eine gemeinsame Entschuldigung gefunden." Er zieht sich als Herr Tosch beleidigt zurück.

Als er, wieder in seiner Rolle, die Reaktion von Herrn Tosch erlebt (der Antagonist spielte dessen Rolle so, wie es der Protagonist vorgegeben hat), schaut er diesen schweigend an. Der Leiter bittet ihn, den stillen inneren Monolog zu veröffentlichen und auszusprechen, was in ihm vorgeht.

Herr Späth: „Auf der einen Seite kann ich ihn verstehen, aber mich nervt, wenn er so passiv, devot und beleidigt reagiert. Wenn ich an seiner Stelle wäre, so würde ich platzen und aus der Haut fahren. Ich mag ihn nicht aus dem Schmollwinkel herausholen. Da hat er sich selbst hineinmanövriert. Wenn ich ihn durch meinen Ausbruch verletzt habe, so soll er das doch sagen, aber nicht mich so moralisch erpressen. – Schweigen – Da bin ich allergisch und kann mein Verschulden überhaupt nicht mehr zugeben, nicht klein beigeben und nicht auf ihn zugehen. Das hätte ich wahrscheinlich sofort machen müssen. Weil ich ihn angegriffen habe, ist er verletzt und ich dann trotzig."
Der Leiter (doppelt ihn): „Angreifen fällt mir leichter, als meine Schuld am Geschehen zuzugeben."
Protagonist: „Ja, ich habe dann immer die Befürchtung, dass die anderen die Entschuldigung nicht annehmen, sondern, wenn ich mich öffne und etwas zugebe, sie dann noch darauf einschlagen und den Finger auf die Wunde legen. In Wirklichkeit weiß ich ja, dass die Situation durch mich so schwierig wurde, aber das Zugeben fällt mir schwer."

Kommentar:
Durch dieses Rollenspiel wurde dem Protagonisten deutlich, dass er sich schützt, indem er dem vermeintlichen, gegen ihn gerichteten Vorwurf durch einen eigenen Angriff begegnet und ihn zu vermeiden sucht.

Er wehrt seine eigene Befürchtung dadurch ab, dass er sich mit dem Vorwurf und dem vermeintlichen Angreifer identifiziert. Entsprechend greift er seinen Kollegen sofort an und überhäuft ihn mit lauten Vorwürfen. Unter seinem Ärger liegt aber die Angst vor den Vorwürfen, die ihm wegen seines Zuspätkommens entgegengebracht werden könnten. Er überfällt also den Kollegen, bevor dieser Zeit hat, seine Klagen vorzubringen. Die Lautstärke seines prophylaktischen Schimpfens entspricht dabei der Stärke seiner Angst.

Durch die Identifizierung mit dem Angreifer findet ein Austausch zwischen Angreifer und Angegriffenem statt, dessen psychische Grundlage nicht nur die Introjektion der Kritik, sondern auch die

Projektion der Schuld ist. Dies entspricht einem unbewussten Rollentausch im Voraus. Der Rollentausch auf der Bühne verwirklicht spielerisch aber real die schon vorherrschende unbewusste psychologische Dynamik: den Austausch der Rollen durch Identifizierung mit dem Angreifer. Die Anweisung zum Rollentausch wird hier zur paradoxen Intervention, da dem Protagonisten das verschrieben wird, was er unbewusst schon vollzogen hat. Außerdem spürt und erfährt der Protagonist im Rollentausch etwas über Hintergründe, Absichten, Empfinden und Denken seines Kollegen. Er lernt in der Antagonistenrolle zu differenzieren: Was ist Aktion gegen den Kollegen, und was ist Reaktion auf den Kollegen?

Für die Aktivierung innerer Stärke

Beispiel:
Eine Teilnehmerin in einem Kommunikationstraining berichtete: „Ich arbeite in einer Behörde als Abteilungsleiterin. Ich habe Schwierigkeiten mit meinem Vorgesetzten. Wir beide kennen uns schon lange und haben einige Jahre auf gleicher Hierarchiestufe zusammengearbeitet. Vor zwei Jahren ist er mein Vorgesetzter geworden. Wir sind dann beim ´Du` geblieben. Er ist ein schwieriger Mensch, manchmal sogar jähzornig und cholerisch. Vor einiger Zeit hat es zwischen uns einen Konflikt gegeben. Er hatte mich beurteilt, und ich wollte seine Beurteilung nicht akzeptieren, habe sie auch nicht unterschrieben. Das hat ihn fürchterlich aufgeregt. Er hat herumgeschrien und mich angebrüllt. Ich habe geschwiegen und am ganzen Körper stark gezittert. Hinzu kommt noch, dass er manchmal so komisch ist. Ich könnte nicht sagen sexuell belästigend, aber irgendwie in diese Richtung. Er macht zweideutige Bemerkungen, überschreitet die normale Distanz zwischen Menschen, indem er sich, wenn ich z.B. am Computer schreibe, so über mich beugt, dass ich seinen Atem spüre und er mich oft „rein zufällig" berührt. Bei seinem Wutausbruch hatte ich richtig Angst vor ihm, Angst, er würde gewalttätig. Das hat mich völlig wehrlos gemacht. Ich habe dann einige Tage später mit ihm über meine Befürchtungen geredet, und er hat gesagt, dass sei doch Unsinn, er würde niemals gewalttätig werden. Wie ich denn überhaupt auf so etwas komme. Wir konnten das letztlich nicht klären. Was ich nicht will, ist, dass ich ihm noch einmal so hilflos wie ein Kaninchen vor der Schlange gegenüberstehe."

Der Leiter bat die Protagonistin, sich aus der Gruppe jemanden zu suchen, der ihren Vorgesetzten spielen könnte. Die Szene wurde aufgebaut und nachgestellt.

Protagonistin: „Ich kann deiner Beurteilung nicht zustimmen. Wenn du schreibst: '... könnte bei besserer Organisation und Delegation ihrer Arbeit die anfallenden Aufgaben besser erledigen...', so stimmt das einfach nicht. Das ist nur deine einseitige Sichtweise von mir. Das werde ich nicht unterschreiben!"

Rollentausch. Antagonist wiederholt, als er in ihrer Rolle ist, die obigen Sätze.

Protagonistin (als Vorgesetzter, also in der Antagonistenrolle): „Wieso falsche Sichtweise. Du sagst doch immer, dass du Stress hast."

Rollentausch. Antagonist wiederholt diesen Satz, damit die Protagonistin in ihrer eigenen Rolle darauf reagieren kann.

Protagonistin (in eigener Rolle): „Ja, aber der entsteht durch die zu hohe Arbeitsbelastung und nicht durch falsche oder schlechte Organisation meiner Arbeit."

Rollentausch

Protagonistin (als Vorgesetzter): „Die anderen Kollegen schaffen ihre Arbeit doch auch. Du musst lernen, dich besser zu organisieren!"

Rollentausch

Protagonistin (in eigener Rolle): „Die anderen machen doch ganz andere Arbeiten, das kann man so gar nicht vergleichen. Außerdem weißt du doch gar nicht, wie ich meine Arbeit organisiere."

Rollentausch

Protagonistin (jetzt in der Rolle des Vorgesetzten, steht auf und sagt wütend): „Das führt doch zu nichts. Unterschreib jetzt den Wisch und damit Schluss!"

Rollentausch

Der Rollenspielpartner steht jetzt ebenfalls in der Antagonistenrolle auf und wiederholt den Satz.
Die Protagonistin (bleibt sitzen, schaut den Rollenspielleiter an und sagt): „Jetzt fange ich auch hier an zu zittern. Er ist so mächtig, wenn er vor mir steht."

Der Leiter entscheidet sich, sie nicht im Sich-Wehren zu unterstützen oder sie aus der Szene herauszunehmen, damit ein anderer ihre Rolle übernehme, sondern schlägt ihr vor, diesen Satz direkt zu ihrem Vorgesetzten zu sagen.

Protagonistin (leise): „Ich bekomme Angst, wenn du so schreist und so mächtig vor mir stehst."

Rollentausch

Antagonist wiederholt ebenso leise wie die Protagonistin ihren Satz.

Protagonistin (in der Rolle ihres Vorgesetzten): „Das ist ja auch zum Mäusemelken mit dir, und als dein Chef habe ich nun einmal mehr Macht!"

Der Leiter verstärkt die Rolle des Vorgesetzten, indem er die Protagonistin bittet, sich auf einen Stuhl zu stellen und stolz über die vorhandene Macht zu reden.

Protagonistin (immer noch in der Rolle des Vorgesetzten): „Meine Macht liegt darin, dass ich andere Grenzen nicht respektiere, dass ich der Chef vieler Mitarbeiter bin und überhaupt, (mit sehr lauter Stimme) dass ich ein Mann bin!"

Rollentausch

Antagonist wiederholt die Sätze im gleichen stolzen und lauten Tonfall.

Protagonistin (in eigener Rolle, jetzt auch lauter werdend): „Deine Form der Macht gehört dir nicht, die nimmst du dir einfach."

Rollentausch

Antagonist wiederholt den Satz.

Protagonistin (in der Vorgesetztenrolle): „Ja, natürlich nehme ich sie mir. Was soll das?! Komm, unterschreib jetzt endlich diese Beurteilung."

Rollentausch

Antagonist wiederholt den Satz des Vorgesetzten.
Die Protagonistin steht jetzt ebenfalls auf und sagt mit lauter, fester Stimme: „Nein! Diese Macht gebe ich dir nicht! Ich lasse das nicht mehr zu, und unterschreiben werde ich dieses Papier auch nicht, und damit basta!!"

Rollentausch

Antagonist wiederholt den Satz der Protagonistin mit gleicher Stimmlage,
Protagonistin (in der Rolle des Vorgesetzten): „Was bildest du dir eigentlich ein? So spricht kein Mensch mit mir und du schon lange nicht! Nun mach nicht solche Schwierigkeiten und unterschreib endlich!"

Rollentausch

Antagonist wiederholt die Sätze des Vorgesetzten.
Protagonistin (in eigener Rolle, jetzt richtig wütend): „Ich spreche so mit dir, wie es mir passt und wie es zu dir passt. Ich will nicht mehr, dass du so anzügliche Bemerkungen machst und mir dauernd so nahe kommst. Ich will auch nicht mehr, dass du mich so demütigend anschreist. Ich lasse mir das nicht mehr bieten, und deshalb gehe ich auch jetzt!", dreht sich um, geht zur Seite an den Rand der Bühne und deutet an, dass für sie die Szene beendet ist.

Der Leiter fragte sie, wie es ihr jetzt gehe und wie sie das Rollenspiel erlebt habe. Die Protagonistin antwortete, dass sie jetzt zwar auch zittere, aber weniger aus Angst, sondern mehr aus Anstrengung. Das sei so auch in Ordnung, da es ihr jetzt besser gehe als vorher. Sie sei vor allem stolz, nicht klein beigegeben zu haben. Es sei für sie aber auch mühsam gewesen, die dazu nötige Kraft zu finden. Jetzt brauche sie zunächst einmal eine kurze Pause.

Kommentar:
Die Protagonistin hat Zugang zu den Distanz schaffenden Affekten gefunden: zu ihrer Empörung und ihrer Wut. Es gelang ihr, zu einer befreienden Gegenwehr und selbstbestimmten Grenze zu finden. Wie ist es dazu gekommen?
Dem Leiter wurde am Anfang des Rollenspiels deutlich, dass die Rolle des Vorgesetzten zweifellos die machtvollere Rolle ist, von der die stärkste beziehungsgestaltende Kraft ausgeht. Um die Protagonistin Zugang zu ihrer eigenen Kraft finden zu lassen, wäre es jetzt möglich gewesen, ihr inneres Team in der Hoffnung zu erfor-

schen, dass sie neben ihrer Angst und Hilflosigkeit auch Selbstbewusstsein, Wut und Entrüstung finden könne. Die kraftvollen, starken, kämpfenden Persönlichkeitsanteile könnten dann auf der Bühne, vielleicht durch ein Doppel unterstützt und verstärkt, einmal zu ihrem Recht kommen. Der Leiter entschied sich jedoch für einen mehrfachen und relativ schnellen Rollentausch mit ihrem „Angstgegner". Nicht, weil er der Protagonistin zur nachempfundenen Innenansicht des Vorgesetzten und zu mehr Empathie in ihren Widersacher verhelfen wollte. Das Gewaltige, Machtvolle und Schmerzhafte des Vorfalles schien offensichtlich nicht die geringe Empathie des Schwächeren gegenüber dem Stärkeren zu sein, sondern die geringe Fähigkeit, den mächtigen Impulsen des Vorgesetzten ebenso mächtige Impulse der Abwehr und des Zurückweisens entgegensetzen zu können.

Durch den Rollentausch wärmte sich die Protagonistin für beide Rollen an, und die Identifikation mit beiden Rollen gelang schrittweise tiefer und intensiver. In ihrer eigenen Rolle erlebte die Protagonistin erneut die auf sie zukommende beängstigende Bedrohung. Doch durch den häufigen, relativ schnellen und dadurch emotional immer dichter werdenden Rollentausch in die mächtigere Rolle fand sie auch einen Zugang zu ihrer eigenen Kraft und Stärke. Zum Schluss war sie zu lange und zu intensiv in der Rolle des Mächtigen, um eine angstvolle Unterwerfung widerspruchslos zuzulassen; zu ausführlich hatte sie die Energie des Angstgegners (im Rollentausch) im eigenen Leibe gespürt, um jetzt zitternd und tatenlos (in ihrer eigenen Rolle) still zu halten.

Dies ist ein wichtiger Schlüssel zum Verständnis der Wirkung des Rollentausches. Die Protagonistin kann über die Wahrnehmung der Impulsmächtigkeit des Antagonisten zur eigenen kraftvollen Impulsivität finden. Die Wahrnehmung der Emotionalität des Angstgegners vermag in der Protagonistin zur Wahrnehmung der eigenen, die Bedrohung abwehrenden Emotion und Handlung zu führen, nämlich zu Wut und Empörung, die sich dann zur Aktivität, zur selbstbehauptenden Gegenwehr verwandeln. Das wäre ein gelungenes „zweites Mal", welches den Bann des erlittenen „ersten Males" zu brechen und zu überwinden vermag, und folgt somit Morenos therapeutischem Postulat: „Jedes wahre zweite Mal ist die Befreiung vom ersten!" (J.L. Moreno, 1923)

Das psychische Problem in der Auseinandersetzung mit einem „Angstgegner" ist, dass das „Opfer" aufgrund einer negativen Vorerfahrung den potentiellen äußeren Angreifer verinnerlicht hat, das äußere Angst-Objekt wird zum inneren Angst-Introjekt. Die innere Stärke und Souveränität macht dem Gefühl der Bedrohung und der Angst Platz. So wird häufig die intra-psychische Bearbeitung entscheidender als die reale Auseinandersetzung mit dem anderen Menschen.

Nach einer erlittenen Gefährdung können wir uns der erneuten Bedrohung durch die reale Person häufig durchaus entziehen. Wir können uns in eine andere Abteilung versetzen lassen oder der Person anderweitig aus dem Wege gehen. Aber welche Wege wir auch gehen, wir tragen das Angst-Introjekt ständig mit uns herum. Die Kränkungswunde und Verletzung hat uns sensibilisiert und in innere „Hab-Acht-Stellung" gehen lassen. Wir haben sie uns gegen unseren Willen zu eigen gemacht, und sie ist ein Teil unserer eigenen psychischen Realität geworden. Das Introjekt ist wie ein durch die erlittene Situation neu eingeführtes „inneres Teammitglied", das uns ständig an die Bedrohung und Angstsituation erinnert. Wir können zwar versuchen, es von der inneren Bühne zu verbannen, aber dann wird es im vorbewussten „inneren Bühnenabstellraum" seine bedrohliche Energie verbreiten. Wir können sogar versuchen, es ganz zu verbannen, aber dann müssen wir uns die Stelle seines Versteckes merken, damit wir nicht versehentlich damit konfrontiert werden. Wir wollen dem Menschen und der Situation ausweichen, aber die Angst beschäftigt uns dauernd; wir wollen dem Angstobjekt äußerlich aus dem Wege gehen – aber das Angst-Introjekt begleitet uns innerlich doch ständig.

Daher ist häufig bei der Rückeroberung der preisgegebenen Souveränität die Konfrontation mit dem inneren Objekt (Introjekt) unabdingbar. Im Rollenspiel und auf der Bühne können wir dem Angst-Objekt erneut begegnen. In der eigenen Rolle spüren wir unsere Angst und Unterlegenheit, und im Rollentausch und der damit verbundenen Identifikation spüren wir die Stärke des Angstgegners und seine Macht. Wir erleben in seiner Rolle, dass wir derjenige sind, der die Situation beherrscht.

Wenn wir jetzt, durch erneuten Rollentausch, wieder in die eigene Rolle zurückkehren, können wir die dort gespürte Impulsmächtigkeit mitnehmen und damit unsere Lähmung und Angst überwinden. Durch den mehrfachen Rollentausch haben wir zum Schluss beide Erlebensmöglichkeiten zur Verfügung, können uns neu entscheiden und anders verhalten.

Überprüfung der Auswirkung des eigenen Verhaltens

Beispiel:
In einem Kommunikationsseminar wollte ein Teilnehmer, Herr Brütt, folgendes Anliegen bearbeiten: Er arbeite in einem Unternehmen mit fünf Hierarchieebenen: Sachbearbeiter, Gruppenleiter, Abteilungsleiter, Hauptabteilungsleiter und Vorstand. Zur Zeit werde eine Umstrukturierung vorbereitet, um die Hierarchieebenen zu verflachen. Dies habe zur Folge, dass kaum noch Beförderungen ausgesprochen würden. Er sei mit der Hierarchieverflachung einverstanden, wolle aber, da er nun schon seit 6 Jahren als Gruppenleiter arbeite, gerne mehr Verantwortung übernehmen und in seiner Karriere weiterkommen. Seine jetzige Arbeit genüge ihm nicht mehr, und er fühle sich blockiert, wenn er daran denkt, noch weitere 5 Jahre in dieser Position zu arbeiten. Mit seinem Vorgesetzten, Herrn Bahn, habe er schon einmal über dieses Thema gesprochen, und dieser habe ihm gesagt, dass es zu früh für ihn sei und er sich noch gedulden müsse. Er wolle jetzt bald einen zweiten Anlauf nehmen und erneut mit seinem Vorgesetzten über seine berufliche Entwicklung sprechen.

Der Leiter schlug ihm vor, dieses Gespräch einmal im Rollenspiel durchzuführen, um zu schauen, welche Möglichkeiten ihm zur Verfügung stünden, und um evtl. neue Kommunikationswege auszuprobieren. Herr Brütt willigte ein.
Nachdem die Szene auf der Bühne so aufgebaut war, dass allen in der Gruppe die Rahmenbedingungen für das Gespräch deutlich und das Besprechungszimmer des Vorgesetzten anschaulich war, wählte der Protagonist einen Teilnehmer aus, der seinen Chef darstellen sollte. Dieser Antagonist wurde vom Protagonisten in seine Rolle eingewiesen, so dass er als Mitspieler „Rollenfutter" bekam. Das Rollenspiel konnte beginnen:

Herr Brütt beginnt: „Guten Tag, Herr Bahn, ich habe um dieses Gespräch gebeten, da ich noch einmal mit Ihnen über meine berufliche Entwicklung sprechen möchte. Wir haben ja schon im vorigen Jahr im Zusammenhang mit meiner Beurteilung darüber gesprochen. Damals haben Sie gesagt, dass meine Leistungen in Ordnung sind. Ich möchte jetzt mit Ihnen besprechen, ob ich zu einem der nächsten Führungskräfte-Nachwuchsseminare gehen kann."

Der Protagonist tauscht mit dem Antagonisten die Rolle. Dieser wiederholt das, was der Protagonist gesagt hat.

Herr Brütt (antwortet in der Rolle des Herrn Bahn): „Ich bin überrascht, dass Sie das Thema ansprechen. Zum einen hätte ich gedacht, dass Sie mitbekommen haben, dass wir unsere Hierarchieebene verändern und somit die Aufstiegschancen erheblich kleiner werden, und zum anderen waren wir doch übereingekommen, dass dieses Thema noch für zwei bis drei Jahre ruhen muss."

Herr Brütt und Herr Bahn tauschen wieder die Rollen. Der Rollenspielpartner wiederholt den Satz, und
Herr Brütt (antwortet aus seiner eigenen Rolle): „Ja, ich weiß um diese Umstrukturierungsmaßnahmen, aber dass ich dieses Thema jetzt für mehrere Jahre nicht mehr ansprechen darf, war nach meiner Meinung nicht unser Gesprächsergebnis. Ich spreche das Thema noch einmal an, da ich gerne in diesem Unternehmen arbeite und nach wie vor hoch motiviert bin, aber einige meiner Kollegen, mit denen ich vor 11 Jahren das AC gemacht habe, sind schon vor einiger Zeit Abteilungsleiter geworden. Ich möchte nun nicht das Gefühl haben, dass ich am Ende meiner Karriere angekommen bin."

Beide tauschen ihre Rollen, und der Antagonist wiederholt die Sätze.

Herr Brütt (als Herr Bahn): „Das mit Ihren Kollegen hatte den Hintergrund, dass wir zwei neue Abteilungen eingeführt haben, und da wurden diese Positionen gebraucht. Zur Zeit haben wir keine Möglichkeit, eine Abteilungsleiterstelle zu besetzen. Im Gegenteil, diese Stellen sollen sogar reduziert werden. Ich kann mir ja auch keine neue Stelle aus den Rippen schneiden. Es tut mir leid. Da müssen Sie einfach noch Geduld haben und abwarten. Dass Sie am Ende Ihrer Karriere angelangt sind, sehe ich nicht so. Sie dürfen nur nicht so ungeduldig werden. So etwas braucht ja auch seine Zeit."

Erneuter Rollentausch, und der Antagonist wiederholt die Sätze.

Herr Brütt (in eigener Rolle): „Nach fünf Jahren Gruppenleitung und mit meiner akademischen Ausbildung kann man doch wohl schon einmal nachhaken. Ich möchte von Ihnen jetzt ja auch nur hören, ob ich auf dieses Seminar kann."

Erneuter Rollentausch, und der Antagonist wiederholt die Sätze.

Herr Brütt (als Herr Bahn): „Ich dachte, wir wären uns einig gewesen, dass wir noch etwas abwarten, bis wir Sie zu so einem Seminar schicken. Ich befürchte, dass in Ihnen durch so ein Seminar noch mehr Hoffnungen geweckt werden, in absehbarer Zeit eine Abteilungsleiterposition zu bekommen. Das halte ich jedoch für unrealistisch."

Erneuter Rollentausch und der Antagonist wiederholt die Sätze.

Herr Brütt (in eigener Rolle): „Wenn ich dieses Seminar besucht habe, hätte ich zumindest die Voraussetzungen für eine neue Aufgabe. Sie könnten mich danach irgendwann zu Ihrem Stellvertreter ernennen, und ich kann schauen, ob mir die Führungsaufgaben überhaupt liegen."

Beide Rollenspieler tauschen erneut ihre Rollen. Diesmal schweigt Herr Brütt in der Rolle des Vorgesetzten. Der Rollenspielleiter bittet ihn, einmal zur Seite zu sprechen, was ihm jetzt durch Kopf und Herz geht.

Herr Brütt (in der Rolle des Vorgesetzten): „Dieser junge Kollege setzt mir ganz schön zu. Ich habe von oben die Anweisung, grundsätzlich den Daumen auf die Karriereleiter zu legen. Er ist aber sehr halsstarrig. So langsam werde ich sauer auf ihn. Ich denke, dass ich mich klar ausdrücke, und er akzeptiert einfach nicht, dass es nicht geht. Er stellt nur seine Forderungen, und zum Schluss will er auch noch mitbestimmen, wen ich als Stellvertreter nehme. Da überschreitet er einige Grenzen. Ich sage ihm doch eindeutig, dass ich seine Karriere noch nicht als beendet ansehe. Mehr kann ich ihm im Moment nicht anbieten. Ich habe ja auch über 15 Jahre gewartet, bis ich so weit gekommen bin. Er soll nicht so drängeln und mich nicht so unter Druck setzen, sonst werde ich hart und beiße zurück. Wenn er mich weiterhin so bedrängt, gefährdet er unsere bisher gute Beziehung."

Nachdem Herr Brütt wieder in seiner eigenen Rolle ist, fragt ihn der Leiter, was er jetzt denkt.

Herr Brütt: „Ich bin überrascht. Das hätte ich nicht gedacht, dass er so sensibel reagiert. Ich sage doch nur, was ich mir wünsche. Es erstaunt mich, dass dieses Gespräch so endet, – nachdenkliche Pause – wahrscheinlich darf ich nicht nur sagen, was ich möchte, sondern muss ihm auch signalisieren, dass ich seine schwierige Situation verstehe. Wenn ich auf der einen Seite beharrlich meine Wünsche sagen will und auf der anderen Seite aber auch seine schwierige Situation verstehe, habe ich wohl zu einseitig das Gewicht auf meine Forderungen gelegt. Dann wird er sauer, da er nicht weiter weiß und sich in eine Ecke gedrängt fühlt. Diesen Gesprächsverlauf hätte ich so nicht erwartet. Gut, dass ich mich hier einmal darauf vorbereiten konnte."

Kommentar:
Durch den mehrfachen Rollentausch konnte sich der Protagonist immer wieder und immer mehr in die Rolle seines Vorgesetzten hineinversetzen. In dessen Rolle konnte er hören und spüren, welche Wirkungen seine Äußerungen und sein gesamtes Verhalten bei seinen Vorgesetzten hervorrufen. Er merkt, dass seine Art der Gesprächsführung den Bogen überspannt, und gleichzeitig kommen ihm auch Ideen, welche Alternativen weiterhelfen würden. Diese könnten jetzt in der Gruppe diskutiert und konkretisiert werden, so dass der Protagonist zum Schluss und nach erneuter Einübung durch ein Rollenspiel ein erprobtes Muster zur Verfügung hat. Das Beispiel verdeutlicht, dass der Rollentausch auch dann indiziert ist, wenn der Protagonist seine eigene Haltung (z.B. Vorwurfshaltung oder seine provokative Haltung) nicht bemerkt und deshalb nicht weiß, wie sein Verhalten und seine Kommunikation wirken.

Rollentausch, um sich selbst „aus dem Sumpf" zu ziehen

Geht es in einer Anliegenbearbeitung nicht weiter, so dass der Leiter hilflos und der Protagonist verstrickt ist, kann der Leiter vorschlagen, dass der Protagonist einmal mit ihm als Leiter einen Rollentausch durchführt. Jetzt kann sich der Leiter einmal auch körperlich in die Rolle des Protagonisten versetzen und vielleicht Aspekte wahrnehmen, die ihm bisher nicht zugänglich waren. Im Gegenzug kann der Protagonist als sein eigener Leiter auftreten und dem ihm gegenübersitzenden Protagonisten (gespielt durch den Leiter) mit geigneten Interventionen begegnen. Indem er Angebote macht, zieht er sich selbst aus dem Sumpf, wenn er nach erneutem Rollentausch seine eigenen Ideen annimmt und weiterführt.

Dieses Vorgehen ermöglicht auch, die Beziehung zwischen Leiter und Protagonisten zu bearbeiten, wenn diese in Gefahr geraten ist. Dieses Vorgehen sollte aber eher selten durchgeführt werden - meistens reicht ein metakommunikatorisches Gespräch über den bisherigen Prozess aus. Außerdem bedingt dieses Vorgehen eine große Übersicht des Leiters, da dieser durch den Rollentausch involviert wird.

Rollentausch zu dritt

Diese Rollentauschvariante sei zum Abschluss deshalb noch erwähnt, da sie bei Missachtung zur Desorientierung auf der Bühne führt. Sie muss gewählt werden, sobald sich auf der Bühne neben dem Protagonisten mehr als ein Hilfs-Ich befindet und der Leiter einen Rollentausch mit allen Beteiligten durchführen möchte.

Regel:
Bei Rollentausch mit mehreren Personen auf der Bühne muss zunächst immer wieder in die eigene Rolle zurückgetauscht werden, da es sonst zu Verwirrungen kommt!

Angenommen, ein Protagonist (Herr Thilu) braucht auf der Bühne seine Vorgesetzte, die Gruppenleiterin Frau Massel, und ihren Vorgesetzten, den Abteilungsleiter Herrn Fikus, so können Gruppenteilnehmer diese Rollen übernehmen.

Abb.15:
1. Herr Thilu (zweiter von links) im Gespräch mit Frau Massel (Mitte); Herr Fikus (rechts) wartet auf seinen Rollenspieleinsatz.
2. Herr Thilu (zweiter von rechts in der Rolle von Frau Massel) spricht Herrn Fikus (rechts) an.
3. Herr Thilu (rechts), in der Rolle des Abteilungsleiters Fikus, sprich Frau Massel an. Dort steht jedoch Herr Fikus.
4. Herr Thilu (rechts), in der Rolle des Abteilungsleiters Fikus, spricht Frau Massel an. Herr Fikus steht abseits und wartet auf seinen Rollenspieleinsatz.

Im Gespräch mit Frau Massel findet ein häufiger Rollentausch zwischen Thilu und Massel statt. Zu einem bestimmten Zeitpunkt befindet sich der Protagonist in der Rolle seiner Gruppenleiterin und spricht aus dieser Rolle plötzlich Herrn Fikus an, der bisher abwartend aber unbeteiligt auf der Bühne stand.

Würde der Leiter jetzt einen direkten Rollentausch mit Herrn Fikus durchführen, entstünde ein heilloses Durcheinander. Der Protagonist befindet sich dann zwar in der Rolle des Abteilungsleiters, ihm gegenüber steht jetzt jedoch Herr Fikus und nicht Frau Massel, mit der er gerade spricht. Frau Massel befindet sich ja immer noch in der Protagonistenrolle.

Um diese Komplikation zu vermeiden, muss der Leiter den Protagonisten zunächst wieder in seine eigene Rolle zurückführen (Frau Massel geht dabei ebenfalls wieder in ihre eigene Rolle zurück), um ihn von da aus in die Rolle des Herrn Fikus tauschen zu lassen. Jetzt kann der Protagonist von dort als Abteilungsleiter Fikus mit der Gruppenleiterin Frau Massel sprechen. Diesen kleinen Umweg nennt man „Rollentausch zu dritt".

Es kann also kompliziert werden. Aus diesem Grunde seien zum Schluss noch einmal einige technische Grundregeln aufgeführt:

- Rollentausch wird immer nur zwischen dem Protagonisten und einem Hilfs-Ich angeordnet, niemals zwischen zwei Hilfs-Ichs.
- Rollentausch wird immer nach einer Aussage des Protagonisten angeleitet (meistens nach einer wichtigen Aussage, einer Frage oder einem Appell).
- Rollentausch soll nie hastig angeordnet werden. Zwischen der letzten Aussage des Protagonisten und der Anordnung des Rollentausches soll eine kleine Pause sein.
- Jeder Mitspieler beschließt die Szene in der Rolle, die ihm anfangs vom Protagonisten zugeschrieben wurde. D.h., bevor eine Szene beendet wird, muss ein evtl. noch bestehender Rollentausch aufgehoben werden, damit sich zum Abschluss jeder wieder in seiner Ursprungsrolle befindet. Erst dann kann die Szene beendet werden.
- Gedoppelt wird der Protagonist nur in seiner eigenen Rolle, nicht wenn er sich im Rollentausch befindet. Im Rollentausch wäre es zu unklar, wer da gedoppelt wird: der Protagonist, der Antagonist, der Protagonist als Antagonist oder wer?

Rollentausch ist nicht immer sinnvoll – darf aber auch nicht vergessen werden.

Nicht bei jeder Arbeit mit einem Ratsuchenden oder einem Protagonisten in einer Seminargruppe muss ein Rollentausch stattfinden. Manchmal ist es sogar falsch, ihn anzuleiten. Dies sollen zwei Beispiele aus einer Ausbildungsgruppe verdeutlichen.

Zwei Beispiele:
Ein Teilnehmer berichtete, dass gegen ihn ein Gerichtsverfahren anstehe. Er sei unruhig und sehe den Termin mit Angst und starken Schuldgefühlen auf sich zukommen. Er habe vor 12 Wochen mit seinem Auto auf dem Weg zur Arbeit an einer Ampel zwei Frauen angefahren. Eine Frau habe beim Sturz einige Schrammen erlitten, die andere Frau liege im Krankenhaus und sei wahrscheinlich querschnittsgelähmt.

Ein Seminarteilnehmer, der als Leiter gewählt wurde, wollte die Unfallsituation aufbauen und den Unfall auf der Bühne in Szene setzen. Zwei Teilnehmer sollten die Frauen spielen, die angefahren wurden. Als der Leiter einen Rollentausch mit der Schwerverletzten anleiten wollte, wurde der Prozess vom Ausbilder abgebrochen, da es nicht sinnvoll ist, einen Rollentausch mit den Frauen anzuleiten. Diese Frauen wurden vom Protagonisten nicht als Bezugspersonen gewählt, sie haben nur zufällig zu diesem Zeitpunkt die Straße überqueren wollen. Sie sind aus soziometrischer Sicht austauschbar. Es hätte jeder und jede andere sein können, die er dort überfahren hat. Es besteht nur eine zufällige Beziehung zwischen ihm und den Frauen. Im Rollentausch könnten deshalb nur seine befürchteten Vorwürfe artikuliert werden – und die quälen ihn schon zur Genüge.

Ein zweiter Leiter führte daraufhin ein erneutes Interview mit dem Protagonisten und fokussierte auf die Gefühle des Protagonisten:
Leiter: „Du sagst, dass du Schuldgefühle hast. Worin liegt denn deine Schuld?"
Protagonist: „Das weiß ich auch nicht...Die Ampel war gelb, da bin ich mir ganz sicher...Vielleicht bin ich etwas schnell gefahren...."
Leiter: „Du wirkst auf mich hier im Seminar auch etwas schnell, hektisch und unruhig. Spürst du das selbst auch?"
Protagonist: „Ja, ein wenig. In letzter Zeit bin ich ziemlich angespannt und fahrig."

Im weiteren Verlauf der Exploration wurde deutlich, in welcher beruflichen Situation sich der Protagonist befand. Er hatte nach seinem Lehramtsstudium eine Stelle als Trainer angenommen und musste seit zwei Jahren zweiundvierzig Wochen im Jahr die gleichen Seminare für unterschiedliche Teilnehmer durchführen. Er war entsprechend ausgelaugt, abgekämpft, entkräftet und erschöpft. Er hatte sich durch gute Honorarangebote zu dieser Arbeit verführen lassen, wurde aber in letzter Zeit immer unzufriedener. All dies machte seine Anspannung und hektische Unruhe aus. Seine „Schuld" sah er u.a. darin, dass er diesen ungesunden beruflichen Lebenswandel nicht ändere, sondern schon morgens früh abgekämpft und hektisch in seinem Wagen zum nächsten Seminar hetze und dabei sich und seine Umwelt gefährde. Diese Erkenntnis war für den Protagonisten erhellend und erschütternd zugleich. Er wollte kein Rollenspiel mit seinem Vorgesetzten mehr durchführen, um einzuüben, sich von seiner Arbeitslast zu befreien. Ihm ging es vorrangig um diese innere Selbst- und Schuldklärung.

Das nächste Beispiel demonstriert allerdings, dass der Rollentausch häufig wichtig ist.

Ein 42-jähriger Gruppenleiter einer Versicherung berichtete von den Schikanen, denen er seit ca. zwei Jahren am Arbeitsplatz ausgeliefert sei. Vor allem eine Kollegin arbeite sehr boshaft und zielgerichtet „hintenherum" gegen ihn. Er sei zwar das Opfer, habe aber wenig Möglichkeiten, auf das Geschehen Einfluss zu nehmen, und könne sich gegen ihre Intrigen nur ungenügend wehren, da sie sehr geschickt vorgehe. Sie verbreite Gerüchte, mache ihn hinter seinem Rücken vor anderen lächerlich, witzele über sein Privatleben und versuche ihre Probleme auf ihn „abzuladen", aber alles so geschickt, dass er nichts konkret belegen und sie sich immer wieder herausreden könne. Er sei deshalb seit Monaten reizbar, nervös und reagiere entweder mit Rückzug oder mit ziellosen Aktivitäten. Er befürchte, dass der Kampf gegen ihre Ungerechtigkeit zu seinem Lebensinhalt werde und er jede Freude an der Arbeit verliere.

Nach einer diagnostischen Szene, in der deutlicher wird, wie er die Schikanen erlebt und welche Kränkung sie für ihn bedeuten, ergreifen die Gruppe und der Leiter (übender Trainer) die Partei des Protagonisten gegen diese gemeine und ränkesüchtige Kollegin. Der Protagonist wird „angeheizt", in einer zweiten Szene gegen seine Kollegin (ein Hilfs-Ich spielt die Antagonistin) aggressiver vorzugehen, als er es bisher getan hat. Unterstützt durch die Gruppe, traut sich der Protagonist und schleudert im Rollenspiel seine ganze Aggression und Empörung lauthals schreiend auf die Kollegin, „um den Teufel zu verjagen", wie er sagt. Das Rollenspiel endet mit Erschöpfung des Protagonisten und guten Gefühlen in der Gruppe. Alle sind zufrieden in der Gewissheit, dass der Protagonist mal endlich „reinen Tisch" gemacht hat.

Kommentar:
Das zweite Rollenspiel wurde so angeleitet, dass allen Beteiligten unklar blieb, um was es bei dem Rollenspiel geht. War das Ziel eine emotionale Abreaktion, damit sich der Protagonist einmal von seinen aufgestauten Gefühlen befreien konnte, oder war es eine Vorübung für eine Auseinandersetzung, die er demnächst führen kann? Es wurde nicht geklärt, inwieweit er wirklich ein Mobbing-Opfer ist oder inwieweit er in die Kollegin hineinprojiziert. Vielleicht hat die bloße Abreaktion des Protagonisten seine Abwehr durch Projektion noch verstärkt.

Im Rollentausch hätte sich vielleicht herausgestellt, dass die Kollegin mit dem Protagonisten um eine höhere Position konkurriert und er den Konkurrenzdruck nicht aushält. Vielleicht hätte er durch die

Identifikation im Rollentausch erlebt, dass sie gar nicht so ein Teufel ist, wie er es bisher in sie hineinprojiziert. Vielleicht wäre seine Kollegin bei den im Rollenspiel gezeigten aggressiven Vorhaltungen aus dem Zimmer gelaufen. Dann würde der Protagonist in Wirklichkeit gegen eine leere Wand wüten. Oder die Kollegin wäre zum gemeinsamen Vorgesetzten gegangen und hätte sich beschwert, weil so ein emotionaler Ausbruch nicht zur Firmenkultur gehört. Vielleicht verhält sie sich aber auch wirklich gemein, niederträchtig und boshaft, würde jedoch bei einer so massiven Konfrontation zu weinen beginnen. Dann müsste der Protagonist vielleicht das innere Verbot überwinden, gegen eine weinende Kollegin zu kämpfen. Dies alles bleibt offen, und die Aggression verpufft in dem Spiel ungezielt. Da kein Rollentausch stattfindet, bleibt die „böse Kollegin“ ein nebulöses Schreckgespenst ohne Identität.

Wann ist Rollentausch kontraindiziert?

Der Rollentausch ist eine hochpotente und wirksame Intervention. Beobachtet man erfahrene und Technik-sichere Gruppenleiter, so sieht er häufig leicht und elegant aus. Paradoxerweise wird beim Rollentausch der Konfliktherd oder Seelenbrand nicht mit Wasser gelöscht, sondern mit einem Gegenfeuer. Die richtige Dimensionierung und Platzierung des Gegenfeuers verlangt jedoch vom Brandmeister viel Können und Erfahrung. Es ist Vorsicht angesagt. Der Rollenspielleiter sollte bedenken, dass er nur seine Finger im Spiel hat, die er sich verbrennen kann, während der Protagonist ihm in den entscheidenden Situationen nicht nur die Hand reicht, sondern sich ihm mit Haut und Haaren anvertraut hat.

Rollentausch nur bei stabiler Persönlichkeitsstruktur

Der Rollenspielleiter muss sich also fragen, ob er dem Protagonisten einen Rollentausch zumuten kann und ob dieser die Identifikation innerlich erleben und aushalten kann, oder ob er dessen Belastungsgrenze überschreitet. Für Protagonisten mit instabiler Persönlichkeitsstruktur ist zu viel Rollentausch nicht angebracht, da sie „sich selbst verlieren“ könnten.

Da der Rollentausch eine tiefenpsychologische Dimension hat und die psychische Abwehr in spezifischer Weise aufhebt, muss bedacht werden, dass wir Menschen unsere seelischen Abwehrmechanismen brauchen. Sie schützen uns häufig vor Erkenntnissen, die unser Bewusstsein nicht verarbeiten kann. Die Hauptgefahr beim Rollentausch liegt deshalb darin, dass der Leiter die Abwehr des Protagonisten umgeht und ihn psychisch überfordert.

Durch den Rollentausch besteht die Chance, dass sich der Protagonist in den Antagonisten einfühlt. Bei wenig Selbstoffenbarung des Protagonisten aufgrund zu geringer Einfühlung ins eigene Herz ist häufig eine Einfühlung in die innere Welt des Gegenübers der zweite vor dem ersten Schritt. In so einem Fall (und das ist nicht selten) sollte der Protagonist die Gelegenheit bekommen, sich erst selbst differenzierter zu erkennen, besser zu erspüren und die eigenen Ich-Grenzen wahrzunehmen, bevor er aufgefordert wird, sich in einen anderen Menschen hineinzuversetzen.
Auch bei der Arbeit mit Gruppen oder bei Klärungshilfearbeit mit real anwesenden Partnern ist Vorsicht angesagt. Häufig ist es den beteiligten Konfliktpartnern gar nicht möglich, sich einfühlend in die Position des anderen hineinzubegeben. Hier könnte der Rollentausch zu einer neuen Möglichkeit der „Kriegsführung“ mit psychologisch differenzierteren Mitteln entarten. Auch hier brauchen die Betroffenen zunächst das Verstehen für sich selbst, bevor die Bereitschaft da ist, auch einmal für einen Moment das Konfliktthema und sich selbst mit den Augen des „Gegners“ zu betrachten. Wird der Rollentausch hier verweigert oder gelingt er einfach nicht, so liegt der Verdacht nahe, dass die Betroffenen sich selbst in der eigenen Position noch zu wenig verstanden und akzeptiert haben. Die Situation ist zu verhärtet, als dass eine Öffnung für die Identifizierung mit dem anderen möglich wäre. Den anderen zu verstehen beinhaltet sonst die Gefahr, sich selbst zum Feind zu werden.

Spiegeltechnik

Bei dieser Technik wird der Protagonist selbst zum Zuschauer, indem er aus der Spielszene herausgeht und mit dem Leiter am Rand der Bühne steht. Von dort sieht er sich (dargestellt durch ein Hilfs-Ich) und sein Spiel auf der Bühne an. Die Spiegelung erlaubt es dem Protagonisten, sein Verhalten aus hinreichendem Abstand zu betrachten, um so Orientierung und Einsicht zu gewinnen. Er sieht sich selbst wie in einem Spiegel, in dem man beobachten kann, wie man ist und wie man sich verhält – aber auch, was einem fehlt.

Ist beispielsweise in einer Rollenspielsituation das Verhalten des Protagonisten zu einer Verhaltenskonserve ohne Spontaneität und Kreativität verkümmert oder steht dem Protagonisten eine Situation bevor, die für ihn angstbesetzt oder sehr schwierig ist, so dass er sich im Rollenspiel einmal übenderweise ausprobieren möchte, er dabei aber seinen eigenen Impulsen und seinemWunschverhalten immer wieder ausweicht, so kann der Leiter den Protagonisten auffordern, aus der

Rollenspielsituation herauszutreten. Der Protagonist kann sich jetzt ein Gruppenmitglied aussuchen, das seine Protagonisten-Rolle einnimmt. Dieses Hilfs-Ich wird als „Double“ eingesetzt. Es soll in der Rollenspielsituation die Rolle des Protagonisten übernehmen und die Szene genau so nachspielen, wie der Protagonist sich verhalten hat. Dabei steht der Protagonist als Beobachter neben dem Leiter am Rande der Bühne. Er schaut zu und erlebt das ganze Geschehen und vor allem sich selbst in Verhalten, Gestik, Mimik und Sprache vom äußeren, sicheren Bühnenrand. Wenn die Rollenspieler auf Stühlen sitzen, kann der Protagonist stehen; wenn die Protagonisten aufrecht stehen und sich bewegen, kann der Protagonist auf einem Stuhl oder Tisch stehen, damit er sich das Spielgeschehen von einer höheren Warte, von einer Metaebene aus ansehen kann. Vor ihm läuft zeitversetzt ein Film ab, in dem er selbst mitwirkt. Er nimmt sich selbst von außen wahr – wie in einem Spiegel.

Diese Rollenspieltechnik hat eine konfrontative und eine stützende Wirkung. Die unterstützende Wirkung liegt darin, dass der Protagonist durch die räumliche Distanz im Spiegel zugleich auch eine innere seelische Distanz zu seinen Gefühlen gewinnt. Er kann für sich vieles klären, und vielleicht werden durch die Selbstbeobachtung seine Ich-Grenzen deutlicher spürbar. Die Technik vermittelt ihm also Identitätserkenntnis und Ich-Bewusstsein.

Die konfrontative Wirkung der Spiegeltechnik liegt darin, dass sie dem Protagonisten die Diskrepanz zwischen seinem inneren Selbstbild und seinem realen Verhalten wahrnehmen lässt. Häufig hat diese Intervention einen Impuls fördernden Charakter, da die Abwehr durch Verleugnung aufgehoben wird oder aus der Distanz der Metaebene sich neue Denkanstöße oder emotionale Impulse ergeben („Das sieht ja fürchterlich aus, wie ich da auf der Bühne herumschleiche und kneife. Ich sollte mich dem Konflikt einfach stellen und meine Meinung sagen, anstatt immer so auszuweichen!“).

Der Protagonist kann somit überprüfen, ob sein Rollenverhalten auf der Bühne mit seinen eigenen Zielvorstellungen und Werten übereinstimmt. Am Bühnenrand stehend, spricht er mit dem Rollenspielleiter über das, war er sieht. Anschließend kann der betrachtende Protagonist Stellung zu „sich selbst“ beziehen oder dem Hilfs-Ich, das seine Protagonistenrolle nachspielt, Ratschläge zur Veränderung seines Verhaltens geben. Er soll also im Spiegel sein Verhalten nicht nur beschreiben, sondern auch eine Bewertung seines Verhaltens auf der Bühne vornehmen, um evtl. daraus einen Vorschlag für angemessene Verhaltensveränderungen zu entwickeln.

Wir könnten dem Protagonisten im Spiegel auch eine Rolle zuweisen und ihn beispielsweise als Trainerkollegen ansprechen: „Stellen Sie sich einmal vor, dass Sie genau wie ich Trainer sind. Mir ist Ihr Berater-Sachverstand sehr willkommen, da Sie eine gute Wahrnehmung haben und ich nicht genau weiß, was da vorne los ist. Ich könnte mir vorstellen, dass wir beide einmal gemeinsam nach einer guten Lösung suchen. Hätten Sie Interesse daran?"

Eine andere interessante Variante besteht darin, ihn aufzufordern, in seiner Spiegelposition nacheinander drei Rollen einzunehmen:

- die eines guten Freundes, einer guten Freundin, eines Kollegen oder des Lebenspartners
- die eines Feindes, Gegners oder Konkurrenten
- und die eines weisen Mannes oder einer weisen Frau.

Jetzt kann der Protagonist im Spiegel stehend aus den drei Rollen darüber sprechen, wie er jeweils die Situation wahrnimmt und was er dem dort Sitzenden (also sich selbst) empfehlen würde.

Im übenden Rollenspiel, wo zum Beispiel ein bestimmtes Kommunikationsverhalten trainiert werden soll, kann der Protagonist bei Angst, Unkenntnis oder Unvermögen im Spiegel stehend beobachten, wie ein oder mehrere Gruppenteilnehmer in seiner Rolle ihre Version des zu übenden Verhaltens praktizieren (Imitationslernen beim Act-Storming). Danach kann sich der Protagonist im Gespräch mit dem Leiter aus den verschiedenen vorgestellten Möglichkeiten eine eigene, zu ihm passende Version zusammenstellen und diese dann im Rollenspiel trainieren.

Abschlusstechniken

Neben den bisher angeführten Handlungstechniken, die in der Bearbeitungsphase (Spielphase) eingesetzt werden, gibt es die Abschlusstechniken. Sie haben die Aufgabe, das Rollenspiel und seine Handlungen abzuschließen, virulent gewordene Gefühle zur Ruhe kommen zu lassen und eine Rückschau auf das Geschehen zu ermöglichen, so dass eine kognitive Einordnung und Integration des Erlebten gelingen kann.

Die Abschlussphase setzt sich aus drei Handlungsschritten zusammen: dem Rollenfeedback, dem Identifikationsfeedback und dem Sharing. Allen drei Abschlusstechniken ist gemeinsam, dass der Protagonist zunächst schweigt und die Äußerungen der Gruppenteilnehmer in Ruhe aufnimmt. Feedbacks geben Wahrnehmungs- und Erlebnisweisen wieder, die weder richtig noch falsch, sondern subjektive Wahrheiten der anderen sind. Es ist immer allein die Entscheidung des Protagonisten, welcher Rückmeldung er welche Bedeutung beimessen will.

Rollenfeedback und „Entrollen“:
Jeder Mitspieler spricht jetzt über seine Eindrücke aus der von ihm gespielten Rolle. Zum Beispiel: „Ich habe mich als jüngerer Kollege von dir sehr ohnmächtig gefühlt“ oder „In der Besprechung auf der Bühne hast du mich keinmal angeschaut. Ich fühlte mich unwichtig und links-liegen-gelassen“ usw. Durch diese Rückmeldungen bekommt der Protagonist noch einmal wichtige Informationen darüber, wie sein Verhalten auf die Mitspieler gewirkt hat und was seine Handlungsweisen bei anderen auslöst. Indem die Rolleninhaber ihr Erleben und ihre Wahrnehmung formulieren, entlassen sie sich selbst aus den für sie manchmal mühsamen und anstrengenden Rollen.

Um dieses „Entrollen“ zu komplettieren, sollte der Protagonist den Mitspielern für ihre Mitarbeit im Spiel danken. Damit versichert er sich und ihnen, dass die Rollenspielpartner jetzt wieder sie selbst sind und die Übertragungen oder Projektionen, die im Rollenspiel entstanden sind, aufgelöst wurden: „Du bist jetzt wieder Klaus. Vielen Dank!“. „Entrollen“ und Danken sind Zeichen der Wertschätzung gegenüber den Mitspielern.

Identifikationsfeedback:
Jetzt können alle, aber vor allem die bisher passiv beobachtenden Gruppenteilnehmer und der Leiter mitteilen, mit welcher Person im Spiel sie sich verbunden fühlten, z.B. „Als X denke ich...“ oder „Wenn ich mich in Y hineinversetzte, dann...“. Wie beim Rollenfeedback kann es um positive und um negative Äußerungen gehen. Auch dieses Feedback dient der Gruppe und dem Protagonisten. Der Gruppe insofern, als die Teilnehmer sich ihre Identifikation bewusst machen und auch wieder davon lösen können. Dem Protagonisten dient es als Feedback.

Sharing:

Bei stark emotionaler Beteiligung des Protagonisten immer Sharing in der Abschlussphase

Ich habe mir angewöhnt, bei Rollenspielen mit starker emotionaler Beteiligung des Protagonisten immer zuerst das Sharing (Mitteilen eigener Erfahrung) anzuleiten. Im Sharing werden das eigene persönliche Erleben der Gruppenteilnehmer während des Rollenspiels und ihre Erfahrungen mit dem Thema mitgeteilt. Das Sharing hat zwei Funktionen.

- Sharing für die Gruppe
  Während der Bearbeitung eines Themas durch ein Rollenspiel können bei den Teilnehmern Erinnerungen geweckt worden und Assoziationen an ähnliche Situationen aufgetaucht sein. Dieses Erleben will mitgeteilt werden. Nachdem sich die Gruppenteilnehmer mehr oder weniger durch innere Teilhabe mit einzelnen Rollen identifiziert haben, identifizieren sie sich im Sharing wieder mit sich selbst. Indem jeder Beteiligte und Betroffene die durch das Spiel ausgelösten Gefühle mit der eigenen Lebenssituation, mit seinem beruflichen Alltag oder den eigenen biographischen Erfahrungen in Zusammenhang bringt und dies ausspricht, wird ihre Teilhabe zur bewussten Teilnahme. Durch das Mitteilen wird ein sozialer Teppich ausgerollt, der alle verbindet.

- Sharing für den Protagonisten
  Der Protagonist ist für einige Zeit in sein Thema „eingetaucht“ und steigt jetzt zum Abschluss der Anliegenarbeit wieder auf. Vielleicht war es für ihn anstrengend, aufwühlend oder irritierend. Wie auch immer, es ging um ihn, sein Erleben und sein Verhalten. Um zu vermeiden, dass er beim Auftauchen in die Gruppe mit guten Ratschlägen überfallen wird, sollten die Gruppenteilnehmer jetzt ihre eigenen Erfahrungen mit dem Thema mitteilen. Der Protagonist hat viel von sich „gezeigt“, nun sollen sich die anderen ihrerseits offenbaren. Dadurch wird er wieder in die Gruppe integriert. Durch das Sharing der Gruppenteilnehmer erfährt er, dass andere Menschen sein Problem verstanden haben oder sogar eine ähnliche Thematik bewältigen mussten. Indem sie vermitteln, dass sie ihn verstehen und seine Situation oder sein Leid mittragen, erleichtern sie ihn. Sharing wirkt für den Protagonisten emotional entlastend, da er die Universalität seines Problems erlebt und sich nicht zu schämen braucht. Sharing wirkt unterstützend, da er erfährt, dass er mit seinem Problem nicht alleine dasteht, und weil „geteiltes Leid halbes Leid“ bedeuten kann. Hier braucht der Protagonist auch nicht zu schweigen, sondern kann sich beteiligen. Zieht er es vor, sich die inneren Reaktionen der Gruppenteilnehmer schweigend anzuhören, so bekommt er zuletzt die Gelegenheit, durch ein „Schlusswort“ ein Resümee für sich zu ziehen.

Der Leiter kann das Sharing spontan zulassen oder es dann erfragen, wenn eine Integration erforderlich ist. Der Leiter geht während der gesamten Integrationsphase in die Rolle des Moderators und ist für die Einhaltung einer strukturierten Abfolge zuständig. Er sollte dabei darauf achten, dass Rollen-, Identifikationsfeedback und Sharing nicht verwechselt werden und dass im Sharing nicht erneut über den

Protagonisten gesprochen wird, sondern wirkliche Selbstkundgabe geschieht und authentische Ich-Botschaften mitgeteilt werden. Sharing sollte nicht ritualisiert werden, so dass Teilnehmer nur noch pflichtschuldig nach ähnlichen Erlebnissen kramen, ohne innerlich beteiligt zu sein. Ich erkläre meistens das Prinzip des Sharing und lade dazu ein – verpflichte aber keinen. Ich selbst teile mein Sharing auch jeweils mit.

Transfer

Um die Erfahrung in den Alltag transferieren zu können, kann der Leiter anschließend eine theoretische Einordnung vornehmen und/oder dem Protagonisten eine auf ihn zugeschnittene „Hausaufgabe" mit auf den Weg geben.

Ergänzungen

Die bisher aufgeführten Rollenspieltechniken können durch eine Vielzahl anderer Interventionen ergänzt werden. So ist zum Beispiel die Aufforderung an einen schweigend-verstummenden Protagonisten, den „inneren Monolog" (synonym für „Beiseitereden", lautes Selbstgespräch) hörbar werden zu lassen („Sprechen Sie einmal zur Seite alles aus, was Ihnen gerade durchs Herz und durch den Kopf geht – egal ob es logisch klingt oder eher durcheinander herauskommt"): eine Methode, die dem Protagonisten während des Spiels hilft, sein inneres Team zu klären, Kontakt zu seinen verschiedenen inneren Wahrheiten zu bekommen und seine Gedanken und Gefühle auszusprechen. Durch die Aufforderung, alles zu sagen, auch das sonst Unausgesprochene, wird assoziativ auch ein zunehmender Teil der abgewehrten Gefühle hochgeschwemmt.

Dieser innere Monolog ist eine Technik, die verborgenen Gedanken und Absichten des Protagonisten, die er nicht in das Spiel einbringt, anzuhören. Der Protagonist wird angehalten, Gedanken frei auszusprechen oder neue Erkenntnisse und Einsichten zu reflektieren. Dazu wird die Spielszene gestoppt, der Protagonist bleibt in der Szene und kann jetzt „zur Seite sprechen". Diese Intervention wird häufig dann angewandt, wenn das Spiel ins Stocken gerät, wenn der Protagonist ratlos, blockiert oder durcheinander ist oder wenn er offensichtlich mehr denkt, als er ausspricht. Indem der Leiter das Gesagte im weiteren Spielverlauf umsetzt, geht das Rollenspiel in der Regel anschließend auf einem anderen Niveau weiter.

Diagnostisches Rollenspiel

Für alle Rollenspiele gilt grundsätzlich das „Hier-und-Jetzt-Prinzip". Der Protagonist und die Mitspieler bewegen sich immer in der Zeitform der Gegenwart, auch wenn es sich um das Nachspielen eines Vorfalls aus der Vergangenheit oder um eine Zukunftsprojektion handelt. Da man seine Vergangenheit nicht zur Gegenwart machen kann, lässt sich Vergangenes nur so darstellen, wie man die vergangene Situation gegenwärtig sieht. Es geht um die Erinnerung an ein im Gedächtnis und in der Seele aufbewahrtes Ereignis. Es geht immer um die subjektive Wahrnehmung des Protagonisten. Vielleicht hat ein Teilnehmer die Erinnerung und den Eindruck, dass sein Chef ihn ständig überfährt und tyrannisiert. Wenn der Leiter und die Gruppe jetzt den wirklichen Vorgesetzten kennenlernen würde, erweist sich dieser vielleicht als ein überraschend zurückhaltender, eher schüchterner Mensch. Im Rollenspiel geht es jedoch darum, wie der Protagonist sich, seine Umwelt und seine Vergangenheit gerade jetzt in dieser Situation wahrnimmt. Auch die Zukunft ist seine individuelle Projektion auf das noch weiße Blatt des Lebens. Später im Verlauf des Gruppenprozesses kann dann natürlich auch die Wahrnehmungswahrheit der anderen Gruppenteilnehmer thematisiert werden.

Das diagnostische Rollenspiel kommt dann zum Einsatz, wenn Protagonist und Leiter in die Vergangenheit schauen, z.B. wenn der Leiter den Eindruck hat, dass er zur Beziehungs- oder Kommunikationsdiagnose eine bestimmte Situation konkret und deutlich vor Augen haben muss.

Beispiel:
Ein Protagonist berichtet, dass er als Abteilungsleiter mit einem Gruppenleiter große Schwierigkeiten hat. Der Gruppenleiter sei überkritisch, nörgele dauernd in Abteilungsbesprechungen herum und sei in letzter Zeit auch nicht mehr richtig motiviert. Früher sei der Kontakt zwischen ihm und dem Gruppenleiter sehr gut gewesen, aber in letzter Zeit mache dieser dicht. Vor allem, wenn er als disziplinarischer Vorgesetzter ihn auf sein Verhalten kritisch anspreche, lasse der Gruppenleiter die „Jalousien runter" und sei nicht mehr erreichbar. Seine Frage sei es, ob er diesem Mitarbeiter eine Abmahnung aussprechen solle oder nicht.

Der Leiter hat vielleicht den Eindruck gewonnen, dass die resignierende Frage zur Abmahnung zwar verständlich ist, aber zu früh gestellt wird. Er möchte zunächst einmal schauen, wie der Protagonist als Abteilungsleiter ein Kritikgespräch mit dem Gruppenleiter führt und welche Gesprächsatmosphäre genau entsteht. Sein Verdacht dabei ist, dass der Protagonist ein solches Gespräch so führt, dass er es dem Gruppenleiter schwer macht, sich der Kritik zu öffnen. Um diesen Anfangsverdacht zu überprüfen, schlägt er ein diagnostisches Rollenspiel vor. Dazu wählt der Protagonist ein Hilfs-Ich aus der Gruppe aus, das den Gruppenleiter spielen soll. Danach wird die Gesprächsszene so aufgebaut, wie sie in der Realität auch stattgefunden hat. Bevor das Rollenspiel beginnt, doppelt der Protagonist den Antagonisten (Hilfs-Ich als Gruppenleiter) in seine Rolle ein.

Der Protagonist wählt den Antagonisten aus

Nachdem beide Rollenspieler auf ihren Stühlen Platz genommen haben, erklärt der Leiter, um was es jetzt geht. Der Protagonist soll genauso, wie er es in der Realität auch macht, das Gespräch führen. Der Antagonist soll gemäß seiner Rollenanweisung reagieren und im Übrigen frei improvisieren. Sollte dieser sich in seiner Rolle völlig anders verhalten, als es der Gruppenleiter in der Realität macht, könne der Protagonist das Spiel kurz unterbrechen und seinem Hilfs-Ich neue Rollenspielanweisungen geben. Dies soll er jedoch nur dann tun, wenn es unbedingt notwendig erscheint und das Gespräch völlig anders verläuft als in Wirklichkeit. Ansonsten soll er eine gewisse Toleranzschwelle zulassen. Nach dem Rollenspiel wird das Gespräch dann in der Gruppe gemeinsam ausgewertet.

Kommentar:

Das diagnostische Rollenspiel dient dem Leiter zur Erkenntnis und dem Protagonisten zur Einsicht

Schauen wir in die Vergangenheit, so folgt in Beratung und Training ein diagnostisches Rollenspiel, in dem der Protagonist seine Szene und seine Hilfs-Ichs wählt, damit er sein Problem vorstellen und ausspielen kann. Indem das Thema nicht nur verbal formuliert, sondern ausgespielt wird, kann eine diagnostische Sicht ermöglicht werden, die weit über das gesprochene Wort hinausgeht. Das Nachspielen vergangener Situationen dient jedoch nicht nur der diagnostischen Erkenntnis für Trainer und Gruppe, sondern beinhaltet häufig auch eine „Einsicht während des Erlebens" für den Protagonisten. Nach der möglichst realitätsgetreuen Nachinszenierung kritischer Schlüsselszenen ergibt sich häufig viel Material für eine Nachbesprechung und Diskussion. Dem Protagonisten kann Feedback gegeben werden, und häufig wird das Spiel zum Ausgangspunkt für weitere Klärungsarbeit.

Gemäß Morenos Gedanken: „Die Darstellung der persönlichen Realität kommt zuerst – das Umlernen kommt später", kann sich nach einem diagnostischen Rollenspiel der Blick auf die Zukunft richten und ein übendes Rollenspiel folgen.

Stunde der Wahrheit

Diese Rollenspielvariante dient ebenfalls der Diagnostik und legt dabei die Lupe auf die Beziehungsfrage: Was ist die (innere und äußere) Wahrheit unserer Beziehung?

Beispiel:
Ein Teilnehmer in einem Kommunikationstraining berichtet von der Beziehung zu einem Kollegen, in der so mancher Konflikt unter den Teppich gekehrt wurde und vieles unausgesprochen zwischen ihnen stehen blieb. Der Protagonist weiß um seinen Anteil, da er sich selbst als konfliktscheu erlebt und das offene Wort lieber vermeidet.

Jetzt könnte der Leiter ihm ein übendes Rollenspiel vorschlagen, in welchem der Protagonist trainiert, eine Beziehungsklärung nach den Regeln der Kunst einzuleiten. Dabei muss der Protagonist zunächst überlegen, wie er die Einladung ausspricht, wo das Gespräch stattfinden soll, wie er die Einleitung in das Gespräch formuliert, so dass sich sein Gesprächspartner für seine klärende Absicht öffnen, und wie er selbst während des Gesprächs zwischen eigenen Worten und aktivem Zuhören hin und her wechseln kann.

Ein Rollenspiel mit völlig anderer Zielrichtung wäre die „Stunde der Wahrheit". Hier soll der Protagonist einmal alles, was aus seiner Sicht zur Beziehungswahrheit gehört, aussprechen; jetzt unverblümt, ehrlich, ohne Diplomatie und ohne Maulkorb. Sein Blick sollte dabei nicht auf die Vergangenheit und nicht auf die Zukunft gerichtet sein, sondern auf seine Stimmung im Hier und Jetzt: Wie sieht für mich zu diesem Zeitpunkt die Beziehung aus? Der Leiter sollte vorher noch einmal deutlich machen, dass es sich um keine Verhaltensübung handelt und es nicht darum geht, dass das, was jetzt ausgesprochen wird, in der Realität dann auch so gesagt werden soll. Hier geht es nur darum, dass der Teilnehmer einmal für sich selbst übt, seine innere Beziehungswahrheit vor sich offen zu legen und sie auszusprechen.

Damit der Protagonist nicht in den „leeren Raum" sprechen muss, kann er sich einen Antagonisten aus der Gruppe auswählen, der seinen Gesprächspartner spielen soll. Während des Rollenspiels findet kein Rollentausch statt, und der Antagonist wird auch so eingewiesen, dass er mehr zuhört als selber zu sprechen, da es hauptsächlich um die Beziehungswahrheit aus Sicht des Protagonisten geht. Der Protagonist hat jedoch den Antagonisten eingedoppelt, damit dieser während des Rollenspiels für ihn selbst Konturen annimmt und dieser ihm unter Umständen helfen kann, durch Antworten, Fragen oder provokative Aussagen den Prozess zu intensivieren.

Im Verlauf des Rollenspiels kann der Protagonist jetzt einmal so richtig „vom Leder ziehen" und seine innere Wahrheit aussprechen. Fällt es ihm schwer, so kann der Leiter Satzanfänge anbieten oder durch Doppeln unterstützen. Der Leiter kann auch, falls der Prozess ins Stocken geraten ist, den Protagonisten fragen, ob er alles, was aus seiner Sicht zur Beziehungswahrheit gehört, ausgesprochen hat. Häufig legt der Protagonist nach dieser Ermutigung noch einmal los und spricht auch das bisher Verschwiegene aus.

Das Rollenspiel „Stunde der Wahrheit" dient dem Ausdruck

Diese Rollenspielvariante stellt eine Beziehungsdiagnostik dar, auf deren Grundlage weiteres Vorgehen besprochen werden kann. Für den Protagonisten ist es eine Möglichkeit, sich zu entlasten und sich einmal von dem zu befreien, was er bisher heruntergeschluckt hat. Vielleicht war dieses Rollenspiel eine wichtige Vorarbeit für eine spätere Beziehungsklärung. Ich habe es schon häufig erlebt, dass der Gruppe und mir die meisten Worte des Protagonisten auch für eine reale Beziehungsklärung angemessen, ja sogar nötig erschienen. Der Protagonist selber hatte jedoch den Eindruck, dass man so auf keinen Fall in der Realität sprechen dürfe. Wird er jetzt mit der Wahrnehmung der Gruppe konfrontiert und können einige Teilnehmer sogar konkret davon berichten, wie wohltuend und klärend es für sie war, so oder ähnlich mit einem Konfliktpartner einmal zu sprechen, wie es gerade der Protagonist getan hat, so kommt seine konfliktscheue Abwehrhaltung ein wenig ins Wanken, und der Protagonist überlegt, ob sein bisheriges Vorhaben nicht doch zu zögerlich und zu vorsichtig taktierend gewesen ist. In einem übenden Rollenspiel kann er jetzt einmal trainieren, in einer real geplanten Beziehungsklärung seine innere Beziehungswahrheit auszusprechen und bei der Wortwahl und im Tonfall die Wirkung auf den Gesprächspartner mit zu berücksichtigen. Dieser Versuch wird nach der „Stunde der Wahrheit" erfahrungsgemäß wahrhaftiger ausfallen als ohne diesen Zwischenschritt.

Die „Stunde der Wahrheit" kann nämlich auch als Zwischenschritt eingeführt werden. Vielleicht ist es bei einem Anliegen sinnvoll, drei kurze Rollenspiele hintereinander zu machen:

1. Rollenspiel: Wie es tatsächlich war (diagnostisches Rollenspiel)
2. Rollenspiel: Wie der Protagonist sich gerne verhalten hätte, wenn er kein Blatt vor den Mund nehmen würde (Stunde der Wahrheit)
3. Rollenspiel: Wie der Protagonist sich verhalten könnte oder sollte,

wenn er seine Ziele im Blick behält und die Wirkung seiner Worte berücksichtigt (übendes Rollenspiel).

Anschließend kann der Protagonist für sich auswerten, welche Erkenntnisse er aus diesen drei unterschiedlichen Varianten für sich und sein zukünftiges Verhalten ziehen kann.

Übendes Rollenspiel

Das übende Rollenspiel dient der Wirkung

Im übenden Rollenspiel werden verhaltensmodifizierende Situationen für die Zukunft erprobt und eingeübt. Diese Rollenspielvariante kommt in Beratung und Training sehr häufig vor, da sie eine Handlungsprobe zur konkreten Umsetzung von bisher Gelerntem und somit eine Transferübung darstellt. Dadurch, dass der Protagonist sein Verhaltensrepertoire erweitert, kann er sich für die bevorstehende Zeit wappnen und auf wahrscheinliche Situationen vorbereiten. Die Spannbreite der Zielvorstellungen bei diesen Rollenspielen ist sehr groß und von Teilnehmer zu Teilnehmer unterschiedlich bis gegensätzlich. Der eine Teilnehmer will vielleicht lernen, in einer Auseinandersetzung nicht immer so schnell „auszurasten" und sich nicht so verkrampft ins Thema oder am Gegenüber festzubeißen, sondern mal auf den anderen wirklich einzugehen und aktives Zuhören zu üben; der andere will vielleicht lernen, in einer Auseinandersetzung nicht immer auszuweichen und den Blickkontakt zu vermeiden, sondern seine Konfliktscheue zu überwinden und zu üben, mal richtig mit der Faust auf den Tisch zu schlagen, und ein Dritter will lernen, ein gutes Mitarbeitergespräch zu führen.
Im übenden Rollenspiel können spezifische Handlungspotentiale trainiert werden (Gesprächstraining), „systematische Desensibilisierungen" stattfinden oder mit Selbstbehauptungsübungen ein „assertives Training" durchgeführt werden.

Der klassische Ablauf eines übenden Rollenspiels in der Anliegenarbeit

1. Protagonist benennt Zielvorstellung

Auch wenn das Anliegen schon formuliert ist, muss der Trainer hier noch einmal kritisch überprüfen, ob die Zielvorstellung für das übende Rollenspiel klar genug ist. Dabei ist Feinarbeit angesagt. Das Ziel: „Ich will ja nur meine Inhalte loswerden!" ist zu allgemein und zu wenig konkret. Jetzt ist genaueres Erforschen nötig: Was macht es denn so schwer? Warum gelang es denn bisher nicht? Womöglich lautet die neue Zielformulierung: „Ich will so reden, dass mein Chef nicht sofort die 'Rolläden' runterlässt, wenn ich über unsere gestörte Beziehung spreche!" Gute Zielkriterien sind, wenn sie

- konstruktiv und positiv formuliert sind
- konkret sind
- selbst erreichbar sind (realistisch)
- sozial verträglich sind (z.B. Gewinner/Gewinner-Situationen)
- sich in Übereinstimmung mit übergeordneten Zielen befinden.

2. Herausarbeiten einer spielbaren Situation
Hier wird die Szene eingerichtet und geklärt, wie es zu dieser Kommunikationssituation kommen wird/soll? Zum Beispiel: Wer lädt wen wie wohin zum Gespräch ein? Wie sieht der Raum aus und wer sitzt wo?

3. Protagonist wählt Antagonisten (Hilfs-Ich) als Rollenspielpartner aus
Der Leiter kann die Frage stellen, wer gerne die Antagonistenrolle spielen möchte. Um sich der Realitätssicht des Protagonisten zu nähern, ziehe ich es jedoch vor, dass der Protagonist sich den Antagonisten selbst aus der Gruppe auswählt. Er kann am besten entscheiden, wer dem Kommunikationspartner in der Realität am ähnlichsten ist. Mögliche Intervention in Richtung Protagonist: „Wer aus der Gruppe könnte Ihrer Meinung nach am besten die Rolle von... übernehmen? Schauen Sie sich in Ruhe um und wählen Sie jemanden aus."

4. Rollenspielpartner wird in die Rolle eingewiesen
Damit der Rollenspielpartner seine Rolle so spielen kann, wie der Protagonist den realen Sozialpartner wahrnimmt oder ihn sich vorstellt, muss der Protagonist ihn in die Rolle einweisen. Dies kann geschehen, indem der Protagonist das Hilfs-Ich „eindoppelt". Dazu stellt sich der Protagonist hinter den Antagonisten und beschreibt in der Ich-Form den Menschen, den dieser spielen soll, z.B.: „Ich bin Herr Lütke. Ich bin sehr kräftig gebaut und habe einen dicken Bauch. Meine Kleidung ist immer konservativ, und ich habe stets einen Regenschirm dabei. Ich bin trotz meiner Körperfülle sehr quirlig und lebendig. Meine Stimme ist laut und fest. Auf meine berufliche Entwicklung bin ich stolz, da ich schon viel erreicht habe. Ich bin misstrauisch, da in unserer Firma viel hintenherum geredet wird. Vor allem Herrn Mirko (Protagonist selbst) traue ich nicht, da seit dem Vorfall vor einigen Monaten..."

Eindoppeln in der Ich–Form

Durch das Eindoppeln bekommt das Hilfs-Ich „Rollenfutter“, und der Protagonist kommt durch die Identifikation tiefer in den Prozess. Soll der Identifizierung mit dem Antagonisten größere Bedeutung gegeben werden, so kann auch ein Rollentausch angemessen sein. Der Leiter hilft in dieser Phase dem Protagonisten durch gezielte Fragen in die Antagonistenrolle: „Wie alt sind Sie? Haben Sie liebe Gewohnheiten? Welche Karrierevorstellung haben Sie? Wie stehen Sie zu Herrn/Frau ... (dem Protagonisten)? Wie erklären Sie sich die Schwierigkeiten? Wie stehen Sie zu diesem Gespräch? Was ist Ihnen da wichtig?“ usw.

Durch solche und ähnliche Fragen wird der Protagonist verführt, sich einmal mit seinem „Problemkind“ zu identifizieren und das bestehende Thema aus dessen Sicht zu sehen. Außerdem bekommt das mitspielende Hilfs-Ich jetzt viele Informationen, die es gleich im Rollenspiel verwerten kann.

Eventuell kann es sehr sinnvoll sein, die nichtbeteiligten Teilnehmer in ihre Beobachterrolle einzuweisen. Die Anweisung sollte deshalb nicht nur lauten: „Sie beobachten und geben nachher Feedback!“, sondern sollte sie zu „Spezialisten“ werden lassen, die genau beobachten, mitschreiben und so die Auswertung anreichern. Der Leiter könnte z.B.

- die Gruppe aufteilen: Die eine Hälfte soll auf den Protagonisten achten, die andere Hälfte auf den Antagonisten.
- die Teilnehmer bitten, auf bestimmte Aspekte des Gesprächs zu achten: Die ersten beiden Teilnehmer sollen beispielsweise darauf achten, wie das Gespräch eingeleitet wird. Die nächsten zwei Teilnehmer sollen ihr Augenmerk darauf richten, ob es zu einer klaren Vereinbarung kommt. Die nächsten zwei achten darauf, welche Beziehungsdefinitionen unterschwellig ausgehandelt werden, usw.

5. Rollenspielgespräch: Protagonist – Rollenspielpartner

Jetzt findet das eigentliche Rollenspiel statt, in welchem der Protagonist das Kommunikationsverhalten üben kann, das vorher herausgearbeitet wurde. Der Leiter kann das Rollenspiel unterbrechen, wenn er den Eindruck hat,

- das zu übende Verhalten gelingt schon im Ansatz nicht.
  Will zum Beispiel ein Mitarbeiter seine Konfliktfähigkeit üben und sein Vorsatz ist, selbstsicherer und souveräner aufzutreten, dann kann es sein, dass er im Rollenspiel schon zu Beginn wieder sein altes Verhalten zeigt: unsicher, leise, gehemmt, befangen, schüchtern. Vielleicht sagt er, ohne den Antagonisten an-

zuschauen, lächelnd: „Wir sollten vielleicht doch noch einmal über den dummen Vorfall reden...". Jetzt kann der Trainer kurz unterbrechen und ihn darauf hinweisen, dass es selbstsicherer wirkt, wenn er sich gerade hinsetzt, weniger lächelt, dafür aber mit Blickkontakt und fester Stimme sagt, dass er noch einmal über den Vorfall reden möchte. Er soll also das Wort „dummen" weglassen und nicht „Wir sollten..." sagen, sondern in der Sprache der Verantwortung sprechen: „Ich möchte...". Durch diese Unterbrechung kann sich der Protagonist unmittelbar für sein Verhaltensmuster sensibilisieren und selbst direkt mitbekommen, wie schnell er erneut in sein altes Muster zurückfällt.

- das Ziel wurde „nicht erreicht" oder „verfehlt", und der Protagonist hat dies nicht bemerkt.
  Wollte beispielsweise der Protagonist ein klärendes Beziehungsgespräch führen und erreichen, dass sich der Gesprächspartner darauf einlässt, hat er jedoch im Rollenspiel nicht mitbekommen, dass durch seine vielleicht etwas vorwurfsvolle Einleitung der Rollenspielpartner schon in innerliche „Hab-Acht-Stellung" gedrängt wurde und „dicht gemacht hat", kann eine direkte Unterbrechung sinnvoll sein, damit der Protagonist sich für diese feinen Zwischentöne sensibilisiert. Eine Auswertung am Ende des Gesprächs wäre vielleicht zu spät, da diese feinfühlige Passage durch andere Gesprächssequenzen überlagert würde. Eine direkte Rückmeldung des Rollenspielpartners und eine wiederholte Sensibilisierung für sein Ziel können den Protagonisten zu einem erneuten Anlauf motivieren.

- der Protagonist weiß nicht weiter und ist mit seinem „Latein am Ende".
  In diesem Fall können der Leiter und die Gruppe den Protagonisten unterstützen und Alternativen anbieten. Diese können u. U. sogar von den Ideenspendern vorgemacht und demonstriert werden (Act-Storming). Der Protagonist schaut sich vielleicht mehrere alternative Varianten an, wird dadurch angeregt und kann jetzt, ausgerüstet mit neuen Ideen, weitertrainieren.

- der Rollenspielpartner spielt seine Rolle nicht so, wie es der Protagonist beschrieben hat.
  Eine kurze Unterbrechung und Überprüfung mit Blickrichtung auf den Protagonisten („Stimmt das so, wie Ihr Rollenspielpartner seine Rolle spielt? Ist das so halbwegs realistisch?") kann zu einer Veränderung oder Feinkorrektur führen, die das Rollenspiel realitätsgerechter werden lässt.

Wird der Antagonist unsicher und weiß nicht, wie er auf bestimmte Rollenspielsituationen reagieren soll, kann der Leiter

- ihn ermuntern, frei zu improvisieren
- kurz hinter den Antagonisten treten und selbst etwas sagen und somit den Rollenspielpartner unterstützen
- den Protagonisten fragen, wie die Rolle gespielt werden soll
- einen Rollentausch vorschlagen, so dass der Protagonist das Verhalten vorspielt, von dem er glaubt, dass es zu dem Antagonisten passen würde.

6. Eigenfeedback vom Protagonisten

Nach dem Rollenspiel beginnt die Auswertungsphase. Zu Beginn sollte der Protagonist selbst ein Resümee ziehen und seine Erfahrung auswerten können, ohne durch andere Meinungen beeinflusst zu sein: Wie habe ich mich und das Gespräch wahrgenommen? Habe ich, meiner Meinung nach, mein Ziel erreicht? Wie habe ich das geschafft? Was ist mir schwergefallen – was leicht? Was würde ich beim nächsten Mal anders machen? usw.

7. Rollenfeedback vom Antagonisten und den anderen Rollenspielern

Hier geben die einzelnen Spieler, bevor sie wieder „sie selbst“ werden, ihrer Erfahrung in der Rolle und im Spielverlauf Ausdruck und machen sich dadurch ihr Erleben bewusst: „Ich habe mich als dein Kollege von dir ernst genommen gefühlt, hatte aber bei deiner ersten Rollenspielvariante nicht den Eindruck, dass dir dein Anliegen sehr wichtig ist. Du hast mich nicht wirklich erreicht. Das wurde noch verstärkt, als du sehr lange Monologe geführt hast. Erst in deinem letzten Rollenspielversuch hast du vor allem dadurch, dass du mich angeschaut und nicht locker gelassen hast, durch deine Beharrlichkeit deutlich machen können, wie wichtig dir dein Wunsch ist...“.

Da ungeübte Teilnehmer aufgrund mangelnder Wahrnehmungsdifferenzierung manchmal hier nicht viel Informationen geben, kann der Leiter durch Fragen ihre Wahrnehmung schulen und lenken. Er kann sie unterstützen, indem er die Mitspieler

- nach Gefühlen fragt: „Was haben Sie in ihrer Rolle gefühlt? Was hat der andere in Ihnen ausgelöst?“
- nach der Wahrnehmung über den Protagonisten fragt: „Wie haben Sie den anderen wahrgenommen?“
- nach eigenen Handlungsimpulsen fragt: „Was hätten Sie in dem Augenblick am liebsten gemacht? Wozu fühlten Sie sich durch den anderen verführt, gedrängt, aufgefordert...?“

Es ist für viele Teilnehmer leichter, das Rollenfeedback dann zu geben, wenn sie noch auf dem Stuhl sitzen, auf dem sie die Rolle gespielt haben. Befinden sie sich schon wieder auf ihrem Teilnehmerstuhl, so verblasst womöglich die Wahrnehmung für die Rolle und entsprechend das Feedback.
Rollenfeedback kann, wenn mehrere Mitspieler auf der Bühne waren, direkt und indirekt gegeben werden. Beim direkten Rollenfeedback sagen die Mitspieler dem Protagonisten direkt, wie sie ihn in ihrer Rolle empfunden haben. Beim indirekten Rollenfeedback hingegen setzen sie sich zusammen und sprechen untereinander über ihre Rollen und über das, was der Protagonist bei ihnen bewirkt hat. Der Protagonist sitzt in einiger Entfernung dabei und spielt währenddessen „Mäuschen an der Wand" oder hört mit etwas räumlichem Abstand „durchs Schlüsselloch" zu. Das indirekte Rollenfeedback macht die Rückmeldung leichter, da die Mitspieler, auch wenn sie um die Anwesenheit des Protagonisten „hinter dem Schlüsselloch" wissen, das Gefühl bekommen, unter sich zu sein, und sich eher trauen, „kein Blatt vor den Mund zu nehmen".

Das Rollenfeedback dient sowohl den Rollenspielern als auch dem Protagonisten. Für den Protagonisten bedeutet das Rollenfeedback eine wichtige Rückmeldung über die Auswirkungen seines Verhaltens während des Spiels. Für die Rollenspieler bedeutet es den ersten Schritt, nach der Identifizierung mit einer anderen Person wieder zur eigenen Identität zu finden. Indem sie aus ihren Rollen sprechen, sprechen „sie sich aus ihren Rollen" und können das loswerden, was durch das Spiel und die Rolle bei ihnen angerichtet wurde.

8. Kollegiales Auswertungs- und Identifikationsfeedback von der Gruppe

Jetzt können die beobachtenden Gruppenteilnehmer ihre Wahrnehmung mitteilen. Einige beobachtende Teilnehmer waren wahrscheinlich mit einer oder sogar mit mehreren Rollen identifiziert und können jetzt aussprechen, was sie innerlich bewegt hat und was sie jetzt sagen wollen. Wurden spezielle Beobachtungsaufgaben verteilt, so können diese jetzt ausgewertet werden.
Die Wahrnehmung der Gruppe kann dem Protagonisten noch einmal helfen zu überprüfen, ob seine eigene Wahrnehmung mit denen der anderen übereinstimmt. Die Gruppenrückmeldungen können konfrontierend oder unterstützend sein.

9. Auswertungsfeedback vom Leiter

War der Leiter bisher vor allem moderierend aktiv, hat er die Szene gestaltet und den Protagonisten begleitet, so sollte er an dieser Stelle seine Wahrnehmung und Auswertung mitteilen. Wahrscheinlich warten der Protagonist und einige Teilnehmer schon darauf, da sie dem Leiter Kompetenz zusprechen und erhoffen, von seinen Erfahrungen zu profitieren. Er kann noch fehlende Auswertungsaspekte ergänzen und ein differenziertes Feedback geben. Außerdem kann er einseitigen gruppendynamischen Tendenzen entgegenwirken. Hat sich beispielsweise eine überkritische Auswertung ergeben, die nur auf das Negative blickt, kann es wichtig sein, dass der Leiter darauf hinweist, was bisher richtig und gut gemacht wurde. Insgesamt sollte er darauf achten, dass er durch seine Rückmeldung eine gute Balance zwischen Konfrontieren und Unterstützen erreicht.

Nachdem alle ihre Rückmeldungen geäußert haben, kann der Protagonist entscheiden, ob er einen erneuten Versuch starten will. Ist es dem Leiter gelungen, in der Gruppe eine offene, experimentierfreudige und fehlerfreundliche Atmosphäre zu schaffen, entsteht jetzt womöglich eine intensive Lernsituation für alle, da mehrere Varianten getestet oder verschiedene Verhaltensalternativen trainiert werden (erneutes Act-Storming).

10. Entrollen der Rollenspieler (der Hilfs-Ichs)

Signalisiert der Protagonist, dass er genug geübt hat und sich ausreichend für die Berufsrealität vorbereitet fühlt, wird die letzte Phase eingeleitet.

Damit die Rollenspieler wieder zur eigenen Identität zurückfinden, müssen sie jetzt aus ihren Rollen entlassen werden. Dies kann der Leiter durchführen, indem er demonstrativ sagt, dass Herr A jetzt wieder Herr A ist und nicht mehr Herr B, den er kurz zuvor noch verkörpert hat. Bei langer Identifikation oder bei unliebsamen schweren Rollen kann das Entrollen verstärkt werden, indem das Hilfs-Ich z.B. durch körperliches Schütteln den angezogenen Rollenmantel abwirft.

Ich selbst lasse meistens den Protagonisten die von ihm gewählten Rollenspielpartner aus ihren Rollen entlassen, damit er die durch die Wahl und das Rollenspiel aufgebaute Übertragung zurücknehmen kann: „Du bist jetzt wieder Gerd. Vielen Dank.“

Varianten beim übenden Rollenspiel

Der Leiter kann beim übenden Rollenspiel selbst eine Rolle übernehmen. Dies ist z.B. dann hilfreich, wenn sowohl der Protagonist als auch die Gruppe noch gehemmt sind und das Rollenspiel eine „innere Hürde" darstellt. Indem der Leiter selbst eine Rolle spielt, führt er ins Rollenspiel ein und verführt alle Beteiligten, den „Sprung ins kalte Wasser" zu wagen. Dabei gibt es verschiedene Varianten:

Variante1: Leiter in der Antagonisten-Rolle

Nehmen wir an, dass wir in einem Kommunikationstraining gerade erst mit der Anliegenarbeit beginnen. Ein Teilnehmer hat sich freiwillig gemeldet. Die Exploration ist beendet, und es wurde deutlich, dass seine Kommunikationsschwierigkeit darin besteht, einem Mitarbeiter mitzuteilen, dass er eine unliebsame Arbeit übernehmen muss. Jetzt ist im Bearbeitungsprozess des Anliegens der Zeitpunkt gekommen, das Thema zu verlebendigen und die Schwierigkeiten zu konkretisieren. Hier könnte der Trainer zwei Stühle auf die Bühne stellen und sagen: „Schauen wir einmal, wie so ein Gespräch aussehen kann. Ich spiele den Mitarbeiter und improvisiere – und Sie versuchen einmal, mich zu motivieren, diese unliebsame Arbeit zu übernehmen."

Wenn der Leiter in die Rolle des Antagonisten schlüpft, hat das Vorteile. Zum einen hat er auf elegante Art und Weise das Rollenspiel als Methode eingeführt. Zum anderen kann er in seiner Rolle genau erspüren, was der Protagonist durch seine Art der Kommunikation bei ihm auslöst, und entsprechend genaue Rückmeldungen geben. Da er darin trainiert ist, sich wahrzunehmen und differenzierte Feedbacks zu geben, kann er dem Protagonisten vielleicht besser helfen als ein ungeübtes Hilfs-Ich.

Variante 2: Leiter in der Protagonisten-Rolle

- Version A: Der Protagonist wechselt in die Rolle des Antagonisten, der Leiter selbst spielt die Rolle des Protagonisten.

  Dies ermöglicht dem Leiter, seine eigenen Ideen darüber, wie er in der vom Protagonisten beschriebenen schwierigen Kommunikationssituation vorgehen würde, vorzuspielen. Er kann so Verhaltensalternativen aufzeigen, ohne als Besserwisser dazustehen. Der Protagonist erfährt in der Rolle des Antagonisten, wie die vorgestellte Möglichkeit des Leiters wirkt, und kann, nachdem er wieder in seine eigene Rolle gegangen ist, bewerten, worin die Unterschiede zum eigenen Kommunikationsstil liegen. Vielleicht ist er danach motiviert, selbst eine für ihn neue und zu ihm passende Kommunikationsalternative auszuprobieren.

- Version B: Möchte beispielsweise ein Protagonist lernen, andere Menschen höflich, aber bestimmt zu konfrontieren, und hat sich in der Explorationsphase herausgestellt, dass die Konfrontation ihm deshalb schwerfällt, da er, neben einem selbstbewusst-mutigen, einen höflich-ängstlichen Persönlichkeitsanteil hat, der ihn immer wieder von konfrontierenden Äußerungen abhält, dann kann der Leiter ein übendes Rollenspiel vorschlagen. Nachdem die Situation und das Rollenspielziel verdeutlicht und der Antagonist in seine Rolle eingeführt würden, soll der Protagonist entsprechend seinem Anliegen einmal versuchen, sein Gegenüber zu konfrontieren – so gut er kann. Der Leiter nimmt neben dem Protagonisten Platz und übernimmt die Rolle des unerschrockenen, mutigen Persönlichkeitsanteils (Doppel). Immer dann, wenn der Protagonist wieder einmal der Konfrontation ausweicht und Klarheit durch Nettigkeiten vernebelt, kommt jetzt der mutige Anteil durch den Leiter zu Worte. Jetzt kann der Protagonist lernen, wie es sich anhören und anfühlen kann, wenn der mutige Teil seiner Person spricht und in den Vordergrund seines inneren Teams rückt. So schöpft er vielleicht Mut und kann dadurch diesen Teil in sich selbst bestärken.

Übernimm nur selber eine Rolle, wenn du viel Erfahrung hast

Die hier vorgestellten Varianten haben jedoch nicht nur Vorteile. Die Nachteile oder Schwierigkeiten sind:

- Der Leiter braucht dreifache Aufmerksamkeit: einmal für das Geschehen im Rollenspiel (Protagonist und Mitspieler), zum anderen für die restliche Gruppe und den Gesamtkontext (z.B. Zeit) und außerdem für sich und seine inneren und äußeren Reaktionen in der jeweiligen Rolle.
- Allen Beteiligten muss jederzeit deutlich sein, aus welcher Rolle der Leiter gerade handelt: als Rollenspieler oder als Leiter?
- Da der Leiter selbst agiert, bleiben die anderen Gruppenteilnehmer jetzt passive Beobachter und werden nicht aktiviert – was häufig schade ist.

  Bei einigen Varianten besteht die Gefahr, dass der Leiter (vor allem bei Negativrollen) all diejenigen Übertragungs- und Projektionsenergien abbekommt, die auf die von ihm eingenommene Rolle zielen. Sind diese giftig und aggressiv und daher schwer verdaulich, so gelangen sie vielleicht unter die Haut des Leiters. Dann wird es ihm schwerfallen, danach unbelastet die nächste Szene und die Gesamtgruppe zu leiten, da er infiziert, emotional „vergiftet“ und womöglich zu stark involviert wurde.
- Will der Leiter demonstrieren, wie er das Gespräch führen würde, so geht er das Risiko ein, dass das, was er sich vornimmt, nicht gelingt. Besitzt er die Akzeptanz der Gruppe und kann er es sich in seiner Trainerrolle erlauben, auch vor der Gruppe einmal Schiffbruch zu erleiden, so kann er das Risiko des Scheiterns eingehen – sonst wäre seine Souveränität gefährdet.

Spontaneitätstraining

Das Spontaneitätstraining folgt Morenos Definition von konstruktiver Spontaneität: „...eine adäquate Reaktion auf neue Bedingungen oder eine neue Reaktion auf alte Bedingungen“ (Moreno, 1954). Das Wort „adäquat“ ist dabei deshalb von Bedeutung, da selten zu dem Begriff „spontan“ das Wort „angemessen“ assoziiert wird. Morenos Spontaneitätsbegriff weist darauf hin, dass spontanes Verhalten dann angemessenes Verhalten bedeutet, wenn

- es idealerweise frei von vorgefassten Meinungen, Ideen, Weltbildern, Vorurteilen und willkürlichen Wertungen ist
- es unbefangen nur dem freien Willen des Menschen unterliegt und
- das Handeln des Menschen der aktuellen Situation gerecht wird.

Den Situationsbedingungen, dem anderen und auch noch sich selbst gerecht zu werden kann letztlich immer nur eine einmalige Handlung sein.

Spontanes Handeln kann dann gelingen, wenn wir als Voraussetzung die innere Freiheit mitbringen, die Eigenverantwortlichkeit ermöglicht, so dass wir vom Objekt des Geschehens zum Subjekt des eigenen Handelns werden und Mitverantwortung für das Geschehen im eigenen sozialen Umfeld übernehmen können. Spontaneität versteht sich nicht als impulsiver Selbstausdruck oder plötzliches Ausagieren in unterschiedlichen Facetten, denn hinter deren ständiger Wiederholung kann sich ein stereotypes Muster verbergen. Es handelt sich vielmehr um eine innere Eigenschaft des Handelns, die sich von Augenblick zu Augenblick vollzieht, denn wirklich im Augenblick sein bedeutet letztlich, frei zu sein von Fixierungen.

Das Ziel von Spontaneitäts- und Kreativitätsspielen liegt weniger im Erlernen eines angemessenen Rollenverhaltens (siehe übendes Rollenspiel) als in der Bewältigung schwieriger Situationen und Beziehungskonstellationen und in der Befreiung zurückgehaltener Impulse. In diesem Sinne ist es ein „Ausatmen der Seele“, wie es Moreno so schön genannt hat. Wir leben immer nur ein bestimmtes und begrenztes Spektrum der selbstgewählten und zugedachten Rollen. So manche Rolle schlummert im Verborgenen und wartet darauf, erkannt zu werden. Die nicht zu unserem Rollenrepertoire gehörenden Verhaltensweisen sind die Anti-Rollen. Anti-Rolle wird hierbei nicht verstanden als das auf jeden Fall Dunkle, Böse oder Schlechte in uns; vielmehr geht es um die Rollen und Verhaltensqualitäten, die von anderen erspürt, gesehen oder intuitiv erfasst, von uns aber nicht gelebt werden. Manchmal sind sie gegenläufig, manchmal ergänzend zu dem, was einem schon immer über sich selbst bewusst war. Vielleicht zeigt sich eine Frau vorrangig „mütterlich versorgend", dann könnte ihre Anti-Rolle ein „erotisch-frauliches" Verhalten bedeuten. Intellektuelles Verhalten wird in der Anti-Rolle durch emotionales Verhalten ergänzt, verständnisvolles durch abgrenzendes oder integrierendes durch bestimmendes Verhalten erweitert.

In einem gruppenbezogenen Spontaneitätstraining könnte beispielsweise als Thema vorgegeben werden: „Das Warmreden vor einer Talkshow". Dabei übernimmt jeder die mit ihm abgesprochene „Anti-Rolle", beispielsweise der Schüchterne die des Machos, die Brave die der Frechen etc.
In einem Protagonisten-zentrierten Spontaneitätstraining wird beispielsweise ein freiwilliger Protagonist in überraschende Situationen aus verschiedenen Lebens- und Aufgabenbereichen und in für ihn schwierige Interaktionen mit verschiedenen ihm fremden Menschen gestellt. Seine Reaktion wird im Hinblick auf Originalität, Flexibilität und Angemessenheit ausgewertet.
Häufig setzen diese Rollenspiele viel Gruppenenergie frei, und es entwickelt sich ein lebendiges und freudiges Miteinander.

Ablauf für ein Protagonisten-zentriertes Spontaneitätstraining

- Ein freiwilliger Protagonist verlässt den Raum, damit die Gruppe an der für ihn „passenden" Szene basteln kann.
- Die Gruppe sammelt ein, welche Stärken und Fähigkeiten der Protagonist hat (Brainstorming).
- Die Gruppe sammelt ein, welche Schwächen und Defizite der Protagonist bisher gezeigt hat (Brainstorming).
- Die Gruppe baut aus diesen Ideen eine Situation, von der sie denkt, dass die Bewältigung dem Protagonisten schwerfallen wird und dass sie für ihn eine Herausforderung darstellt.
- Durchführung des Rollenspiels.
- Auswertung und Feedback.

Beispiel:
In einem Rhetoriktraining, das ich als junger Psychologe an einer Volkshochschule leitete, war die Gruppenstimmung so, dass keiner mehr am aktuellen Thema „Überzeugungsvortrag" arbeiten wollte. Jeder hatte an diesem Tag schon seinen Vortrag gehalten und Rückmeldungen dazu bekommen. Jetzt war die „Luft raus".

Ich schlug vor, den Rest des Nachmittages mit Spontaneitätstraining zu arbeiten. Die Gruppe stimmte zu. Die Stimmung war neugierig, abwartend und vorsichtig. Auf die Frage, wer sich als Protagonist freiwillig einem Spontaneitätstest unterziehen wolle, meldete sich eine ca. 50-jährige Teilnehmerin. Ich war überrascht, wirkte sie doch bisher zurückhaltend und ängstlich. Nachdem sie den Raum verlassen hatte, sammelte die Gruppe ihre bisherigen positiven Eindrücke dieser Teilnehmerin ein (ruhig, souverän, überlegen, gute Wortwahl, damenhaft, aristokratisch etc.). Danach wurden die negativen Eindrücke eingesammelt (stark kontrolliert, kontaktlos, distanziert, unfrei, gehemmt etc.). Als die Gruppe jetzt die Aufgabe bekam, eine Szene zu bauen, in der die Protagonistin gefordert ist, ihre Spontaneität zu entwickelt, kam folgende Idee zustande: Alle Teilnehmer sind Kinder im Kindergarten und spielen. Die Protagonistin soll ein Kind spielen, das neu in den Kindergarten kommt. Ihre Aufgabe besteht darin, als Kind zu versuchen, Kontakt zu den anderen spielenden Kindern zu bekommen. Ein Teilnehmer (ein ruhiger, unsicher wirkender Mann) wollte kein Kind spielen. Die Gruppe war sich schnell einig, dass er den Kindergärtner spielen durfte, der die „neue Kleine" kurz vorstellen und sie dann mit dem Satz entlassen soll: „Nun spielt mal schön miteinander!". Die Gruppe wird sie dann aber nicht sofort mitspielen lassen. Um von den spielenden Kindern aufgenommen zu werden, muss sie sich spontan irgendetwas einfallen lassen.

Gesagt, getan. Die Gruppenteilnehmer gingen in ihre jeweiligen Rollen. Ich holte die Protagonistin wieder in den Gruppenraum hinein, erklärte ihr die Situation und ihre Aufgabe. Als sie alles verstanden und sich innerlich eingestimmt hatte, kam der Kindergärtner, nahm sie an die Hand, und das Spiel begann. Wie erwartet, tut sich die Protagonistin sehr schwer mit der Situationskonstellation und ihrer Rolle. Zuerst hat sie Schwierigkeiten, sich kindgerecht zu verhalten. Als ihr dies leidlich gelingt, bemerkt sie, dass die anderen sie nicht automatisch mitspielen lassen wollen. Sie zieht sich sofort zurück und beobachtet das wilde Toben und Spielen der „Kinder" aus sicherer Entfernung. Nach einiger Zeit kommt sie aus dieser Haltung heraus und unternimmt einen erneuten Versuch, Kontakt zu bekommen. Sie fragt in unterwürfiger Haltung und mit leiser Stimme ein spielendes Kind, ob sie sich neben sie setzen dürfe. Das Kind schaut sie nur kurz an, sagt nichts und spielt weiter. Nach einiger Zeit wird das Kind eingeladen, mit einer Freundin Fangen zu spielen, und wieder sitzt die Protagonistin alleine da. Die Protagonistin lässt wieder einige Zeit verstreichen, holt innerlich Anlauf, stellt sich aufrecht hin und sagt mit lauter, bestimmter Stimme, dass sie jetzt endlich mitspielen wolle. Die Kinderschar verstummt, es wird ruhig, und alle schauen sie an. Da sagt eines der Kinder plötzlich: „In Ordnung, du darfst mitspielen. Aber zuerst musst du auf einem Tisch für uns tanzen!" Die Protagonistin schaut erschrocken in die Runde und sagt, dass sie sich das alleine nicht trauen würde. Ein anderes Kind sagt jetzt: „Dann tanze doch mit dem Kindergärtner!". Diese Idee finden alle Kinder so gut, dass ein lautes, unterstützendes und aufforderndes Gejohle entsteht. Schließlich stehen beide auf einem Tisch und tanzen, begleitet von Gesang und klatschendem Beifall der Kinder, einen Tanz. Danach wird die Protagonistin spontan belohnt, indem sie in die Mitte der Gruppe darf und alle sie herzlich willkommen heißen.

In der Auswertungsphase und am nächsten Morgen in der Morgenrunde sagte die Protagonistin, dass sie so etwas noch nie gemacht habe, sich aber gut und sehr lebendig fühle und allen dafür dankbar sei, ihr bei dieser Erfahrung geholfen zu haben.

Kommentar:
An diesem Beispiel soll deutlich werden, welche Chancen, aber auch welche Gefahr diese Art von Rollenspiel haben kann. Da die Dynamik leicht zu einer Überforderung für den Protagonisten werden kann, sollte der Leiter bereit sein, ihn jeder Zeit zu schützen und entsprechend zu intervenieren. Besteht mehr Zeit für Spontaneitätsspiele, so können für einen Protagonisten mehrere für ihn bisher schwierige Situationen mit steigendem Schwierigkeitsgrad erarbeitet werden.

Flexibilitätstraining

Um eine soziale Situation zu meistern, braucht es u.a. Kreativität und soziale Wahrnehmung, damit wir unsere Spontaneität flexibel auf verschiedene Situationen und Zusammenhänge beziehen können.

Das Flexibilitätstraining sucht den Menschen aus dem Gewohnheitsmuster seiner „Rollenkonserve" zu befreien und bietet ihm die Möglichkeit, ein unterentwickeltes Rolleninventar zu erweitern, um zu einer größere Spannbreite des Erlebens und möglicher Reaktionen zu gelangen. Beispielsweise können Seminarteilnehmern in einer bestimmten Situation verschiedene Rollenkategorien angeboten werden: In einer großen Bankhalle sind Kunden und Bankangestellte: auf der einen Seite freundliche Kunden, unfreundlich nörgelnde Kunden, arrogante Kunden etc., auf der anderen Seite freundliche und überfreundliche Angestellte, gestresste Angestellte, „unwissende" Auszubildende, überforderte Abteilungsleiter etc. Jeder Mitspieler bekommt eine Rollenkategorie, die er ausspielen darf, muss allerdings auf Anweisung des Leiters die Rolle zu einem bestimmten Zeitpunkt mit einem anderen Mitspieler und dessen Rolle wechseln. Durch den Wechsel von einer Stimmungslage zur anderen soll erreicht werden, dass die Vielfältigkeit der emotionalen Möglichkeiten verfügbar wird. Mögliche Schwierigkeiten, eine Rollenanweisung auszuspielen, können danach besprochen und evtl. zum Thema gemacht werden.

Dem Einfallsreichtum des Trainers für besondere Situationen, Problem- und Konfliktkonstellationen sind hier keine Grenzen gesetzt. Er sollte jedoch die Elemente und Vorgaben je nach Einschätzung der Gruppe unterschiedlich dosieren und steuern. Außerdem sollte der Leiter beachten, dass dem gezielten Flexibilitätstraining und der Unterstützung des Ausdrucks immer die Förderung der allgemeinen Sensibilität für die eigene Person vorangehen sollte (s. S. 165 ff).

Team-Skulptur

Hier geht es darum, die zwischenmenschlichen Beziehungen innerhalb eines Teams zu verdeutlichen.

Beispiel
Der Marketingleiter einer Firma berichtet von seiner sechsköpfigen Abteilung, die ihm Schwierigkeiten bereitet. Sein Anliegen formuliert er so: „Wie kann ich durchschauen, welche 'Spielchen' meine Mitarbeiter untereinander und mit mir spielen, und wie kann ich darauf reagieren?“ Der Seminarleiter schlägt ihm vor, seine Abteilung einmal durch die im Seminar anwesenden Gruppenteilnehmer als Skulptur aufzustellen.

Vorgehen:
Der Protagonist stellt mit Hilfe des Seminarleiters die Personen aus seiner Abteilung so im Raum auf, wie er die emotionale Beziehung zwischen ihnen sieht. Dabei hat er verschiedene Möglichkeiten, die Beziehung auszudrücken, z.B. durch:

- die Abstände zwischen den Personen
- die Art, wie sie zueinander stehen (z.B. sich direkt gegenüber, mit entferntem Blickkontakt, Rücken an Rücken etc.)
- „oben“ und „unten“, um Gruppenhierarchie, Dominanz und Machtgefälle zu verdeutlichen (z.B. durch gerade Stehen, unterwürfig Stehen, Knien, auf Stühle oder Tische Stellen etc.)

- eine bestimmte Gestik (z.B. einen vorwurfsvollen Zeigefinger, geballte Faust oder offene Hand etc.).

Der Leiter unterstützt den Protagonisten bei der Aufstellung und hilft ihm durch geeignete Fragen und Anregungen, die für ihn passend erscheinende Darstellungsform zu finden. Da der Auftrag des Protagonisten an den Leiter nicht darin besteht, ihn die Situation emotional nacherleben zu lassen, sondern Klarheit zu gewinnen und Reaktionsmöglichkeiten zu finden, fordert der Leiter den Protagonisten nicht auf, selbst seinen Platz in der Skulptur einzunehmen. Der Protagonist soll auch für sich selbst ein Gruppenmitglied auswählen, das ihn in der Abteilungsskulptur vertritt.

Ist die Aufstellung fertig und hat der Protagonist überprüft, ob das Gesamtbild für ihn so stimmt, bittet ihn der Leiter, sich nacheinander hinter jeden Mitspieler zu stellen und in der Ich-Form etwas über die Person zu sagen, wie sie ihre Aufgabe in der Marketingabteilung und ihre Stellung im Team sieht (Eindoppeln). Der Leiter kann durch zusätzliche Fragen an den Protagonisten während des Eindoppelns die Informationsdichte erhöhen (z.B. Was halten Sie vom Abteilungsleiter? Was, glauben Sie, hält er von Ihnen? Wie erleben Sie die Atmosphäre in der Abteilung? Was sollte geschehen, damit es Ihnen in der Abteilung angenehmer ist? etc.). Zum Schluss jedes Eindoppelns bittet der Leiter den Protagonisten, seine Aussagen über die jeweilige Person in einem Satz zu verdichten. Dieser Satz soll die Gedanken und Gefühle zur gestellten Situation auf den Punkt bringen (z.B. „Am besten, man duckt sich und schweigt!“, „Niemand nimmt mich hier ernst!“ und vielleicht für sich selbst: „Ein fürchterlicher Hühnerhaufen!“).

Anschließend fordert der Leiter den Protagonisten auf, sich eine Position im Raum zu suchen, die ihm eine gute Beobachtung ermöglicht. Der Protagonist steht jetzt im „Spiegel“ und schaut sich die Gesamtabteilung (seine Mitarbeiter und sich selbst) und das folgende Geschehen aus der Distanz an. Häufig hat diese Wahrnehmung schon eine starke Wirkung, da der Protagonist sich und sein Team klarer veranschaulicht sieht als im beruflichen Alltag, wo das Tagesgeschäft dominiert. Durch die Darstellung der Abteilung als Skulptur werden die „geronnenen“ Beziehungsstrukturen prägnant und manchmal überdeutlich vor Augen geführt.

Jetzt kann der Leiter die Mitspieler auffordern, ihre Sätze in der Reihenfolge, in der sie ihnen gegeben wurden, zu formulieren. Im weiteren Verlauf kann der Leiter jeden Mitspieler bitten, sich in Ausdruck

Das Improvisieren der Mitspieler dient dem Protagonisten, nicht der Spielfreude der Mitspieler

und Tonfall von seinem augenblicklichen Gefühl leiten zu lassen und seine vorgegebene Körperhaltung zu verstärken oder gegebenenfalls seine Haltung auch zu verändern. Mit Blick auf den Protagonisten gestattet der Leiter den Mitspielern vielleicht sogar, dass sie in ihren jeweiligen Rollen improvisieren und aufeinander reagieren können, entweder um das Problem zu verdeutlichen und den Hühnerhaufen zum vollständigen Chaoshaufen werden zu lassen, oder um eine angemessene Lösung zu finden.

Die Entscheidung, was der Leiter mit der Ausgangsskulptur macht, hängt vom Auftrag des Protagonisten ab und von dem, wie dieser auf die Skulptur reagiert. Vielleicht ist die Widersprüchlichkeit der verschiedenen Aussagen ein Problem für den Protagonisten, vielleicht die Lebendigkeit, vielleicht eine unterschwellige oder offene Aggression usw. Um die Reaktion des Protagonisten zu erkunden, muss der Leiter das Spiel der Mitspieler immer mal wieder kurz unterbrechen (einfrieren), um Kontakt zum Protagonisten aufzunehmen und seine innere Reaktion zu erforschen.

Auswertung der Skulptur

Zum Abschluss der Skulptur bittet der Leiter die Mitspieler, noch auf der Bühne stehen zu bleiben und ihre Rolle auszuwerten. Jeder Mitspieler soll zunächst einmal eine Rückmeldung aus seiner übernommenen Rolle geben (Befindlichkeit, Ängste, Hoffnungen, Ansprüche, Wünsche etc.). Danach sollen die übrigen Gruppenteilnehmer, die nicht in der Skulptur mitgewirkt, sondern sie von außen beobachtet haben, in einem offenen Brainstorming diagnostische Hypothesen zu dem bilden, was sie gesehen haben. Der Leiter kann die aufgestellten Hypothesen auf einem Flipchart mitschreiben.

Um die Auswertung zu erleichtern, bleiben die Rollenspieler auch während des Brainstormings noch in ihren Rollen. Der Leiter sollte ihnen jedoch erlauben, sich in ihren Rollen bequem einzurichten, damit ihnen der ausgestreckte Arm nicht erschlafft, das Bein nicht einschläft und der Rücken nicht schmerzt. Nach dem Brainstorming löst der Leiter die Skulptur auf und bittet den Protagonisten, die Mitspieler aus ihren Rollen zu entlassen.

Anschließend können mit der Gesamtgruppe aus den beschreibenden oder diagnostischen Hypothesen zukunftsorientierte Lösungsansätze erarbeitet werden. Ziel dieser Auswertung ist nicht, eine richtige Hypothese zu finden, sondern zunächst einmal verengte und einseitige Sichtweisen zu erweitern und festgelegte Meinungen aufzulockern. Die so geschaffene Vielfalt an Möglichkeiten eröffnet neue Perspektiven und Wahrnehmungsfelder.

Zum Abschluss kann der Protagonist die Hypothesen kommentieren und mitteilen, welche ihm besonders interessant erscheinen. In der jetzt folgenden Diskussion wird gemeinsam versucht, ein möglichst stimmiges und für den Protagonisten nachvollziehbares Bild der Teamsituation zu entwickeln. Anschließend kann mit dem Protagonisten erarbeitet werden, welche Ansatzpunkte er für Veränderungsschritte sieht, welche er für gangbar und in seiner Abteilung für erfolgversprechend hält. Nachdem deutlich herausgearbeitet wurde, was der erste konkrete Schritt in diese Richtung sein könnte, und mögliche Schwierigkeiten thematisiert wurden, ist diese Anliegenarbeit beendet.

Arbeiten im innermenschlichen Bereich

Die Arbeit mit dem inneren Team:
Eine Seele,
ach, in meiner Brust
Zwei Seelen,
ach, in meiner Brust
Viele Seelen,
ach, in meiner Brust

Hat das Anliegen seinen Schwerpunkt im innermenschlichen Bereich, so braucht das Vorgehen Feingefühl und Sorgfalt, da wir jetzt das Persönlichkeits-Königreich des Protagonisten betreten. Hier ist die klare Auftragslage und damit das Einverständnis des Protagonisten von besonderer Bedeutung. Als Hintergrundtheorie für den innermenschlichen Bereich dient das Modell „Inneres Team“ (nach S.v.Thun, 1998).

Die Arbeit mit dem inneren Team

Bei der Vorstellung des inneren Teams gehen wir von einer unbestimmten Anzahl von Teilpersönlichkeiten aus, die wir als innere Teammitglieder bezeichnen und die sich auf ähnliche Art und Weise organisieren wie zwischenmenschliche Systeme. Die individuelle Organisation des inneren Teams ergibt den persönlichen Kommunikationsstil und stellt somit eine beziehungsgestaltende Maßnahme dar. Eine Veränderung des inneren Teams hat deshalb, neben dem veränderten Umgang mit sich selbst, starke Auswirkungen auf die Kommunikation und das Gestalten der Beziehungen zum Mitmenschen.

Indem wir das „Innere Team“ als theoretisches Konstrukt zu Hilfe nehmen, können wir als Trainer das innerpsychische Persönlichkeitsfeld auf respektvolle und einfühlsame Art und Weise betreten und dem Gesprächspartner im Geiste eines neugierigen Zuhörers helfen, sich differenzierter wahrzunehmen und die Dynamik seines Seelenlebens zu verstehen. Das innere Team identifiziert und erweitert seelischen Spielraum, lädt zur Selbstwahrnehmung ein, ermöglicht Selbsterfahrung und verbindet Selbstintegration mit Eigenverantwortung.

Für die Beratungsarbeit deutet das innere Team auf die zentrale Prämisse hin, dass Probleme keineswegs Hinweise auf gravierende Defizite oder psychische Mängel sein müssen. Häufig sind sie vielmehr ein Hinweis darauf, dass eine Fokussierung im Leben des Protagonisten stattfindet, welche ihm den Blick auf seine schon längst erworbenen Lösungspotentiale verstellen. Ein Mensch, der ein Problem hat und sich weiterentwickeln will, ist somit kein defizitäres Wesen, sondern ein Mensch, der bisher daran gehindert war, die in ihm wohnenden Stärken zu nutzen und seine Ressourcen freizulegen. Ungünstiges Erleben und problematisches Verhalten ist weniger eine Schuld oder ein Defizit, sondern immer auch eine innere Wahl.

Durch diese systemische Betrachtungsweise des Individuums vermeidet die Beratungsarbeit eine Pathologisierung des Protagonisten, da sie von der Annahme ausgeht, dass der Mensch im Berufsleben alle Ressourcen besitzt, die er braucht, um sich so zu verhalten, wie es für ihn und die Situation angemessen ist. Diese Grundannahme setzt das Prinzip der Eigenverantwortlichkeit voraus; „Verantwortung“ als die Bereitschaft, anzuerkennen, dass ich der Erzeuger meines Erlebens bin. Diese Bereitschaft fällt uns leicht, wenn wir Erlebnisse kreieren, die uns angenehm und wertvoll erscheinen. Dann sind wir stolz auf das, was wir getan haben. Wenn wir aber ein Erlebnis kreieren, das wir für schlecht und unangenehm halten, unterliegen wir häufig der Tendenz, die Autorenschaft am Erleben zu verleugnen. Dann werden schnell die Umstände, die Lebensgeschichte oder jemand anders für das verantwortlich gemacht, was wir wie erleben. Es geht dabei nicht um die tatsächlichen Ereignisse in unserem Leben, sondern vielmehr um das Erleben derselben; darum, wie wir empfinden, was wir erleben, und um das, was wir (heute) daraus machen. Die Ereignisse selbst sind zum Teil unser Schicksal, unsere Reaktion darauf ist unsere Wahl. Verantwortung bedeutet somit nicht Opfer, sondern Verursacher des eigenen Erlebens zu sein.

Durch die Metapher „Inneres Team“ bietet sich die große Chance, intrapsychische Prozesse zu verstehen und sie in Situationszusammenhängen zu betrachten. Außerdem kann der Trainer viele bewährte systemische Interventionen und Maßnahmen auf die Anliegenarbeit im Training übertragen. Vor ihm sitzt ein Protagonist mit einem konkreten Anliegen, aber er arbeitet nicht mit dieser Person allein. Objektiv arbeitet er zwar mit einer Einzelperson, denn da sitzt nur ein Mensch vor ihm, imaginativ gesehen ist es jedoch so, dass er es mit einem ganzen Team zu tun hat. Vielleicht bekommt er allerdings zu Beginn nur Kontakt mit dem „Pressesprecher" des inneren Teams. Dass dieser Aspekt von Bedeutung sein kann, möchte ich an einem Beispiel verdeutlichen.

Beispiel:
In einem Kommunikationstraining für Gymnasiallehrer meldete sich Herr Emsig, der die Fächer Wirtschaft, Politik und Erdkunde unterrichtet, um sein Thema zu bearbeiten. In der Situationsexploration berichtete er, dass er seit Jahren Erfahrungen im Projektunterricht gesammelt hatte. Er kombinierte unter einem bestimmten Oberthema seine Fächer, und die Schüler konnten sich zu diesem Oberthema, z.B. „Tabak – vom Hersteller bis zum Endverbraucher", Spezialthemen wie z.B. „Arbeitslosigkeit in der Türkei (Hersteller) und in Deutschland (Endverbraucher)" aussuchen, das Thema selbständig vorbereiten, während einer gemeinsamen Fahrt (z.B. in die Türkei zu Tabakplantagen, Fabriken und Arbeitsämtern) vertiefen und anschließend ihr Thema mit Unterstützung von geeigneten Medien (z.B. Fotos und Statistiken) in Eigenverantwortung auf Stellwänden vorstellen. Diese Art des Lehrens mache ihm sehr viel Freude, da er keinen „fertigen" Unterricht abliefern muss, wo jeder Stundenablauf komplett im Computer festgehalten ist und die Einzelstunden nur noch „abgerissen" werden. Projektunterricht bedeute zwar Mehrarbeit für ihn, aber er wisse, die Rückmeldungen der Schüler würden es ihm danken.

Im Kollegium hatte sich in den letzten Jahren jedoch eine Gegenfront entwickelt. Die Kollegen waren zum Teil neidisch, da sein Unterricht durch die Projektdokumentationen viel Öffentlichkeit, Presse und Anerkennung erhielt. Manche Kollegen wurden damit konfrontiert, dass die Schüler mit dem ungewohnten Freiraum, den das Lernen im Projektunterricht bot, so umgingen, dass sie bei ihnen um Freistunden baten, um ihr Projekt bei Herrn Emsig vorzubereiten. Diese Lehrer klagten, dass ihr Unterricht durch die Projekte des Kollegen beeinträchtigt würden. Der Schulleiter bezog keine eindeutige Stellung, da auf der einen Seite die Pressemitteilungen das Renommee der Schule förderten und die ihm vorgesetzte Schulbehörde diese Projekte lobte und würdigte, auf der anderen

Seite belasteten ihn aber die Kollegen mit immer wiederkehrenden Beschwerden über das Schülerverhalten und die Auswirkungen auf ihren Unterricht. Da im Kollegium keine gute Konfliktkultur bestand, wurde die Auseinandersetzung darüber unter den Teppich gekehrt.

Sein Thema formulierte der Protagonist zu Beginn so: „Wie kann ich bezüglich meiner Unterrichtsart bei meinen Kollegen Akzeptanz und bei meinem Schulleiter Unterstützung bekommen?“

Im Laufe der Anliegenbearbeitung stellt sich jedoch heraus, dass die Themenformulierung durch seinen inneren Pressesprecher gewählt wurde. Eine andere Stimme, der Gekränkte, formuliert das Thema: „Wie kann ich mit den Verletzungen und Intrigen der Kollegen umgehen und in der Außenseiterrolle im Kollegium einigermaßen überleben?“, und etwas später meldet sich sogar ein Resignierter, der das Thema letztlich noch einmal ganz anders formuliert: „Ich spüre jetzt schon seit längerer Zeit die Ablehnung der Kollegen und des Schulleiters. Ich gebe auf und bin nicht mehr bereit, mich für meine Arbeit in der Schule zu rechtfertigen und zu verteidigen. Deshalb werde ich mich langsam zurückziehen und aussteigen. Wie kann ich mit dem vorzeitigen Ruhestand vor mir, meiner Frau, den Kollegen und meinen Bekannten umgehen und den Ausstieg leben, ohne das Gesicht zu verlieren?“

Wenn der Trainer nur mit dem offiziellen Auftrag des inneren Pressesprechers, den er zunächst angeboten bekommen hatte, gearbeitet hätte (diese einseitige Favorisierung geschieht häufig), hätte er vielleicht „das falsche Problem gut gelöst“.

In der Klärungshilfe und allen systemischen Beratungssituationen, wo man mit einem Paar, einer Familie oder einem Team arbeitet, ist die Maxime entwickelt worden, dass der Berater, soweit es geht, eine neutrale Position einnehmen und seine Allparteilichkeit allen relevanten Beteiligten gegenüber verdeutlichen und beibehalten soll. Dies deshalb, weil der Berater, wenn er sich mit einer Partei mehr identifiziert und dadurch parteiisch erlebt wird, einen massiven Beitrag zu Konflikt-Eskalationen im System leistet. Das geschieht dadurch, dass sich die Beteiligten, die sich außerhalb der Koalition fühlen, dies als Benachteiligung erleben und „wie die Löwen“ gegen die vermeintliche oder reale Koalition kämpfen. Es entsteht eine Interaktion, an welcher der Berater massiv mitverantwortlich beteiligt ist. Dies gilt aber nicht nur für Strukturen und Systeme im zwischenmenschlichen Bereich, sondern auch für innerpsychische Strukturen und internale Systeme. Der beratende Trainer steht nämlich jetzt in der Situation, dass er von dem einen Teil des Protagonisten den Auftrag bekommt, ihn darin zu unterstützen, damit er in seiner Schule besser klarkommt, und von einem anderen Teil den gegensätzlichen Auftrag, ihn nämlich darin zu unterstützen, dass er sich ohne Gesichtsverlust von der Schule verabschieden kann. Arbeitet der Trainer jetzt alleine mit dem offiziellen Auftrag, was ja zunächst naheliegend erscheint, so bedeutet das für das resignierende Teammitglied, das im Protagonisten zwar zu Beginn nicht unbedingt bewusst, aber trotzdem sehr wirksam ist: „Schon wieder einmal erlebe ich, dass ich ins Abseits gedrängt und abgelehnt werde. Auch der Trainer scheint sich nicht für mich zu interessieren – im Gegenteil, die Beratung ist einseitig gegen mich gerichtet! Vielleicht sollte ich mich einmal destruktiv über Symptome melden, so dass man mich endlich erhört und dadurch irgendwie ein Gleichgewicht im inneren Team erreicht wird."

Das Ergebnis könnte sein, dass der Protagonist den Preis für eine ungünstige Haltung des Trainers bezahlt. Deshalb hat der Trainer schon zu Beginn der Anliegenbearbeitung die Aufgabe, sehr genau darauf zu achten, welches innere Teammitglied den Auftrag formuliert. In unserem Beispiel mit Herrn Emsig entspräche das einer wertschätzenden Haltung sowohl dem berufs- als auch dem ausstiegsorientierten Auftrag gegenüber. Das bedeutet nicht, dass der Trainer sagt: „Gut, wenn Sie aussteigen wollen, können wir ja einmal schauen, wie Sie das elegant hinbekommen". Es bedeutet, dass er würdigt und Verständnis für die Seite des Protagonisten zeigt, die verzweifelt und resignierend zu diesem Lösungsversuch greift, und dass er dabei zugleich die anderen Teammitglieder mit im Auge behält.

Ganz fatal würde es, wenn der Trainer ein vor ihm selbst verborgenes eigenes inneres Teammitglied hat, welches „Resignieren" und „Aussteigen" als schlecht, armselig, verantwortungslos, anstößig oder verwerflich ansieht und deshalb denkt: „Typisch für Lehrer! Die können sich so einen Ausstieg als Beamte erlauben." Dies könnte ihn dazu verleiten, dass er, wieder ohne es selbst zu bemerken, mit ablehnend-vorwurfsvollem Tonfall sagt: „Gut, wenn Sie unbedingt resignieren wollen, dann bleibt Ihnen ja wohl nichts anderes übrig als auszusteigen." Oder er lässt es schon im Vorfeld gar nicht so weit kommen und schafft es unbewusst, dass nur die eine Partei des inneren Teams beim Protagonisten zu Worte kommt, d.h. in diesem Fall, dass er sich zum Auftragnehmer des inneren Pressesprechers macht.

Wirkmechanismen auf der äußeren Bühne bei der Arbeit mit den Teammitgliedern

Die Methoden, die sich bei der Arbeit mit dem inneren Team eignen, sind zum größten Teil aus den erlebnisaktivierenden Therapiemethoden entliehen, wo Psychisches „in Bewegung“ gerät (Gestalttherapie und Psychodrama). Die Interventionen und das Vorgehen gleicht in vielen Aspekten dem Rollenspiel. In der Rollenspielsprache könnte man sagen, dass das innere Geschehen auf die äußere Bühne gebracht wird, so dass eine Externalisierung der Ich-Anteile im Rollenspiel ermöglicht wird. So kann sich auf der Bühne das „Gefühl“ mit der „Vernunft“ – oder der „Bauch“ mit dem „Kopf“ – streiten. Ein Kfz-Meister, Teilnehmer eines Kommunikationstrainings, hat es einmal salopp formuliert: „Das ganze 'innere Theater', wo sich immer die gleichen Klamotten wiederholen, wird jetzt deutlich.“

Bei der Arbeit mit dem inneren Team wird der Protagonist zunächst eingeladen, die zum Anliegen oder zur Fragestellung gehörenden Teammitglieder zu erforschen. Diese Exploration des inneren Teams sollte der Leiter am Flipchart so mitvisualisieren, dass

- der Name der inneren Stimmen, die sich bei diesem Anliegen zu Worte melden
- und ihre Grundbotschaft

Die Erkundung der inneren Teammitglieder ist der erste entscheidende Schritt

deutlich herausgearbeitet werden. Die Erkundung der inneren Teammitglieder ist der entscheidende und wichtige erste Schritt, da von ihm der folgende Bearbeitungsprozess abhängt. Manchmal empfiehlt es sich, bei der Erkundung des inneren Teams in zwei Schritten vorzugehen. Im ersten Schritt werden die Teammitglieder gefunden und mit Namen und Grundbotschaft versehen. Die Visualisierung geschieht in der Reihenfolge ihrer Entdeckung. Im zweiten Schritt wird daran gearbeitet, wer wo steht, wer sich nach außen zeigt und wer im Hintergrund bleibt, aber womöglich die entscheidenden Fäden zieht, und wie die Beziehungsdynamik des inneren Teams aussieht. Danach kann mit den relevanten Teammitgliedern gearbeitet werden. Dies geschieht so, dass der Protagonist eingeladen wird, die Teammitglieder auf der Rollenspielbühne darzustellen. Dadurch findet eine veröffentlichte Darstellung innerpsychischer Prozesse statt. Durch Identifikation mit einzelnen inneren Teammitgliedern kommt es zu einer Inszenierung innerer Dialoge auf der äußeren Bühne. Ein stilles Selbstgespräch oder ein innerer Konflikt wird dabei so auf der äußeren Bühne in Szene gesetzt, wie er in den für andere verborgenen Bereichen der Protagonistenpersönlichkeit stattfindet. Durch die Inszenierung wird bisher Verborgenes veröffentlicht, dadurch für Außenstehende sichtbar und transparent.

Wir erforschen bei der erlebnisaktivierenden Arbeit mit dem inneren Team die einzelnen Rollen der inneren Teammitglieder, erfassen ihre Spannungen untereinander, geben den zum Thema relevanten Teammitgliedern Gestalt und Stimme und stellen sie im Hier und Jetzt der Gruppe auf der Bühne dar. Diese Vorgehensweise ermöglicht dem Leiter, eine Beziehung zu den einzelnen Teammitgliedern aufzubauen. Dieses Vorgehen hat für den Protagonisten den Vorteil, dass sich seine Persönlichkeitsteile umfassend und emotionsdicht ausdrücken können, da sie den ganzen Körper zur Verfügung haben, der ja Träger und Ausdrucksmöglichkeit unserer Gefühle ist.

Das Hauptpotential der gleich vorgestellten Interventionsmethoden liegt darin, dass die Richtung der psychischen Energie verändert wird. Um dies zu begreifen, müssen wir die Wirkung des Rollenwechsels beim Rollenspiel verstehen.

Wenn sich ein Protagonist z.B. entmutigt fühlt, so könnten wir für dieses Gefühl einen Stuhl bereitstellen: „Ich möchte Sie bitten, sich einmal vollständig mit dem Gefühl zu identifizieren. Bitte wechseln sie einmal den Stuhl, und wenn Sie gleich auf diesem Stuhl hier Platz nehmen, seien sie dieses entmutigende Gefühl und stellen Sie es dar.“ Der Protagonist steht auf und setzt die Entmutigung auf dem Stuhl in Szene. Was jetzt innerlich geschieht, ist bedeutsam. Er geht von der „passiven Person“, die von einem inneren Teammitglied entmutigt wird, in die Rolle dieses inneren Teammitglieds. Damit ist er in der aktiven Position und kann nicht mehr Opfer der Entmutigung sein. Das entmutigende Gefühl zu sein ist seelisch gesehen etwas anderes, als das Gefühl zu haben (und diesem Gefühl womöglich ausgeliefert zu sein). Es handelt sich um das gleiche Erleben (nämlich Entmutigung), jedoch von der anderen Seite. Die psychische Energie wird durch den Rollenwechsel vollkommen verändert. Vielleicht wird jetzt aus der Entmutigung eine feindselige, machthungrige Energieladung ohne Mitgefühl: „Du bist so ein kleiner Wicht! Was bildest du dir eigentlich ein? Das, was du dir da ständig vornimmst, ist eine, nein, zwei Nummern zu groß für dich. Solange du das nicht einsiehst, werde ich dich ständig belagern und entmutigen.“ Vielleicht wird aus der Entmutigung aber auch eine aktive freundliche Warnung: „Ich entmutige dich, weil du nicht zu dir selbst stehst. Ich sorge dafür, dass du nicht in ein offenes Messer läufst und am falschen Hebel drehst. Deine Sisyphusarbeit bringt dir nichts, du musst etwas anderes ausprobieren!“

Indem der Protagonist das Gefühl von der entgegengesetzten Seite aus erfährt, verändert sich die Energierichtung. Wechselt der Protagonist jetzt erneut den Stuhl und wird wieder „er selbst", erlebt er eine erneute Richtungsänderung der Energie. Kam die Entmutigung eben noch aus ihm heraus, so kommt sie jetzt auf ihn zu; war sie bisher in ihm, so ist sie jetzt eine Emotionsenergie, die von außen kommt und ihn auffordert, sich ihr zu stellen. Jetzt fühlt er nicht mehr: „Ich bin entmutigt!" sondern: „Ich entmutige mich!" Die Energie des Protagonisten ist plötzlich kräftig, aktiv und verantwortlich.

Da beide Seiten im selben Körper gelebt und gespürt werden, ist eine Integration beider Energieformen möglich.

Die drei Grundmöglichkeiten des Vorgehens

Welche typischen inneren Teamkonstellationen können nun kommunikations-psychologisch mit welchen Methoden bearbeitet werden? Unser Schlüsselsatz zur Einteilung der Vorgehensweisen und Methoden soll lauten: **Eins – Zwei – Viele**.

Diese Orientierung bezieht sich auf die Anzahl der Teammitglieder, auf die während der Anliegenbearbeitung der Fokus gerichtet wird. Die dabei zugrunde liegenden typischen inneren Teamkonstellationen können vielfältig sein. Hier zunächst einmal ein Überblick:

Eins = „Eine Seele, ach, in meiner Brust"
In diesen Fällen geht es darum, dass ein Teammitglied genauer untersucht werden sollte, da seine Art und Weise eine wohltuende innere Teamdynamik nicht unterstützt.

Zwei = „Zwei Seelen, ach, in meiner Brust"
In diesen Fällen geht es darum, dass zwei sich widerstreitende Tendenzen spürbar sind und der Protagonist einen „inneren Ambivalenzkonflikt" austrägt.

Viele = „Viele Seelen, ach, in meiner Brust"
Bei innerem Durcheinander und einer heillosen inneren Teamdynamik sind es viele Stimmen, die unterschiedliche, teils gegenteilige Äußerungen und Zielrichtungen verfolgen. Hier wird u.a. dem Oberhaupt des inneren Teams besondere Beachtung geschenkt.

Wir können also mit einem, mit zwei oder mit mehreren Teammitgliedern auf der Bühne arbeiten. Zuvor noch ein einführendes Beispiel, an dem die einzelnen Vorgehensmöglichkeiten demonstrativ erklärt werden können.

Beispiel:
Eine Protagonistin, Frau Knurr, berichtet in einem Kommunikationstraining: „Ich war viele Jahre freiberuflich tätig und bin jetzt bei einer öffentlich-rechtlichen Rundfunkanstalt im Bereich Fernsehen angestellt. Ich arbeite in der Marketing-Abteilung und bin zuständig für die Zeitung, die von der Fernsehanstalt herausgegeben wird. In der Abteilung, wo ich nun seit ungefähr sechs Monaten arbeite, lehnen mich die anderen vier Kollegen ab. Der Abteilungsleiter, Herr Alt, ist nur noch ein halbes Jahr dabei, dann geht er in den Ruhestand. Sein Nachfolger wird wahrscheinlich der älteste der vier Kollegen, Herr Knuth. Die Ablehnung läuft zum Teil unterschwellig, manchmal lassen sie mich das aber auch deutlich spüren. Sie geben mir Arbeiten, die unter meiner Würde sind. Das ärgert mich natürlich, war ich doch früher als Selbständige jemand, die alle Arbeiten eigenverantwortlich machen musste. Und ich hatte einen guten Ruf in meinem Fach. Das Durchbeißen habe ich als Selbständige gelernt, muss man ja auf dem freien Markt. Als ich in der Abteilung angefangen habe, hatte ich schon zu Beginn den Eindruck, dass die interessanten Arbeiten von Herrn Knuth an Land gezogen werden. All das, wofür ich eigentlich eingestellt worden bin, das macht er. Ich soll nur die Zulieferarbeiten machen. Ich habe ihn dann gefragt, wofür sie mich überhaupt eingestellt haben. Da hat er geantwortet: „Du musst dich erst mal hier einarbeiten. Nach einigen Jahren kannst du dann auch anspruchsvollere Arbeiten übernehmen.“ Ich wollte mir das aber von Anfang an nicht bieten lassen und habe sofort dagegengehalten. Man könnte zwar sagen: Wenn man neu in eine Abteilung kommt, sollte man zunächst einmal abwarten und die Gepflogenheiten und die Atmosphäre beschnuppern. Aber das liegt mir einfach nicht. Natürlich war ich am Anfang etwas unsicher, aber so etwas überspiele ich immer. Das bringt ja auch nichts. Ich wollte schon zu Beginn meine Kompetenz zeigen. Mein Freund sagt auch immer, dass ich meine zarten Seiten nicht so gerne zeige. Da hat er wohl Recht. Ich kämpfe lieber, damit kommt man weiter. Deshalb neige ich auch wohl dazu, immer zuerst einmal Nein zu sagen, wenn mir etwas nicht passt. Ich lass’ mir nichts mehr gefallen. Dazu hat man in meinem Leben schon genug auf mir herumgetrampelt. Kämpfen ist mir zur zweiten Natur geworden. In einer der letzten Besprechungen unserer Abteilung habe ich es dann angesprochen, dass ich mich überhaupt nicht integriert fühle. Die Gruppe hat überraschenderweise ganz nett reagiert. Sie haben zugehört und gesagt, dass sie froh wären, meine Unterstützung zu bekommen, und dass ich für sie eine wirkliche Entlastung sei. Da war ich perplex. Ich schweige dann. Auch das ist typisch für mich. Das mögen Sie vielleicht nicht glauben. Jetzt sprudelt es ja alles aus mir heraus. Aber in der Besprechung habe ich geschwiegen. Ich glaube,

das mache ich immer, wenn ich in einem größeren Kreis sitze. Da ist dann wenig mit mir los – in mir ist allerdings viel los. Vor allem gegenüber Herrn Alt traue ich mich komischerweise nicht so aufzutreten, wie ich es sonst gewohnt bin. Der hat so eine Art, die hebelt mich aus. Geändert hat sich nach dem Gruppengespräch jedoch nichts. Nein, das stimmt nicht ganz. Unsere Zeitung soll jetzt ein anderes Layout bekommen, und ich soll eine Präsentation dazu machen. Diese Aufgabe hat eine große Bedeutung für die Zukunft. Da möchte ich natürlich souverän wirken. Vor solchen Vorträgen habe ich mich bisher immer gedrückt. Da wirke ich eher schüchtern und verzagt. Ich habe auch schon einmal Schiffbruch erlitten, weil ich immer so leise gesprochen habe. Das hat mir ein damaliger Kollege auch sofort aufs Butterbrot geschmiert. Er sagte, dass mir so etwas einfach nicht liegen würde. Wahrscheinlich hat er wohl Recht damit. Aber vielleicht habe ich auch da zu große Ansprüche an mich, wer weiß? Das mit den Ansprüchen ist ja so eine Sache. Auf der einen Seite treiben sie einen ja an – auf der anderen Seite machen sie einem aber auch ganz schön zu schaffen. Letztlich denke ich, dass man sich solchen Situationen stellen muss, damit man seine Ängste überwindet. Da muss ich wohl noch an mir arbeiten, da mir da etwas fehlt – oder?"

Dieses Beispiel enthält eine Fülle an Themen, und sowohl das Anliegen als auch der Auftrag sind noch unklar. Aber das soll uns jetzt einmal nicht stören. Im realen Seminarkontext müsste hier die Explorationsarbeit beginnen. Für unsere Zwecke und zur Demonstration der Methoden ist das Beispiel, so wie es ist, gut geeignet.

Eine Seele, ach, in meiner Brust

Mit diesem leicht veränderten Goethezitat sei angedeutet, dass wir die Selbstklärungsarbeit auf ein Teammitglied fokussieren können. Dabei kann es sich um unterschiedliche Teammitglieder und Konstellationen handeln. Die Varianten dieses Vorgehens sind:

- Dominanz der Lauten und Schnellen
- Unliebsame Außenseiter und Schattengestalten
- Innere Quälgeister
- Die innere Weisheit
- Innere Vakanz und Stärkung einzelner Teammitglieder.

Rollenspieltechnisch gesehen, geht es bei diesen Varianten darum, dass der Protagonist als Gesamtperson mit dem betreffenden inneren Teammitglied spricht. Damit dieser innere Dialog jetzt auf der äußeren Rollenspielbühne stattfinden kann, werden zwei Stühle dafür bereitgestellt. Der eine Stuhl ist Repräsentant für die Gesamtperson, der andere für das Teammitglied, auf das fokussiert werden soll. Die Abfolge im Einzelnen:

Abb.16:

zum 2.Schritt: Leiter (links) bespricht mit dem Protagonisten (rechts) den Stuhlaufbau. Protagonist baut die Stühle auf.

zum 3. Schritt: Leiter (stehend) hilft dem Protagonisten (auf dem Stuhl für seine Gesamtperson sitzend), in die Szene hineinzukommen.

zum 4. Schritt: Leiter (stehend) unterstützt den Protagonisten (hat sich mit seinem inneren Teammitglied identifiziert und sitzt auf dessen Stuhl).

zum 5. Schritt: Protagonist reagiert auf dem Stuhl der Gesamtperson auf die Äußerung seines Teammitglieds.

1. Schritt:
Der Leiter erklärt (nach einer genauen Erkundung des betreffenden Teammitgliedes) dem Protagonisten seine Absicht und holt sich dessen Zustimmung (Auftrag!).

2. Schritt:
Der Leiter stellt zwei Stühle bereit und klärt mit dem Protagonisten: Welcher Stuhl soll was repräsentieren? Wie ist der richtige Abstand und die angemessene Position zueinander? Der Protagonist stellt die Stühle entsprechend auf.

3. Schritt:
Der Leiter bittet den Protagonisten, sich auf den Stuhl für die Gesamtperson zu setzen und sich bewusstzumachen, wer da gerade vor ihm sitzt.

4. Schritt:
Der Leiter bittet den Protagonisten, den Stuhl zu wechseln und sich mit dem inneren Teammitglied zu identifizieren. Diesen Prozess kann er durch hilfreiche, identitätsfördernde Fragen an das Teammitglied unterstützen (Wer bist du? Was ist deine Aufgabe in diesem Team? Hast du im Team Verbündete und Gegner? Was ist deine Grundbotschaft? Wieso ist dir das wichtig? usw.

5. Schritt:
Im Anschluss daran wird der Protagonist gebeten, sich wieder auf den Stuhl zu setzen, der für ihn als Gesamtperson bereitgestellt wurde. Vor ihm sitzt jetzt sein inneres Teammitglied, und er kann auf das reagieren, was dort von diesem Teammitglied gerade gesagt wurde, oder er kann ihm eine Frage stellen.

6. Schritt:
Der Leiter weist einen Rollenwechsel an, damit der Protagonist sich erneut mit seinem inneren Teammitglied identifiziert und jetzt aus des-

sen Rolle antworten kann. Der Rollenwechsel im 4. Schritt dient der Identifikation, der jetzige Rollenwechsel der Identifikation und dem Dialog.

7. Schritt:
Durch mehrmaligen Rollenwechsel und mit Unterstützung der Doppeltechnik wird der Dialog und damit die Selbstklärung gefördert und vertieft. Dabei kann der Leiter beide Seiten doppeln, da es sich nicht um einen Rollentausch, sondern um einen Rollenwechsel handelt (s.Seite 101).

8. Schritt:
Das Rollenspiel endet immer so, dass sich der Protagonist zum Schluss wieder auf dem Stuhl der Gesamtperson befindet. Nachdem der Dialog beendet ist, wird der Protagonist gebeten, sich von seinem inneren Teammitglied zu verabschieden und die Bühne abzubauen.

9. Schritt:
Wieder im Kreis der Gruppe, kann der Protagonist als Teilnehmer seine Reaktion auf diese Erfahrung mitteilen und bilanzieren. Anschließend findet die Auswertungsphase mit der Gesamtgruppe statt. Durch die Verlebendigung des Themas ist die interkollegiale Diskussion häufig sehr ergiebig, da durch die Konkretisierung sichergestellt ist, dass alle über das Gleiche reden.

Worum es bei den einzelnen Varianten geht, wie der Ablauf jeweils modifiziert werden kann und welche Komplikationen auftreten können, soll jetzt beschrieben werden.

Dominanz der Lauten und Schnellen

Unsere inneren Teammitglieder unterscheiden sich in ihrem Tempo, mit dem sie sich zu Wort melden, und sind sehr unterschiedlich, mit welcher Energie sie das tun. So kann es sein, dass sich immer wieder eine Stimme besonders schnell und bestimmend zu Wort meldet. Durch ihre Dominanz hindert sie andere, leisere und zaghaftere Stimmen, sich Gehör zu verschaffen. Diese kommen nicht zum Zuge, da ihre Beiträge auf leisen Sohlen kommen und wegen der Lautstärke der Dominierenden überhört werden. Die dominanten Teammitglieder bestimmen das Verhalten, während die leiseren Stimmen sich vielleicht als Spätzünder zu Wort melden (und dann sehr penetrant werden können).

In unserem Beispiel könnte die innere Stimme der Protagonistin, die sie nach außen schnell mit einem „Nein“ reagieren lässt, ein dominantes Teammitglied sein. Vielleicht nennt die Protagonistin das entsprechende Teammitglied den „inneren Grenzwächter“, der sie nach außen hart wirken lässt. (Eine gute Vertiefungsfrage ist auch: „Ist das Teammitglied männlich oder weiblich?“) Würde die Exploration des Anliegens dahin führen, dass der Leiter von der Protagonistin den Auftrag bekommt, mit diesem Teammitglied zu arbeiten, dann könnte die erlebnisaktivierende Arbeit beginnen.

Zunächst stellt der Leiter zwei Stühle in den Raum und erklärt der Protagonistin, was er jetzt vorhat. Die einladenden Worte könnten vielleicht so lauten: „Ich habe hier zwei Stühle hingestellt und möchte Sie gleich bitten, auf beiden Stühlen einmal Platz zu nehmen. Wenn Sie auf dem einen Stuhl sitzen, sind Sie Frau Knurr, also Sie als Gesamtperson. Wenn Sie auf dem anderen Stuhl sitzen, sind Sie ein Teammitglied von Ihnen, nämlich der „innere Grenzwächter“, den wir ja eben herausgearbeitet haben. Können Sie sich das vorstellen?“ Verneint die Protagonistin, da sie noch nicht verstanden hat, was der Trainer meint, kann dieser es noch einmal mit anderen Worten erklären und zur Unterstützung auf seine Visualisierung zurückgreifen. Nach meiner Erfahrung ist an dieser Stelle die Visualisierung der Leiterabsicht ein sehr gutes Verständigungsmittel.

Abb. 17: Visualisierung des Vorgehens bei der Arbeit mit einem Teammitglied

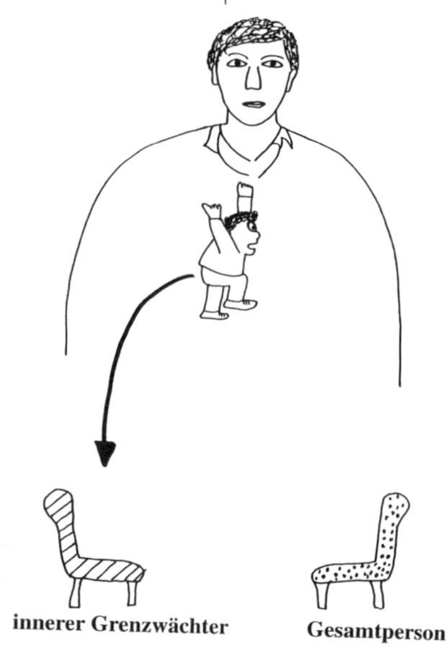

Hat die Protagonistin die Einladung verstanden und ist bereit, auf diese Weise zu arbeiten, bittet der Leiter die Protagonistin, zunächst auf dem Stuhl Platz zu nehmen, auf dem sie als Gesamtperson sitzen soll. Dieser Schritt macht ihr bewusst, dass sie sich jetzt auf der Rollenspielbühne befindet. Wenn sie auf ihrem Stuhl sitzt, fragt der Leiter sie, wo der andere Stuhl stehen soll. Es wäre ein Kunstfehler, wenn der Leiter selber den Stuhl in einer bestimmten Entfernung hinstellen würde. Durch die Frage: „Wo soll der Stuhl stehen?“ beginnt die Protagonistin schon mit der Arbeit. Ihr wird langsam bewusster, um was es jetzt geht, und fragt sich, welcher Stuhlabstand für sie passend wäre. Um diese Selbsterforschung sollte der Leiter sie nicht bringen, da er dadurch nicht nur den inneren Bearbeitungsprozess in Gang setzt, sondern auch, weil es vielleicht von entscheidender Bedeutung sein kann, wo der Stuhl wie steht. Vielleicht stellt die Protagonistin den Stuhl in einem großen Abstand mit dem Rücken zu sich selbst hin. Dies soll womöglich eine symbolische Ablehnung von ihr verdeutlichen und macht ihr und dem Leiter schon einiges klar. Ist der Stuhl für die Protagonistin richtig platziert, bittet der Trainer sie, sich das Teammitglied vorzustellen, das auf dem Stuhl sitzt. Falls sie eine deutliche Gestalt vor Augen hat, soll sie ihm ein Zeichen geben. Nach dem Zeichen bittet er sie dann, die Stühle zu wechseln, auf dem Stuhl des „inneren Grenzwächters" Platz zu nehmen und sich mit diesem Teil von ihr zu identifizieren. Dazu braucht die Protagonistin meistens etwas Zeit, die der Trainer ihr mit Feingefühl und Geduld geben sollte. Danach kann er das Teammitglied fragen, ob es bereit ist, mit ihm zu sprechen. Wenn die Grenzwächterin der Protagonistin zustimmt, kann der Leiter eine erste Beziehung zu dem inneren Teammitglied aufnehmen. Er stellt zunächst vor allem solche Fragen, die eine Trennung zwischen dem Teammitglied und der Gesamtperson fördern und absichern; z. B.: „Bisher wurde mir gesagt, dass dein Name 'Grenzwächter' ist; kann ich dich weiter so ansprechen, oder möchtest du anders genannt werden? Außerdem möchte ich zunächst wissen, ob es dir recht ist, dass ich dich duze," und/oder „Wie ist eigentlich deine Körperhaltung? Was ist typisch für dich?" „Was bedeutet es, wenn du den Arm so gestreckt hältst?" „Kannst du mir einmal sagen, was du immer zu Frau Knurr sagst?" und/oder „Warum sagst du das immer zu ihr?" und/oder „Was lässt du Frau Knurr immer tun? Wie verhält sie sich, weil du da bist?" und/oder „Wie stehst du zu Frau Knurr, und was hältst du von ihr?" und/oder „Was glaubst du, wie sie zu dir steht?"

Durch solche oder ähnliche Fragen, die eine abgrenzende Antwort erwarten, muss das Teammitglied über sich selbst als getrennt vom Ich der Protagonistin sprechen. Die abgrenzende Identifikation wird dadurch verstärkt, dass der Trainer die Protagonistin mit Frau Knurr anspricht, das innere Teammitglied aber duzt. Ich habe es noch nie erlebt, dass ein Protagonist, der sich auf diese Arbeit der Selbstklärung eingelassen hat, das Du ablehnt oder es als peinlich empfindet, wenn ich seine inneren Stimmen duze (er/sie tut es ja auch). Hier folge ich dem Grundsatz: Die Seele will geduzt werden!

Im weiteren Verlauf kann der Leiter zusätzliche Fragen an das innere Teammitglied stellen, die

- auf dessen ursprüngliche oder wirkliche Absichten hinweisen,
- die Hintergründe der Absichten und seine Gefühle erforschen,
- seine gewünschte Rolle im inneren Team betreffen,
- seine Widersacher im inneren Team betreffen, oder überhaupt
- auf die Beziehung zu anderen Teilen fokussieren und
- seine Wünsche an die Gesamtperson (und damit an das Oberhaupt) verdeutlichen.

Keine direktive Haltung bei der Arbeit mit dem inneren Team

Die Reaktionen des Leiters auf die Antworten können sehr unterschiedlich ausfallen, sollten aber niemals direktiv sein. Mit der Forscherhaltung des Nichtwissenden sollte er vor allem aktiv zuhören. Ich bevorzuge es auch, wenn ein Teammitglied etwas wortkarg und einsilbig antwortet, in die Rolle eines naiv-überraschten Leiters zu gehen. Frage ich das Teammitglied beispielsweise, wie es zum Protagonisten steht, und es antwortet: „Nicht gut, der hört ja nie zu!" so könnte meine Reaktion sein: „Oh, das überrascht mich aber. Ich hätte gedacht, ihr beiden seid schon lange in regem Kontakt. Das macht mich neugierig. Erzähl mal, wie ist es dazu gekommen?" Dadurch versuche ich das Teammitglied anzuregen, sich und die Hintergründe genauer zu erforschen.

Diese Interviewphase ist abgeschlossen, wenn die Protagonistin sich gut mit der Grenzwächterin identifiziert hat und der Leiter die Informationen bekommen hat, von denen er glaubt, dass sie wichtig sind. Jetzt beginnt die dialogische Phase, in der sich die Gesamtperson mit der Grenzwächterin unterhalten kann. Dazu wechselt die Protagonistin jeweils die Stühle. Vielleicht sagt sie auf dem Stuhl der Gesamtperson: „Also ich weiß ja genau, warum du da bist, und es ist auch gut, dass ich dich habe. Aber eines möchte ich doch sagen, manchmal bist du mir einfach zu voreilig. Ich würde mir wünschen, dass du nicht immer sofort das Nein hinausposaunst. Manchmal ist ja Nachfragen oder selber Nachgeben auch nicht schlecht – oder?" Jetzt weist der Leiter sie an, den Stuhl zu wechseln und als Grenzwächterin zu antworten. Diese Wechsel finden so häufig statt, bis eine Klärung oder eine Absprache zwischen beiden erzielt worden ist, die beide zufrieden stellt. Diesen Prozess kann der Leiter durch Doppeln unterstützen.

Insgesamt muss er dafür sorgen, dass jederzeit deutlich ist, wer gerade mit wem spricht. Da Protagonisten manchmal unbeabsichtigt und unbemerkt ihren Zustand verändern, kann es geschehen, dass die Protagonistin zwar auf dem Stuhl der Grenzwächterin sitzt, aber als Gesamtperson redet. Der Leiter muss deshalb genau beobachten, ob die Protagonistin ihren Zustand gewechselt hat. Es gehört nach meiner Erfahrung zu den häufigsten Fehlern von lernenden Anfängern, dass sie nicht mitbekommen, wer auf der Bühne gerade mit wem spricht. Dies ist auch verständlich, da die Veränderung manchmal nur am Klang der Stimme oder im Wechsel der Körperhaltung zu bemerken ist.

Beendet werden sollte die Arbeit auf dem Stuhl, der für die Gesamtperson zuständig ist. Dies soll der Integration der Protagonistin dienen. Sie verlässt die Bühne genauso, wie sie eingetreten ist, als ganze Person. Wieder auf ihrem Teilnehmerstuhl zurückgekehrt, beginnt die Auswertungsphase (s. S. 141).

Unliebsame Außenseiter

Unliebsame Außenseiter sind die Mitglieder unseres inneren Teams, von denen wir denken, dass wir mit ihnen keinen guten Eindruck machen können und dass wir uns für sie schämen müssen. Da wir sie für sozial unerwünscht, lächerlich, verwerflich oder unnormal halten, werden sie abgewertet, ausgegrenzt und ins innerliche Abseits geschickt. Sie stören das Selbstbild, passen nicht in unser Ideal-Ich und sollen von anderen, aber auch von sich selbst nicht wahrgenommen werden. Sie gehören auf die persönliche Müllkippe. Deshalb werden diese Regungen und Impulse von der inneren Bühne verbannt. Damit ist man sie aber nicht los. Im Gegenteil, jetzt entwickeln diese Teammitglieder eine starke Dynamik, da sie gegen die innere Ablehnung und für ihre Daseinsberechtigung kämpfen müssen. Damit ein gesunder Umgang mit ihnen und dadurch mit sich selbst möglich wird, müssen wir häufig diese Teammitglieder genauer erforschen und ihre Daseinsberechtigung ermöglichen.

Das Vorgehen gleicht dem vorherigen Prozess. Was zusätzlich beachtet werden muss, ist, dass sich häufig und manchmal unbemerkt ein Teammitglied zusätzlich auf der Bühne befindet: die Scham. Dieses Teammitglied kann den Prozess erlahmen lassen oder sogar ganz verhindern wollen. In diesem Fall muss ebenfalls mit diesem Teammitglied gearbeitet werden, häufig sogar vorrangig, damit die Arbeit mit dem unliebsamen Außenseiter überhaupt möglich wird. Außerdem lohnt es sich, den Teil zu erkunden, der mit Empörung an der Ausgrenzung des Außenseiters arbeitet.

In unserem Beispiel könnte es sich bezüglich eines Außenseiters um die zarte Seite der Protagonistin handeln. Sie mag es vielleicht nicht, wenn sie zögerlich wirkt und sich unsicher fühlt. Vielleicht nennt sie dieses Teammitglied „die Unsichere". Würde der Trainer von der Protagonistin den Auftrag bekommen, sie dabei zu unterstützen, sich in Bezug auf dieses Teammitglied selbst zu klären, so besteht seine Aufgabe darin, diesem abgelehnten inneren Außenseiter einmal die Chance zu geben, sich zu äußern. Dazu könnte er ihr wieder einen Stuhl für dieses Schattengewächs bereitstellen und sie bitten: „Setzen Sie sich mal auf den Stuhl der Unsicheren, schlüpfen Sie mal in ihre Haut und sprechen alles aus, was die Unsichere zu sagen hat."

Protagonistin (als Unsichere): „Unsicher bin ich gar nicht gerne. Dieses Gefühl ist mir einfach zuwider, und immer wenn ich das spüre, dann kämpfe ich dagegen an." Trainer: „Wer spricht da gerade? Mir scheint, dass da jemand spricht, der die Unsichere ablehnt und gegen sie kämpft. Wer ist das?" Protagonistin: „Das ist meine harte Seite." Trainer: „Setzen wir die 'Harte' mal auf einen extra Stuhl und hören wir mal, was dieses Teammitglied zu sagen hat. Danach können wir dann wieder zu dir Unsicheren zurückkommen – einverstanden?". Nachdem die Protagonistin zugestimmt hat, wechselt sie den Stuhl und sagt als Harte: „Man muss sich im Leben durchbeißen. Das habe ich schon ganz früh gelernt. Ich bin die älteste von drei Geschwistern, und unser Vater ist früh gestorben. Meine Mutter hatte sich zwar sehr bemüht, aber ich musste ihr doch vieles abnehmen. Ich habe mir alles selbst erarbeitet und war außerdem noch Vorkämpferin für die beiden Kleinen. Ich habe sogar die Jungs verjagt, wenn sie meinem kleinen Bruder etwas tun wollten. Das Kämpfen ist mir zur zweiten Natur geworden, und gefallen lasse ich mir nichts." Trainer: „Du passt immer auf, dass Frau Knurr nichts geschieht?!" Protagonistin (als Harte): „Richtig. Ich sorge für sie!" Trainer: „Setzen Sie sich jetzt bitte einmal auf den Stuhl der Unsicheren." Die Protagonistin wechselt die Stühle und sagt als Unsichere: „Na ja, manchmal bin ich einfach unsicher. Kommt ja selten genug vor, aber ich muss zugeben, dass es so ist. Das sollte aber keiner sehen." Trainer: „Das dich keiner sehen soll, sagt wahrscheinlich die Harte – oder bist du selbst der Meinung?" Unsichere: „Na ja, die redet so, aber ich mag mich auch nicht gerne zeigen." Trainer: „Warum nicht?" Unsichere: „Dann bekomme ich Angst. Wenn ich da bin, ist das einfach nur blöd. Unsicher-Sein ist blöd. Aber dass ich mich auch noch zeigen soll – nein, dann wird es gefährlich!" Trainer: „Welche Gefahr droht denn dann?" Unsichere (zögerlich): „...schwer zu sagen. Irgendwie fühle ich mich dann einfach nicht mehr sicher." Trainer doppelt: „Ich fühle mich dann nicht mehr beschützt." Unsichere: „Ja, das stimmt. Die Harte beschützt mich. Hat ja sonst keiner getan. Und wenn ich dann neu in der Abteilung bin, dann komme nicht ich heraus, sondern die Harte. – Schweigen – Das muss ja für die Kollegen auch irgendwie komisch sein. Eine Neue mit so einer großen Klappe. Ich müsste wahrscheinlich manchmal..." usw. Hoffentlich bekommt der Trainer mit, dass jetzt gerade nicht mehr die Unsichere spricht, sondern die Gesamtperson.

Jetzt bahnt sich bei der Protagonistin eine Teamentwicklung an, die vom Trainer unterstützt werden kann. Vielleicht bekommt die Protagonistin nach der Anliegenbearbeitung die kleine Hausaufgabe, dass jedesmal, wenn im weiteren Verlauf des Seminars die Unsicherheit spürbar wird, sich diese zu Worte melden darf und soll. Die Aufgabe hat ihren Sinn darin, dass dieses Teammitglied bisher wenig Gelegenheit hatte, sich zu zeigen und sich im Kontakt nach außen hin auszuprobieren. Außenseiter, die lange in der Verbannung ihr Dasein fristen mussten, sind, wenn sie ans Tageslicht gelangen können, häufig zunächst ungeschickt. Sie wirken eckig und linkisch. Manchmal ist es hilfreich, wenn sie zunächst in einem geschützten Rahmen ihre ersten Gehversuche machen dürfen. Handelt es sich dabei um eher kämpferische Teammitglieder, wo es ums Streiten, Abgrenzen oder Durchsetzen geht, kann das neue Verhalten ruppig, barsch und brüsk wirken. Das soziale Umfeld muss dann einiges aushalten und sich auf die veränderte Beziehung einstellen. Vielleicht lässt der Trainer bei diesem Verdacht den Protagonisten im übenden Rollenspiel ausprobieren, diese Seite zu zeigen, und bei zu großer Wucht eine Erklärung abgeben, die ungefähr so lauten könnte: „Tut mir leid, dass ich etwas überreagiere und Sie verletzt habe. Ich habe in letzter Zeit so viel runtergeschluckt, dass es jetzt manchmal auch für mich sehr plötzlich und heftig herauskommt."

Der innere Quälgeist

Sehr häufig handelt es sich bei der Anliegenbearbeitung im innerpsychischen Bereich um ein Teammitglied, das dem Protagonisten besonders stark zu schaffen macht. Vielleicht äußert ein Protagonist: „Na ja, ich zähl` ja sowieso nichts" oder „Ich mache immer alles falsch", oder wenn er etwas Mutiges und Neues ausprobieren will, sagt er sich: „Es wird nicht funktionieren. Es ist bestimmt dumm".

Diese Negativaussagen deuten an, dass da ein inneres Teammitglied am Werke ist, das auf irgendeine Art und Weise nicht zufrieden ist, sondern dauernd mäkelt, nörgelt oder meckert. Diese Stimme hat wenig Verständnis und keinerlei Mitleid. Wenn der Protagonist sich schlecht fühlt, wird sie wahrscheinlich nicht fragen, weshalb. Vielmehr wird sie etwas sagen wie: „Das ist alles deine eigene Schuld. Du hättest ... tun sollen!"

Dieser unangenehme Zeitgenosse wird, wenn er mit vernichtenden Abwertungen spricht, von Protagonisten häufig als der Ankläger mit Dauervorwurf, der Skeptiker mit ständigen Selbstzweifeln oder sogar als der innere Niedermacher bezeichnet. Für manche ist es ein innerer Antreiber, der einen immer wieder anstachelt, an die Leistungsgrenze und manchmal sogar darüber hinaus zu gehen; für andere ein Miesmacher, der einem die gute Laune verdirbt und verhindert, dass man Erfolge unbeschwert vor sich selbst würdigt und innerlich feiert.

Vielleicht sagt ein innerer Quälgeist penetrant: „Du doch nicht! Das schaffst du niemals!" oder: „Du bist viel zu gehemmt und unsicher! Du hast einen Minderwertigkeitskomplex!" oder noch massiver: „Du bist nichts wert! Aus dir wird sowieso nie etwas!"
Häufig handelt es sich dabei um eine Stimme, die aus dem Verborgenen die Fäden zieht und den Protagonisten immer daran erinnert, dass er kein Recht hat, es sich gutgehen zu lassen. Ohne großartigen Auftritt auf der inneren Bühne souffliert sie bei jeder passenden Gelegenheit: „Es steht dir nicht zu,... (zufrieden, fröhlich, glücklich etc.)... zu sein!", so dass immer eher das Beschwerliche im Vordergrund des Erlebens steht.

Abb. 18:
Der innere Niedermacher

Der innere Quälgeist kann sich aber auch altruistisch zeigen. Ein Protagonist hatte beispielsweise seinen inneren „Sanitäter" entdeckt, der das innere Team häufig „ausbremst". Der Protagonist sagte: „Ich musste immer schon Rücksicht nehmen, mein ganzes Leben lang. Ich habe einen behinderten Bruder, den ich immer mit Nachsicht behandeln musste. Er hatte zu Hause stets 'Narrenfreiheit'. Diese ständige Rücksichtnahme bin ich seitdem nicht wieder losgeworden." Sein Ziel war, dass der innere Sanitäter Mitspracherecht im inneren Team haben darf, aber nicht mehr zentrales Vetorecht oder sogar dominierendes Vorrecht.

Die Gesamtperson reagiert auf den inneren Quälgeist vielleicht zerknirscht, eingeschüchtert, verunsichert, ängstlich oder schuldbewusst. Aber auch solche inneren Quälgeister werden wir durch eine abwehrende Haltung nicht los. Auch sie gehen dann in den Untergrund, boykottieren aus dem Verborgenen und nagen an unserer Lebensfreude.

Eine vorrangige Aufgabe des Teamchefs unseres inneren Teams besteht deshalb darin, alle Stimmen zu kennen, auch die lästigen Störenfriede, die uns so unangenehm zusetzen. Da wir aber mit den inneren Quälgeistern unsere Mühe und Schwierigkeiten haben, wollen wir gerade diese gerne übersehen, ihre Worte überhören und eine Auseinandersetzung mit ihnen vermeiden. Die ständige Verdrängungsleistung kostet jedoch nicht nur seelische Muskelkraft, sondern vermiest uns langfristig gesehen auch noch die Stimmung. Im psychoanalytischen Sprachgebrauch würde man sagen, dass es sich bei dem „inneren Quälgeist" um unser „negatives Über-Ich", das aus einer Summe von Einstellungen und Haltungen besteht, die gegen sich selbst gewandt sind. Gewöhnlich ist es verbietend, wütend, feindselig, angreiferisch und energieraubend. Es besteht aus allen introjizierten, schon früh verinnerlichten „Du solltest…" oder „Du solltest nicht…" -Sätzen (wie man sein sollte, in Bezug auf Werte, Ideen, Lebensweise etc.). Vielleicht wurden wir zum Schlucken gezwungen, vielleicht wurde beharrlich in uns eingeträufelt, Tropfen für Tropfen. Vielleicht war es damals sogar angebracht, die bittere Medizin zu schlucken; ob es heute noch Sinn hat, sollte überprüft werden.

Bei unserer Protagonistin könnte es sich in diesem Fall vielleicht um das Teammitglied handeln, das sehr hohe Ansprüche an sie stellt. Diese Erwartungshaltung an sich selbst ist manchmal so stark, dass sie die entsprechenden Situationen lieber meidet oder sie dann schüchtern und verzagt sein lässt. Vielleicht nennt sie dieses Teammitglied ihren inneren Kritiker, der nur zufrieden ist, wenn sie fehlerfrei und perfekt ist. Spricht sie von Angst, dann befürchtet sie eher, den hohen Ansprüchen des inneren Kritikers nicht genügen zu können. Bekommt der Leiter den Auftrag, mit ihr zu dieser Thematik zu arbeiten, kann ihr in der erlebnisaktivierenden Anliegenarbeit die Möglichkeit geboten werden, diesen inneren Quälgeist einmal besser kennenzulernen.

Die Protagonistin soll sich auch bei dieser Variante mit ihrem inneren Teammitglied identifizieren und einmal in dessen Rolle schlüpfen. In der Identifikation mit dem inneren Kritiker soll sie alles sagen, was dieses Teammitglied zu sagen hat. Häufig äußert sich der innere Quälgeist wie eine Autoritätsperson, die mit erhobenem Zeigefinger predigt: „Wie oft habe ich dir schon gesagt…?", und er bringt mit der Stimme eines Anklagevertreters hervor, was die Protagonistin alles falsch macht. Typisch für die Äußerungen eines inneren Quälgeistes ist auch, dass sich seine Inhalte ständig wiederholen, dass sie immer ähnlich klingen, selten auf Tatsachen beruhen und zumeist sehr moralisch oder generalisierend und dadurch übermäßig vereinfachend sind: „Du bist einfach für Vorträge nicht geeignet" oder „… eben einfach ängstlich!".

Der Leiter kann die Protagonistin jetzt darin unterstützen, ihren „inneren Kritiker" genauer unter die Lupe zu nehmen und dabei dessen Einstellungen, Ansprüche und positiven Absichten zu erforschen. So bekommt die Protagonistin die Möglichkeit, diesen Teil von sich deutlicher zu spüren und genauer kennenzulernen.

Ist die Erforschung abgeschlossen, kann die Protagonistin, nachdem sie den Stuhl gewechselt hat, dem „inneren Kritiker" als Gesamtperson antworten und ihm von dort begegnen. In dem sich jetzt entwickelnden Dialog bewegt sich die Protagonistin zwischen den Stühlen hin und her und spricht einmal als innerer Kritiker und dann wieder als Gesamtperson, dies so lange, wie es notwendig ist, um einen Fortschritt in der Beziehung zwischen beiden zu erreichen. Der Leiter unterstützt diesen Prozess, indem er die Protagonistin bei der Klärungsarbeit innerlich begleitet und vorschlägt, bestimmte Fragen an den anderen zu stellen, den jeweiligen Rollenwechsel anweist, bei Bedarf durch Doppeln den Prozess vertieft und insgesamt dafür sorgt, dass jeder dem anderen zuhört.

Regel:
Der Protagonist ist für die Inhalte zuständig, der Leiter für den Prozess!

Vielleicht entsteht ein kämpferischer Dialog zwischen der Protagonistin und ihrem „inneren Kritiker" – vielleicht ist sie aber auch ihrem Kritiker hilflos und wehrlos ausgeliefert und wird als Gesamtperson immer passiver. Vielleicht wird im Prozess ein Muster der Protagonistin deutlich, welches durch Schuldgefühle oder die Unfähigkeit, frei zu handeln, charakterisiert ist. Die Angriffe des inneren Kritikers sind häufig gegen das Leben gerichtete Vermeidungshaltungen. Vielleicht kann der Leiter das Muster erkennen und seine Wahrnehmung der Protagonistin anbieten. Manchmal liegt die eigentliche Arbeit aber auch darin, dass die Protagonistin deutlicher von innen heraus erspürt, dass sie nicht nur das passive Opfer dieses Teils ihrer Persönlichkeit ist, sondern dass es sich um einen aktiven Teil ihres Selbst handelt. Vielleicht spürt die Protagonistin aber auch, wie sich in ihrem Innersten etwas rührt, das zuvor nicht wahrnehmbar war. Etwas, das auf mehr Leben oder auf mehr Gelassenheit hinweist. Vielleicht handelt es sich bei ihr um ein zartes Gefühl, das sie sonst immer gerne durch Härte und burschikoses Auftreten unterdrückt, oder um das Zulassen von Unsicherheit. Vielleicht kann sie, so gestärkt, einmal im Seminar einen Vortrag halten, der zwar nicht perfekt, dafür aber menschlich wirkt.

Phasenweise kann der Leiter auch selbst direkt mit dem inneren Kritiker der Protagonistin sprechen. Diese Intervention kann er nutzen, wenn er z.B. bemerkt, dass die Gesamtperson keine explorierenden Fragen zum Verständnis stellt, sondern auf den inneren Niedermacher kritisch losgeht und sich die Beziehung zwischen beiden eher verschlechtert als verbessert. Sollte dies der Fall sein, so muss der Leiter entscheiden, ob es sinnvoll ist, diesen Prozess zunächst einmal zuzulassen, oder ob er ihn in eine andere Richtung lenken will.

Stellt der Leiter fest, dass die Beziehung zwischen dem „inneren Niedermacher“ und der Gesamtperson konfliktgeladen ist, und sieht, dass beide nicht über ihre Beziehung reden, sondern sich in gegenseitigen Vorwürfen verheddern, kann er seine Wahrnehmung beiden rückmelden und sie auffordern, einmal mit dem „Vorwurfsspiel“ aufzuhören und direkt über ihre Beziehung zu sprechen (Rollen und Aufgaben im inneren Team, gegenseitige Wünsche etc.)

Die Arbeit mit dem inneren Team immer unparteilich und ohne Lösungsdruck

Bei dieser Arbeit darf der Leiter nicht der Gefahr unterliegen, selbst Partei gegen das destruktiv wirkende Teammitglied einzunehmen. Auch dieses Teammitglied muss als Mitglied eines Systems im inneren Kontext betrachtet werden. Die häufig vom Protagonisten gewünschte Lösung: „Da du so unangenehm bist und mir sehr zu schaffen machst, möchte ich dich ein für alle Mal loswerden!“ ist zwar auf den ersten Blick verständlich, stellt aber bei genauer Betrachtung einen Wunsch der bisher unterdrückten Teammitglieder dar. „Kündigung“ wäre hier eine schlechte Lösung. Es ist eher die Frage, welche innere Organisation helfen kann, konstruktivere Umgangsweisen zu schaffen.

So wie ein Familientherapeut begreift, dass die extreme Art und Weise, in der sich manche Familienmitglieder verhalten, nicht unbedingt die Folge einer persönlichen Pathologie ist, sondern oft direkt mit der Dynamik im Familiensystem in Verbindung steht, sollte der Berater einem inneren Quälgeist oder anderen extrem destruktiven Teammitgliedern nicht die Haltung entgegen bringen: Du bist negativ!, sondern diesen Teil in seinen extremen Rollen sehen, in denen er festsitzt, aber evtl. auch von anderen Teammitgliedern festgehalten wird. Der Berater sollte immer das Gesamtteam als System im Blick behalten, in das einzelne Teammitglieder eingebettet sind. Auch wenn ein bestimmtes Teammitglied eher destruktive Energie besitzt, so will es im Grunde doch nur mit seiner ursprünglich guten Absicht anerkannt werden. Es ist ja nicht aus dem Nichts entstanden, sondern besitzt eine biographische Leistung, die gewürdigt werden will. In unserem Beispiel erwähnt die Protagonistin beispielsweise einen Vorfall, bei dem ein Kollege auf nicht förderliche Weise ihr eine negative Rückmeldung gegeben hat.

Eine Art, mit dem inneren Kritiker umzugehen, besteht auch darin, ihm beizupflichten und ihn zu ermutigen, seine Ansichten und Absichten zu übertreiben. Irgendwann wird dem Protagonisten vielleicht deutlich, wie absurd, komisch, lächerlich und für die heutige Zeit überflüssig die ganze Sache ist, und lacht den „inneren Kritiker“ von der Bühne.

Beachte jederzeit, wer gerade spricht

Der Leiter sollte auch bei dieser Arbeit mit dem inneren Team immer genau darauf achten: Wer spricht auf der Bühne mit wem? Spricht wirklich die Protagonistin als Gesamtperson mit einem Teammitglied, oder sprechen inzwischen nicht in Wirklichkeit zwei Teile der Protagonistin miteinander? Zwei Gründe für diese schleichende Veränderung im Prozess sind dabei von Bedeutung:

- Das Oberhaupt der Protagonistin hat sich zu stark mit einer Fraktion ihres inneren Teams identifiziert. Die Protagonistin bekommt diese Verbrüderung (Verschwesterung) nicht mit und bemerkt deshalb nicht, dass nicht sie als Gesamtperson so spricht, sondern nur ein Teil von ihr, nur eine innere Fraktion des inneren Teams.
- Das Ich der Protagonistin kann sich nicht genügend in der Führungsrolle abgrenzen, so dass ein dominantes Teammitglied als Ich-Ersatz die Führungsrolle übernommen hat.

Bei unserer Protagonistin könnte es sich beispielsweise in beiden Fällen um die Harte handeln, die ihr zur zweiten Natur geworden ist. In beiden Fällen leistet die innere Teamführung ihren Beitrag dazu, dass das innere Team auf eher destruktive Art und Weise geführt und ein innerer Konflikt angeheizt wird. Die Teammitglieder, die nicht gesehen und nicht gewürdigt werden, müssen ihre Kräfte verdoppeln, was zu einer erneuten ungünstigen Eskalationsstufe beiträgt. Unbemerkt vom Leiter beobachtet dann das Ich des Protagonisten schweigend die Interaktion der beiden Teile, so wie es bei der Interventionsmöglichkeit „...Zwei Seelen, ach, in meiner Brust“ gedacht ist. Dort wird allerdings bewusst, stimmig und begründet so gearbeitet und nicht unbemerkt, unreflektiert und ohne genaue Exploration.

Variante: Der innere Quälgeist spricht mit dem ursprünglich äußeren Widersacher

Hier gehen wir von der Grundannahme aus, dass einer gestörten Beziehung zu sich selbst eine äußere Beziehungsstörung vorausgeht. Theoretisch betrachtet, könnte man viele innere Teammitglieder als Spiegelungen vergangener Interaktionen und Beziehungsmuster verstehen. Sie wurden eingestellt, als uns eine wichtige Bezugsperson auf eine bestimmte Art und Weise begegnet ist. Vielleicht haben wir uns mit dieser Person identifiziert, und das entsprechende innere Teammitglied stellt die innere Repräsentanz dieser Identifizierung und damit diesen Menschen dar. Oder wir haben uns gegen die negative Behandlung der Bezugsperson gewehrt, und das sich wehrende Teammitglied stellt die innere Repräsentanz des mit der entsprechenden Interaktion verbundenen affektiven Zustandes dar.

In beiden Fällen handelt es sich um die innen gespeicherte Ich-Funktion einer äußeren Objekterfahrung. Weniger theoretisch ausgedrückt, haben wir etwas verinnerlicht, was uns früher von außen konkret begegnet ist. Vielleicht hatte ein Protagonist in den ersten Jahren seiner beruflichen Ausbildung einen Lehrherrn, der ihm ständig vermittelt hat, dass seine Arbeit wenig wert ist. Er wurde als billige Arbeitskraft behandelt, sollte niedrige Arbeit möglichst effektiv verrichten, und der Satz „Lehrjahre sind keine Herrenjahre" wurde als Alibi und Rechtfertigung für Demütigung und Erniedrigung benutzt. Der Protagonist wurde zum Objekt der Allmachtsphantasien seines Lehrherrn. Jener hat vielleicht seinen geringen Selbstwert auf den Lehrling projiziert – dieser hat die Bewertung des Lehrherrn unbemerkt übernommen. Die projektive Bewertung des Lehrherrn wurde zum Introjekt des Lehrlings.

Da die ersten Berufsjahre eine wichtige Phase für die berufliche Identitätsfindung darstellen, hatte diese Negativerfahrung dazu geführt, dass sich der Protagonist noch 10 Jahre später mit ständigem Selbstzweifel plagt. Der Satz: „Das kannst du sowieso nicht!" kam ursprünglich von seinem Lehrherrn, also von außen. Jetzt dient er jedoch dem Teammitglied „Selbstzweifel" für seine Alltagsattacken, Selbstzweifel und inneren Quälereien.

Der Protagonist leidet vielleicht unter seinem jetzigen Chef, da dieser ihn nicht genug fördert oder ihm nur wenig zutraut. Dies kann jedoch das Ergebnis eines Teufelskreises sein. Da der Protagonist sich selbst nicht viel zutraut, verhält er sich eher zögerlich, zweifelnd. Seine zaghafte Unentschlossenheit erzeugt bei dem jetzigen Vorgesetzten den Eindruck, dass den Protagonisten neue Aufgaben überfordern. Da er es mit dem Protagonisten gut meint und er ihn nicht überfordern will, übergibt er neue Aufgaben lieber anderen Kollegen. Was den inneren „Selbstzweifler" nur wieder neues Argumentationsfutter bietet: „Wusste ich es doch, keiner....!"

Vielleicht ist es für den Protagonisten hilfreich, dass sein innerer „Selbstzweifel" sich einmal in einem Rollenspiel mit seinem ursprünglichen Widersacher, dem früheren Lehrherrn, auseinandersetzt. Durch diese Auseinandersetzung bekommt der Protagonist die Gelegenheit, sich zu entgiften. Er kann seinem alten Lehrherrn jetzt einmal sagen, was dieser ihm alles angetan hat, und ihm seine ganze damals heruntergeschluckte Wut und Entrüstung vor die Füße schleudern. Nach dieser Entgiftung kann er, jetzt vielleicht gestärkt und mit Stolz, seinem Lehrherrn sagen, wie er sich weiterentwickelt hat und welche Kompetenzen er inzwischen ansammeln konnte.

Bei dieser Variante richtet sich der innere „Selbstzweifel" an die Stelle und an die Person, wo sie ursprünglich initiiert wurde. Der Leiter kann bei dieser Arbeit entscheiden, ob er den Protagonisten in der Rolle des inneren „Selbstzweifels" lässt, damit dieser sich einmal freireden kann. Er kann ihn aber auch durch mehrmaligen Rollentausch immer wieder in die Rolle des ehemaligen Lehrherrn gehen lassen. In dieser Rolle könnte er dessen Macht spüren und diese, wenn er wieder zurück in die Rolle des „Selbstzweifels" geht, mit hinübernehmen. Indem dieser Rollentausch mehrmals praktiziert wird, besteht die hohe Wahrscheinlichkeit, dass er in der Rolle des „Selbstzweifels" nicht nur Ohnmacht, sondern auch Macht, nicht nur Zweifel, sondern auch Anspruch empfindet (da er sie aus der Rolle des alten Chefs mit hinüberbringt, s.Seite 124).

Falls der Protagonist noch die Kraft hat und es sinnvoll ist, kann danach der Protagonist als Gesamtperson mit dem „Selbstzweifel" erneut in Kontakt treten, um eine neue, jetzt konstruktivere Beziehung zu ihm aufzubauen. Vielleicht wird dabei ein positiver Aspekt des Selbstzweifelns deutlich, da der „Selbstzweifel" zum gesunden inneren Gegenspieler für „Überheblichkeit" transformiert wird.

Bei unserer Protagonistin wäre der „äußere Widersacher" vielleicht der ehemalige Kollege, der ihr gesagt hat, dass „Vorträge wohl nichts für sie sind". Womöglich können in der Konfrontation mit dem Kollegen auf der Rollenspielbühne ihr inzwischen gewachsenes Selbstbewusstsein und ihre Härte sie darin unterstützen, dass der Satz seine Vermeidungskraft verliert und relativiert wird. Ihre Lebenstüchtigkeit wird ihr vielleicht dann helfen, sich der auf sie zukommenden Anforderung, eine Präsentation zu halten, zu stellen.

Die innere Weisheit

Bei der Arbeit mit dem inneren Team kann der Leiter auch auf die positiven Kräfte des Protagonisten fokussieren. Diese inneren Kräfte würde die Medizin vielleicht die Selbstheilungskräfte oder das autonome Heilungszentrum des Menschen nennen. Im Seelenleben repräsentiert das selbst organisierende Prinzip des „gesunden Selbst", von dem Heilung und kreative Lösungen ausgehen können, diese Instanz. Sie wird auch der „innere Ratgeber", die „innere Weisheit" oder die „Intelligenz des Herzens" (Blaise Pascal) genannt.

Letztlich können wir nie ganz verstehen, was diese „innere Weisheit" ist. Wir können manchmal ihre Wirkung an der Oberfläche des Verhaltens staunend zur Kenntnis nehmen und eine verneigende Haltung ihr gegenüber einnehmen. Diese psychische Instanz weiß, was für uns gut, richtig und wichtig ist. Sie ist als positive kreative Energie in uns vorhanden und potentiell jedem Menschen zugänglich. Sie ist wahrhaftig, lebensklug, wissend, kreativ, liebevoll-ehrlich und weiß als intuitiver Ratgeber und Wegweiser, „ob wir noch auf der richtigen Lebensspur" sind, wie es ein Teilnehmer einmal formulierte. Die innere Weisheit ist nicht unserem Ego unterstellt und kann auch da wirksam sein, wo sie für uns unbequem ist.

Jeder hat diese ihm eigene Weisheit in sich. Sie wird jedoch unterschiedlich benannt. Für manche ist es der „innere Beistand", für andere ein „weiser Indianer", eine „alte weise Frau" oder der hauseigene „innere Psychologe". Für mich ist es mein „innerer Bauer", da meine Vorfahren aus einer Kleinstadt und ländlichen Gegend stammen. Mein innerer Bauer steht erdverbunden, ruhig und sinnlich auf seiner Scholle und lässt sich nicht durch die glitzernde, werbende Welt verrückt machen. Er hat den Charme der Bauernschläue, weiß um alte Mythen, erkennt tiefe Grundwahrheiten und ist voller Lebensweisheit. Er lehrt mich beispielsweise, dass es für meine Lebendigkeit manchmal besser ist, wenn ich lerne, Fehler zu bereuen, als ständig zu versuchen, sie zu vermeiden.
Wie wir den inneren Ratgeber nennen, spielt vielleicht eine zweitrangige Rolle. Es ist jemand in uns, der uns ziemlich gut kennt, fast schon so lange, wie wir alt sind. Es ist auch derjenige Teil von uns, der uns ziemlich gut durchschaut und weiß, was uns in Wirklichkeit gut tut. Jeder hat ihn in sich, aber häufig hören wir ihn nicht, weil das Außengetöse unserer schrillen Reklame-, satten Konsum- und hektischen Leistungsgesellschaft so laut ist. Mit unserem Außenohr hören wir die Ratschlaggeber, die uns sagen, was wir alles tun sollten und was vernünftig wäre, wir hören vielleicht noch die Einflüsterer von früher und das Appellgedröhne des operativen Tagesgeschäfts. Die leisen Töne der inneren Weisheit sind dabei kaum noch zu hören – aber die Sehnsucht bleibt. Das ist auch der Grund, warum man seit Jahrhunderten immer wieder die Stille sucht, um in christlicher oder östlicher Tradition durch Meditation, Stillsitzen oder Exerzitien zu sich zu kommen. Indem wir Kontakt mit der inneren Weisheit aufnehmen, bekommt dieser Teil unserer Persönlichkeit seelische Muskelkraft.

Bei quälenden, zweifelnden Fragen an sich selbst oder bei wichtigen Fragen bezüglich der Lebensgestaltung, die mit der Bitte um Rat an einen Seminarleiter herangetragen werden, kann der Trainer diesen „inneren Ratgeber" des Protagonisten für eine Antwort zu Hilfe holen. So wird der Seminarleiter von der Aufgabe entlastet, „Lösungsbringer" zu sein, und schafft stattdessen die Voraussetzungen zu Selbstfindung und Selbsterkenntnis.

In unserem Beispiel stellt die Protagonistin dem Trainer vielleicht die Frage, ob er genauso wie ihr damaliger Kollege glaubt, dass sie für die exponierte Rolle bei einer Präsentation nicht die geeignete Person sei und lieber den an sie herangetragenen Arbeitsauftrag zurückgeben solle. Es wäre ungeschickt, wenn der Trainer ihr jetzt seinen Eindruck mitteilen oder die Gruppe zu einem Feedback auffordern würde. Dadurch würde die Protagonistin zwar die Möglichkeit bekommen, die subjektive Rückmeldung ihres Kollegen auf ein breiteres Feedback-Fundament zu stellen. Ob es gelingen würde, die Hintergründe für die Verunsicherung des Selbstbildes ins Blickfeld zu bekommen, bliebe dabei offen. Außerdem besteht dann die Gefahr, dass ihre Abhängigkeit von äußeren Bewertern verstärkt würde.

Der Leiter könnte der Protagonistin deshalb helfen, Kontakt mit der inneren Weisheit aufzunehmen, um dieser die Frage zu stellen: „Bin ich geeignet?" und dann zu schauen, welche Antwort sie hat.

Dazu erklärt der Leiter der Protagonistin zunächst einmal seine Absicht und hilft ihr, Kontakt mit ihrer inneren Weisheit aufzunehmen. Dies kann durch eine Entspannungsphase oder angeleitete Kurz-Meditation geschehen. Die Übung kann so angeleitet sein, dass die gesamte Gruppe daran beteiligt ist, so dass jeder Teilnehmer den Kontakt zu seiner eigenen inneren Weisheit bekommt (siehe unten). Die Protagonistin kann jetzt schauen, wen sie bei dieser Übung in sich findet, wie ihre subjektive innere Weisheit aussieht, und ihr einen Namen geben.

Jetzt kann der Leiter die Protagonistin fragen, wie und wo sie der Weisheit begegnen möchte. Der Fantasie sind hier keine Grenzen gesetzt. Manche wollen dies auf einem Berg, andere in einer Höhle oder auf einer Wiese. Die Situation wird so aufgebaut, wie die Protagonistin es vorschlägt. Vielleicht ist für Frau Knurr die innere Weisheit eine alte Frau aus Afrika, die an einem Feuer sitzt und auf sie wartet. Nachdem die Protagonistin sich für die weise schwarze Frau eine Rollenspielpartnerin ausgesucht hat, wird das Feuer auf der Rollenspielbühne improvisierend dargestellt, und die Protagonistin soll sich zunächst in einigem Abstand auf der Bühne hinstellen. Hier kann sie sich einmal Zeit lassen, sich selbst wahrzunehmen, ihren Atem und ihren Körper zu spüren, und anschließend ihre Aufmerksamkeit auf das Feuer und die alte schwarze Frau richten. Wenn ihr das Bild deutlich geworden ist, kann sie dem Leiter ein Zeichen geben. Der Leiter bittet die

Protagonistin jetzt, die Rollen zu tauschen und sich mit der weisen schwarzen Frau zu identifizieren. Auch hier muss er der Protagonistin wieder die Zeit lassen, die sie für die Identifikation braucht. Ist die Protagonistin vollständig in der Rolle, so kann sie als schwarze Frau sprechen und sagen, wer sie ist, wie sie aussieht, und sie bekommt Zeit, über sich und ihre Fähigkeiten und Eigenschaften zu berichten. Durch identifikationsstiftende Fragen kann der Leiter diesen Prozess verstärken: Kommen viele Leute zu Ihnen? Was machen Sie, wenn die Leute Fragen an Sie richten? Woher haben Sie ihre Weisheit? etc. Ist die Identifikation gelungen, findet wieder ein Rollenwechsel statt, und die Protagonistin kann jetzt als Frau Knurr zur schwarzen Frau gehen und ihr begegnen. In dem jetzt langsam beginnenden Gespräch muss bei jeder wichtigen Aussage oder Frage an die schwarze Frau ein Rollenwechsel stattfinden, damit die Weisheit reagieren und antworten kann. Spätestens dann, wenn die Schlüsselfrage gestellt wird, antwortet die Protagonistin in der Rolle der schwarzen Frau darauf und gibt sich damit selbst die Antwort.

Immer darauf achten, wer gerade mit wem spricht!

Der Leiter sollte auch bei diesem Vorgehen sorgfältig darauf achten, ob die Protagonistin wirklich mit ihrer inneren Weisheit spricht oder ob sie sich nicht gerade mit einem Teammitglied auseinandersetzt, das in Wirklichkeit aus der Bühnenecke „Moralische Werte und tugendhafte Ansprüche“ kommt. Gelingt diese Arbeit, so entsteht ein oftmals tief berührendes, zumindest jedoch erhellendes Gespräch zwischen Protagonist und „innerer Weisheit“.

Besonders bei Ratsuchenden, die verstärkt in der passiven Konsumentenhaltung bleiben und vom Trainer anregende Ratschläge erwarten, ist es sinnvoll, sie zu bitten, einmal ein Gespräch mit ihrem inneren Ratgeber zu führen. Diese Instruktion durchkreuzt das übliche Muster der inneren Konsumenten, die Hilfe nur von außen suchen.

Im Prinzip können dabei zwei verschiedene Dinge geschehen: Entweder der innere Ratgeber hat Wichtiges und Bedeutsames zu sagen. Dann ist die Intervention fruchtbar, die inneren Ressourcen sind spruchreif geworden, das Muster der Abhängigkeit ist durchkreuzt. Oder aber, der innere Ratgeber bleibt stumm, hilflos und einsilbig. In diesem Fall kann der Leiter mit dem inneren Ratgeber Kontakt aufnehmen und ihn fragen, wie es denn kommt, dass er so wenig zu sagen hat. Vielleicht erhält er die zögerliche Antwort: „Ich war bisher nie wichtig, ich hatte nie etwas zu melden. Immer wurde von oben angeordnet und von außen gepredigt, was richtig und was zu tun ist. Deshalb ist es für mich ziemlich neu, dass ich gefragt werde und jemand meine Meinung hören will.“ Eine solche Selbsterkenntnis durch den konstruktiven Prozess der Selbstauseinandersetzung, die mit heftiger innerer Erschütterung verbunden sein kann, mag eine kleine Persönlichkeitswende einleiten.

Für die Menschen, denen es schwerfällt, in Kontakt mit ihrem inneren Ratgeber zu kommen, kann es hilfreich sein, ihnen durch eine angeleitete Fantasiereise den Weg dahin zu eröffnen. Dieser vielleicht mit der gesamten Gruppe durchgeführte Wachtraum kann zu tiefen Erfahrungen führen und sollte in einer wohlwollenden, ruhigen und entspannten Atmosphäre durchgeführt werden, wo die Betroffenen sich sicherfühlen können.

Fantasiereise zur „inneren Weisheit"

Gesamtdauer etwa 120 Minuten

Für diese Fantasiereise ist es sinnvoll, sich einen bequemen Platz im Raum zu suchen, wo man sich ausgestreckt auf dem Rücken hinlegen oder auf einem Stuhl bequem und entspannt hinsetzen kann. Eine Untermalung mit ruhiger Meditationsmusik kann den Prozess unterstützen. Nachdem sich alle entspannt haben, kann die Anweisung lauten:

„Stell dir vor, du bist in einer wunderschönen Landschaft, und der Tag geht zu Ende – es ist Abend... es war ein guter Tag für dich, und du bist innerlich ruhig und zufrieden...da du noch viel Kraft besitzt, willst du eine kleine Wanderung machen. Es ist zwar schon dunkel, aber du entscheidest dich, einen Bergpfad hinaufzugehen. Es ist ein kleiner unscheinbarer Pfad, der sich den Berg hinaufwindet...Es ist ein sternenklarer Himmel und der Vollmond scheint hell, so dass du den Pfad recht gut erkennen kannst...du folgst den Biegungen des Pfades und umgehst immer mal wieder Büsche und Zweige, die sich dir in den Weg stellen...Wie ist der Weg?...Was siehst du um dich herum?....Was empfindest du, wenn du so bergan steigst?...Du kommst an eine Stelle, wo sich der Weg aufteilt, der offizielle Weg führt nach unten. Aber da ist auch eine kleine Spur, die weiter nach oben führt, und du entscheidest dich für den Weg nach oben...So langsam bekommst du den Eindruck, dass dieser schmale Pfad ein Weg ist, den bisher ganz wenig Menschen gegangen sind...Nach einiger Zeit siehst du in einiger Entfernung einen Lichtschein, und du fühlst dich davon irgendwie angezogen. Ohne Angst und Furcht gehst du weiter auf das Licht zu...Jetzt erkennst du, dass es sich um eine alte zerfallene romantische Burg handelt, von der nur noch die Mauerreste stehen. Du erkennst, dass das Licht ein kleines offenes Feuer ist, das im Schutz der Mauern flackert... Die Wärme des Feuers zieht dich an, und du gehst langsam darauf zu...Als du nahe genug herangekommen bist, siehst du, dass neben dem Feuer eine Gestalt sitzt...Als dich die Gestalt hört, dreht sie sich langsam um...schaut dich mit offenem Blick an und macht eine freundliche Handbewegung, die andeutet, dass du willkommen bist und am Feuer Platz nehmen darfst...Du suchst dir einen guten Platz am wärmenden Feuer...Jetzt kannst du die Gestalt besser erkennen. Lass dir Zeit, sie wirklich wahrzunehmen...die Kleider...das Gesicht...die Augen...du kannst erkennen, dass hier vor dir ein sehr weises Wesen sitzt und es zu einer der seltenen Begegnungen kommt, die hohe Bedeutung im Leben haben...Das Wesen gibt dir zu erkennen, dass du ihm eine Frage stellen darfst. Überlege dir gut, was dich im Leben gerade beschäftigt, was dir wichtig ist und auf welche Frage du zur Zeit gerne eine Antwort hättest...Jetzt stelle deine Frage und gib acht, wie die Weisheit vor dir auf das reagiert, was du sagst. Vielleicht antwortet Sie mit einer Bewegung, einer Geste oder einem Gesichtsausdruck, vielleicht spricht sie auch oder zeigt dir etwas... schau genau hin und hör gut zu...Nimm die Antwort in dich auf und sorge dafür, dass du sie nicht vergisst...

Jetzt tausche die Rolle und identifiziere dich mit diesem Wesen, was auch immer es für dich darstellt...Werde zu dieser Weisheit...

Wie ist deine Existenz als solche?...Worauf begründet sich deine Weisheit? Wie begegnest du dem Besucher, der vor dir sitzt und dich etwas gefragt hat?...Was empfindest du ihm gegenüber?...Wie stehst du zu ihm?...Wie reagierst du auf seine Frage – mit Worten, Gesten oder mit einer Tat?...Willst du ihm noch etwas Grundsätzliches mit auf den Weg geben?...

Tausche jetzt wieder die Rolle und nimm auf, was die Weisheit dir gesagt hat...du kannst, wenn du willst, den Dialog mit ihr fortsetzen...Hast du noch andere wichtige Fragen an sie?...Was empfindest du ihr gegenüber?...

Du kannst, wenn du das Gespräch fortsetzt, immer wieder die Rolle tauschen und selbst als Weisheit antworten. Mach es so, wie es für dich stimmig und gut ist......Schließe das Gespräch langsam ab...
Jetzt bist du wieder du selbst... Gleich wirst du dich von der Weisheit verabschieden müssen...Sag ihr vorher noch irgendetwas... Gerade, während du Abschied nimmst, wendet die Weisheit sich um und greift in einen alten Lederbeutel, um etwas ganz Besonderes zu suchen, das sie dir schenken möchte...Sie überreicht es dir als Geschenk, das du mit nach Hause nehmen darfst... Sieh dir das Ge-

schenk an...und versuche, es zu verstehen...Was empfindest du jetzt gegenüber deiner Weisheit?...Sag es ihr und nimm Abschied...Wende dich ab und geh den Bergpfad hinunter. Das Geschenk hast du bei dir...Achte gut auf den Weg, damit du dich später einmal erinnerst, wenn du die Weisheit wieder einmal aufsuchen möchtest...Nimm die Umgebung genau wahr...Wie ist dir zumute?...Halte die Augen geschlossen und bring das Geschenk mit, wenn du in dieses Zimmer zurückkommst...Was hat die Weisheit dir mitgegeben?...Betrachte das Geschenk genau...Betaste es...Wie riecht es?...dreh es vorsichtig um und betrachte es sorgfältig...Wie schwer ist es?...
Jetzt wirst du selbst das Geschenk...Identifiziere dich mit ihm und beschreib dich...Was für Eigenschaften hast du?... Was tust du, oder in welcher Art kann man dich gebrauchen oder schätzen?...

Kehr jetzt wieder zu dir selbst zurück und betrachte das Geschenk erneut...vielleicht entdeckst du etwas Neues daran?...Vielleicht eine kleine Veränderung, die dir vorher nicht aufgefallen war?...Wenn du jetzt gleich wieder in die Gruppe zurückkommst, nimm dir ein Blatt Papier und Buntstifte, damit du das Geschenk bildhaft darstellen kannst. Anschließend kannst du mit jemandem darüber sprechen.

(Für das Malen sollten etwa 20 Minuten zur Verfügung stehen. Anschließend können sich jeweils zwei Gruppenmitglieder zum Erfahrungsaustausch zusammensetzen. Diese Übung kann man auch verkürzt anleiten, so dass die Betroffenen sich nur die Frage bewusstmachen, die Antwort wird dann im Rollenspiel erarbeitet.)

Innere Vakanz und Stärkung einzelner Teammitglieder

Stimmige Kommunikation setzt voraus, dass wir die zur jeweiligen Situation passende Teamaufstellung zur Verfügung haben. Sind wir von einer Situation überrascht worden, so sagen wir häufig im Nachhinein: „Das oder das hätte ich sagen und dies oder jenes tun können. Warum ist mir das denn in der Situation nicht eingefallen!“ Dann lohnt es sich zu schauen: Welches Teammitglied wäre in der Lage gewesen, so zu reden oder zu handeln? Wir können es meistens im Gesamtteam finden, hatten es aber in der Situation nicht zur Verfügung. Vielleicht handelt es sich dabei um ein Teammitglied, das zu selten in den Kontakt geschickt wird und deshalb eher zögerlich und langsam reagiert. Wir sind in der Situation verdattert und platt und hätten dieses Teammitglied dringend gebraucht. Solche eher zurückgedrängten Teammitglieder können im Training einmal Gelegenheit bekommen, sich auf der inneren Bühne frei zu bewegen und auf der Rollenspielbühne Kontakterfahrungen mit anderen Sozialpartnern zu machen.

In unserem Beispiel war Frau Knurr perplex, als die Gruppe verständnisvoll und einlenkend auf ihre Kritik reagierte. Vielleicht hatte sie mit Verteidigung und Rechtfertigung gerechnet und sich schon innerlich gewappnet. Vielleicht liegt es aber auch eher daran, dass sie in einem größeren Kreis schnell in eine schweigende Rolle gerät, was sonst nicht so ihre Art ist.

Sei vorsichtig und behutsam, wenn du innere Teammitglieder aufwecken willst!

Der Trainer könnte bei entsprechendem Auftrag mit der Protagonistin erforschen, wer ihr denn in Gruppengesprächen nicht zur Verfügung steht. Nachdem dieses Teammitglied entdeckt und aufgeweckt wurde, könnte der Trainer eine Gruppensituation herstellen, in der die Protagonistin dieses Teammitglied zu Worte kommen lässt. Das wäre ein übendes Rollenspiel, bei dem die ganze Gruppe aktiv ist.

An einem neuen Beispiel möchte ich beschreiben, wie man inneren Teammitgliedern, die vakante Stellen nicht besetzten, da sie ungeübt sind, in einem Training Gelegenheit geben kann, sich auszuprobieren. In diesem Fall soll es um das Thema „Durchsetzen" gehen, ein Thema, das im Kommunikationstraining häufig als Anliegen formuliert wird.

Beispiel:
Ein Protagonist (Lehrer in einer Grundschule) formulierte als Anliegen: „Ich gebe in Auseinandersetzungen immer schnell nach und möchte lernen, mich selbstsicherer und beharrlicher durchzusetzen."

Bei der Exploration des inneren Teams hat sich herausgestellt, dass sein innerer Kritiker mit viel Herabsetzungen, Nörgeleien, Geboten und Vorschriften arbeitet, seine Gefühle und Bedürfnisse abwertet und versucht, jeden Anlauf des inneren Selbstsicheren, für seine Ansichten und Bedürfnisse einzutreten, im Keim zu ersticken. Typische Sätze des Kritikers sind z.B.: „Was du schon willst?!" - „Du bist so rechthaberisch und fordernd!" – „Es gehört sich nicht, penetrant zu sein!" – „Andere haben ein Recht auf ihre Meinung." – „Mach nicht so viel Wind um dich!"

Da er diesem Teil in seinem inneren Team sehr viel Macht gibt, wurde seine Selbstsicherheit blockiert, unterdrückt und ohnmächtig. Er hatte diesen Teil seiner Persönlichkeit in wichtigen Situationen nicht zur Verfügung. Die Stelle war häufig vakant. Nachdem er sich über seine innere Dynamik bewusster wurde, ist der Protagonist motiviert, dem selbstsicheren Teil seines Teams einmal Frei- und Übungsraum zu geben.

Der Leiter bietet ihm an, dass er dem inneren Selbstsicheren einmal erlauben könnte, sich im Rollenspiel auszuprobieren. Dieser könne jetzt einmal üben, sich für seine Interessen beharrlich einzusetzen. Der Protagonist bekommt eine doppelte Aufgabe. Zum einen soll er seine Aufmerksamkeit auf den inneren Selbstsicheren lenken und im Rollenspiel beharrlich bleiben, zum anderen soll er darauf achten, wann und wie sich der innere Kritiker meldet, ihn beschimpft und versucht, erneut die Oberhand zu gewinnen oder durch Vorschriften Druck zu machen. Dem Protagonisten wird erklärt, dass es wichtig sei, sich immer wieder erneut für die Attacken des Kritikers zu sensibilisieren, um ihn letztlich stoppen zu können. Er solle deshalb während des Rollenspiels mit einem Ohr in sich hineinhorchen und darauf achten, was er innerlich zu sich selbst sagt, was ihm durch den Kopf und durchs Herz geht und wann der innere Kritiker sich einschaltet. Wenn sich dieser Teil meldet, solle er sich selbst etwas Liebenswürdiges, Erlaubendes sagen und somit den Selbstsicheren wieder aufbauen und stabilisieren.
Diese „Aufbausätze“ werden zunächst in der Gruppe eingesammelt, auf ihren aufbauenden Gehalt hin überprüft und für den Protagonisten angepasst, z.B. : „Ich habe ein Recht auf meine Meinung !“ – „Ich darf mich abgrenzen, und ich darf dagegenhalten!“ – „Meine Bedürfnisse und Wünsche sind genau so wertvoll und wichtig wie die des anderen!“ – „Gelassen bleibe ich dann, wenn ich nicht alles persönlich nehme!“ (achtsames, aber nicht dominantes „Beziehungsohr“).

Im nächsten Schritt wird an einer Situation gebastelt, in welcher der Protagonist seine Selbstsicherheit und Beharrlichkeit üben kann. Aus mehreren Vorschlägen sucht er sich eine Situation aus, in der es darum geht, seinen Schulleiter zu bitten, sich eine Klasse mit einer Kollegin teilen zu dürfen. Beide würden dann gemeinsam die Klasse leiten. Diese Art der Klassenleitung hat er im Ausland kennengelernt und will sie auf seine Schule übertragen. Rechtlich und organisatorisch sei das seiner Meinung nach möglich. Mit seiner Kollegin hat er dies in der Realität schon besprochen, mit seinem Vorgesetzten jedoch noch nicht. Er befürchtete, dass dieser viele Einwände gegen den ungewöhnlichen Vorschlag hat, da er solchen Erneuerungen eher skeptisch gegenübersteht.

Nachdem der Rollenspielpartner in die Rolle des Schulleiters eingedoppelt worden ist und bevor das Gespräch beginnt, erklärt der Leiter noch einmal, um was es in diesem Gespräch jetzt gehen kann: Die Gesprächsstrategie soll der „Sonnenblumen-Technik“ (auch „Schallplatte mit Sprung“ nach G.R. Bach oder „Beharrlichkeits-ABC“ nach B. Berckhan genannt) entsprechen. Sie besteht aus drei Schritten:

- Im Zentrum der Sonnenblumen-Technik steht der geklärte eigene Wunsch. Als erster Schritt wird also geklärt, was man selbst will und womit man sich durchsetzen möchte. In unserem Beispiel: Ich möchte mit meiner Kollegin eine Klasse gemeinsam leiten! Die Blüten der Sonnenblume entsprechen der eigenen Beharrlichkeit, mit der man auf die Einwände des Gesprächspartners eingeht. Sie stellen eine Art Schleife dar, welche die nächsten zwei Schritte beinhaltet:

- Im zweiten Schritt greifen wir auf, was die andere Person sagt, und spiegeln ihr das mit Respekt wieder zurück. Wir wiederholen also mit eigenen Worten, was der andere inhaltlich entgegnet hat. Indem man mit eigenen Worten die Bedenken und Gegenargumente des Gesprächspartners aufgreift, wird aufgezeigt, dass man aufmerksam zugehört und verstanden hat, was der andere meint. So werden Missverständnisse ausgeräumt, und der Gesprächspartner kann nur schwer in die „Du-hörst-mir-ja-gar-nicht-zu-Haltung“ gehen.

- Nachdem durch Zurückspiegeln deutlich gemacht wurde, dass man die Meinung, Argumente oder Schwierigkeiten des Gesprächspartners verstanden hat, wird freundlich aber bestimmt der eigene Wunsch wiederholt. Damit man nicht wie eine defekte Schallplatte klingt, die sich ständig wiederholt, da sie immer wieder an einer bestimmten Stelle einrastet, kann man den eigenen Forderungssatz in verschiedene Formulierungen kleiden und so die Wiederholungen etwas unauffälliger machen. Dabei sollte jedoch nicht der eigene Wunsch geschmälert oder verkleinert werden. Es soll mit Beharrlichkeit beim eigenen Anliegen geblieben werden, um Selbstbehauptung und Beharrlichkeit einzuüben. Wenn nötig, kann die eigene Forderung auch erneut begründet werden. Psychologisch geschickt ist es, wenn man nach der Wiederholung der Worte des Gesprächspartners den eigenen Wunsch nicht mit dem Wort „aber“, sondern mit dem Wort „und“ einleitet: Ich verstehe ihren Wunsch nach gemeinsamer Ordnung im Kollegium, und mein Wunsch ist es, mit der Kollegin eine Klasse gemeinsam zu leiten. Das Wort „und“ schafft Verbindung trotz der unterschiedlichen Sichtweise und vermittelt weniger Gegensätzlichkeit. Außerdem durchbricht es das alte duale Denkmuster: Entweder ich habe Recht oder der andere hat Recht! Durch das Wort „und" wird impliziert, dass womöglich beide Recht haben und dass zwei verschiedene Ansichten nebeneinander existieren können. Die anschließende Begründung setzt auf die Einsicht und das Verständnis beim Gesprächspartner. Außerdem wird deutlich gemacht, dass nicht einfach etwas verlangt wird, sondern dass es Gründe dafür gibt. Die eigene Begründung muss sich dabei nicht auf das beziehen, was der Gesprächspartner zuletzt gesagt hat. Die Begründung des Wunsches liegt in dem, was man selbst für wichtig hält.

Da nicht zu erwarten ist, dass der Gesprächspartner schon nach der ersten eigenen Argumentationsschleife einlenkt, sondern ebenfalls hartnäckig bleibt, wird er neue Ablehnungsgründe vorbringen. Die eigene Aufgabe besteht dann darin, eine erneute Argumentationsschleife zu formulieren usw. usf. Visualisiert ergibt dies das Bild einer Sonnenblume.

Abb. 19: Sonnenblumen-Technik

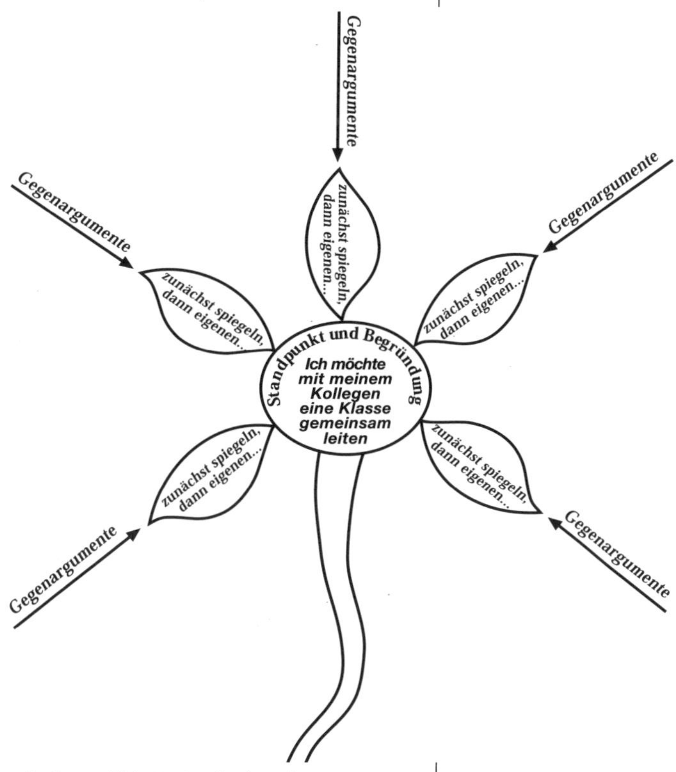

Das Geheimnis dieser Methode liegt darin, dass man sich nicht auf eine Argumentation einlässt, bei der man auf die Gegenargumente fokussiert. Das Herzstück dieser Gesprächsstrategie besteht aus der hartnäckigen Wiederholung des eigenen Wunsches. Motto: Steter Tropfen höhlt den Stein. Dies gilt dann, wenn Sprachgewandtheit nicht mehr weiterhilft und gute Argumente nicht mehr wirken, sondern nur noch die eigene Beharrlichkeit. Man setzt dabei nicht auf einen Wettstreit der Argumente, nicht auf Vernunft und Gerechtigkeit, sondern auf die eigene Ausdauer. Man geht nicht auf die Entgegnungen des Gesprächspartners ein, steigt nicht in seinen Argumentationszug ein, kommt nicht von Hölzchen auf Stöckchen und verstrickt sich nicht in dessen Argumentationsschleifen, sondern bleibt konsequent beim eigenen Wunsch und Anliegen – und das mit langem Atem. Das Gegenüber erlebt einen

Gesprächspartner, der sicher, ruhig und beharrlich für seine Interessen eintritt.

In der Realiät kann nach mehrmaligem Wiederholen der eigenen Blütenschleifen überprüft werden, ob der eigene Wunsch so verändert werden sollte, dass ein Kompromiss möglich ist. Im Kommunikationskurs, und dort im übenden Beharrlichkeitstraining, darf der Protagonist jedoch Erfahrungen mit seinem selbstsicheren Teammitglied machen, damit die vakante Stelle in der nächsten realen Situation besetzt ist. Vielleicht erlebt er sich und die Gesprächsstrategie zu Beginn aufgesetzt, hölzern und schematisch, findet dann aber zu seinem eigenen Stil. Vielleicht bewertet er sich zunächst als hartnäckig, stur oder gar halsstarrig und erlebt sich erst langsam als selbstsicher, ausdauernd, konsequent und gelassen. Wahrscheinlich macht er jetzt neue Erfahrungen damit, wie es für ihn ist, wenn er nicht mehr „lieb und nett", pflegeleicht und jedermanns Liebling ist. Vielleicht macht er die Erfahrung, dass es sich lohnt, für seine eigenen Wünsche zu kämpfen – vielleicht muss er aber auch lernen, auszuhalten und damit umzugehen, dass der Gesprächspartner unmutig und ärgerlich wird, da dieser nicht erfreut auf die Beharrlichkeit reagiert. Vielleicht spürt er die Beziehungsverschlechterung und findet zu einer Formulierung, die sowohl den Ärger des Gesprächspartners aufgreift und diesem klarmacht, dass er keine Verschlechterung der Beziehung will, und kann zugleich bei seinen Wünschen bleiben und zu dem stehen, was er bisher gesagt hat.

Bevor das übende Rollenspiel beginnt, fordert der Leiter den Protagonisten auf, zunächst zur eigenen inneren Selbstsicherheit zu finden. Das Teammitglied, das die vakante Stelle besetzen soll, darf jetzt einmal in ihm selbst größer und kräftiger werden. Der Leiter bittet ihn dazu, sich an zwei bis drei für ihn schwierige Situationen zu erinnern, die er erfolgreich bewältigt hat, sich diese positive Erfahrungen bewusst zu machen und somit einen inneren Vorrat an Stärke, Zuversicht und Mut anzusammeln. Nachdem er sich an diese kraftspendenden Erfahrungen angeschlossen hat, soll er diese positiven Energiepotentiale in seinem ganzen Körper verströmen lassen und eine Körperhaltung einnehmen, die für ihn Selbstsicherheit, Ruhe und Beharrlichkeit ausdrückt. Zum Schluss kann er über ungehindertes Ein- und Ausströmen des Atems die Balance zwischen energisch-kraftvoller Selbstsicherheit und entspannt-unverkrampfter Souveränität einüben und ein Zeichen geben, wann das Rollenspiel beginnen soll. Der weitere Verlauf entspricht dem Ablauf eines übenden Rollenspiels (s. S. 149 ff).

Zwei Seelen, ach, in meiner Brust

Häufig hören wir nicht nur eine Stimme, sondern zwei sich widersprechende Stimmen. Beide inneren Teammitglieder vertragen sich nicht. Sie leben nicht in Eintracht miteinander, sondern in Zwietracht gegeneinander und vermitteln uns womöglich das Gefühl innerer Zerrissenheit.

Wir erleben Ambivalenzen nicht nur bei widersprüchlicher Gefühlslage (Ich bin verletzt und zugleich wütend!), sondern auch beim Abwägen von Entscheidungen: Soll ich oder soll ich nicht? Vielleicht stehen wir vor der Frage: Noch ein zweites Kind oder lieber wieder in den Beruf einsteigen? Sich selbständig machen oder als Angestellter arbeiten? Vielleicht handelt es sich um einen persönlichen Zielkonflikt, wo z.B. ein Teil von uns das Ziel verfolgen will, bei den nächsten Vereinsmeisterschaften des Tennisvereins als Sieger hervorzugehen, und ein anderer Teil von uns in möglichst kurzer Zeit das Studium abschließen möchte. Beide Ziele beanspruchen aber die gesamte zur Verfügung stehende Zeit.

Immer, wenn wir uns im Leben selbst im Wege stehen, sind mindestens zwei Teammitglieder aktiv. Die eine Stimme sagt hott, die andere sagt aber hü; während die eine Stimme in die eine Richtung will, strebt die andere in die entgegengesetzte Richtung oder will sich gar nicht bewegen. Sind beide inneren Teammitglieder gleich stark, kann es zum inneren Patt kommen, und der Mensch ist nicht in der Lage, sich zu entscheiden. Vielleicht schweigen wir, wo wir uns äußern sollten und einen Standpunkt vertreten müssten. Vielleicht äußern wir uns auch, jedoch widersprüchlich und inkongruent. Die innere Widersprüchlichkeit zeigt sich manchmal so, dass das eine Teammitglied sich durch Worte artikuliert, während sich das andere durch die Körpersprache ausdrückt.

Als Betriebswirt dachte ich früher, solche Ambivalenzen im Seelenleben wären vielleicht Anzeichen einer seelischen Krankheit, möglicherweise der Beginn einer Schizophrenie. Heute weiß ich, dass sie völlig normal sind. Sie gehören zur Existenz des Menschen. Im lernenden Umgang mit unseren existentiellen Spannungen entwickeln wir unsere Persönlichkeit. Als beratender Psychologe fühle ich mich heute dafür verantwortlich, die unterschiedlichen Pole der Ambivalenzen zur Wirkung kommen zu lassen, und sehe es häufig als meine Aufgabe an zu ermöglichen, dass die Spannung der inneren Ambivalenz gespürt, ausgehalten und ihre Koexistenz ermöglicht wird (Ambiguitätstoleranz). Grundsätzlich bin ich mehr an einer guten Balance von Ambivalenzen interessiert als an der Durchsetzung einer der Seiten.

Inneres unsortiertes Durcheinander führt zur unklaren Kommunikation. Dort, wo man ungeklärt ist, was man selbst möchte, was man soll und was man tatsächlich will, bleiben die Botschaften auf den vier Seiten des Kommunikationsquadrates entsprechend diffus und unbestimmt. Hier ist Selbstklärung der erste Schritt.

Abb. 20: Ungeklärte Ambivalenz führt zu unklarer Kommunikation

Zum größeren Problem wird ein Ambivalenzkonflikt, wenn die zwei sich widersprechenden Stimmen nicht nur zu einem inneren Durcheinander verflochten sind, sondern sich im Dauerclinch befinden und sich gegenseitig neutralisieren. Die eine Stimme will etwas tun, was ihr Gegenspieler verhindert, und das vielleicht schon seit Jahren. Die entsprechende innere Lähmung ist kräftezehrend, energiefressend und neutralisierend. Der ständige Widerspruch ist vergleichbar mit einem Autofahrer, der ständig Gas gibt und zugleich die Bremse tritt. Der Zustand verbraucht viel Energie und Kraft-Stoff. Obwohl der Tank bald leer sein wird, hat sich nichts bewegt.

Vorgehensmöglichkeit

Da im Ambivalenzkonflikt häufig vieles diffus und unklar ist, müssen zunächst einmal beide „Seelen in der Brust" des Protagonisten identifiziert und aus ihrer Verflochtenheit gelöst werden. Dazu ist es hilfreich, die zwei inneren Stimmen von der inneren Bühne nach außen zu bringen, um auf der äußeren Bühne ihre Dynamik zu inszenieren. Durch diese „Externalisierung eines inneren Dialoges" kann die Haltung, Gesinnung und Einstellung der inneren Stimmen konkretisiert, ihr emotionaler Hintergrund erforscht und ihre „Meinungsverschiedenheit" ausdiskutiert werden.

Die Interventionsreihenfolge

1. Der Protagonist identifiziert und benennt die beiden Teammitglieder.

2. Symbolisierung und Stuhlaufbau:
Um den Identifikationsprozess zu vertiefen und um den späteren Rollenwechsel zu erleichtern, kann der Leiter den Protagonisten jetzt bitten, sich für jede der beiden Persönlichkeitsanteile einen symbolischen Gegenstand zu suchen. Hierbei kann es sich um Filzstifte aus dem Trainerkoffer, Kugelschreiber von Kollegen, Schlüsselbunde aus den Taschen oder andere Gegenstände aus dem Seminarraum handeln. Das Symbol soll den Persönlichkeitsanteil aus Sicht des Protagonisten möglichst treffend repräsentieren. Vielleicht findet er für den inneren Wüterich einen Schirm, der einen Schlagstock darstellen soll, und für den konfliktscheuen Teil seiner Person ein Kissen, das die Weichheit oder das Nachgeben symbolisieren soll. Der Fantasie des Protagonisten sind hier keine Grenzen gesetzt. Zur Not kann der Leiter auch auf kleinen Karten die Namen der beiden Teammitglieder aufschreiben und sie auf die dazugehörigen Stühle legen. Die Symbole helfen die späteren Rollenwechsel zu erleichtern,

- da der Protagonist in der jeweiligen Rolle das jeweils dazugehörige Symbol in der Hand hält und sich somit besser mit dem Persönlichkeitsanteil identifizieren kann
- da bei mehrmaligem Rollentausch kein Durcheinander und keine Verwirrung beim Protagonisten entsteht: Wer bin ich jetzt gerade?

Für jedes innere Teammitglied ein eigener Stuhl (und evtl. ein eigenes Symbol)

Dann werden zwei Stühle bereitgestellt, auf denen der Protagonist sich mit den beiden Stimmen identifizieren kann. Auch hier ist es bedeutsam, dass zwei neutrale Stühle zur Verfügung stehen, auf denen diese Selbstklärungsarbeit geschehen kann. Falsch wäre es, wenn der Protagonist auf seinem Teilnehmerstuhl (mal eben schnell) die eine Stimme „spielen" würde und auf einem zweiten Stuhl die andere Stimme. Irgendwann wäre nicht mehr deutlich getrennt, auf welchem Stuhl wer sitzt. Der Protagonist braucht seinen Stuhl, wo er als Seminarteilnehmer sitzen kann, und zwei zusätzliche Stühle auf der Rollenspielbühne, auf denen er seine inneren Stimmen erforschen kann!

Die Aufstellung der Stühle hat bei dieser Methode eine bestimmte Reihenfolge:

- Zunächst gilt wieder der Grundsatz: Der Leiter stellt die Stühle bereit – der Protagonist stellt sie auf! Die Aufstellung der Stühle ist hier für den Leiter ein diagnostischer Hinweis: Ach, so ist die Beziehung der beiden Teammitglieder zueinander! Denn die Entfernung zueinander, ob sie konfrontativ sich gegenüber oder nebeneinander oder ob sie sogar hintereinander stehen, weil das eine Teammitglied dem anderen im Nacken sitzt, sind wichtige Informationen für den Leiter. Aber auch für den Protagonisten, da durch das selbständige Aufstellen der Stühle sich der Identifikationsprozess für ihn vertieft.

- Nachdem der Protagonist die Stühle für ihn stimmig aufgebaut hat, verändert der Leiter die Stuhlposition so, dass die Phase 3 (siehe unten: monologische Phase) durchgeführt werden kann. Da in Phase 3 noch kein Dialog zwischen den beiden Teammitgliedern stattfinden soll, muss der Leiter die Stuhlaufstellung des Protagonisten zunächst einmal wieder verändern, so dass jeder Teil, ungehindert vom jeweils anderen, frei sprechen kann. Dies muss der Leiter dem Protagonisten erklären, sonst wäre dieser irritiert, da er ja zunächst aufgefordert wurde, die Stühle so aufzustellen, wie es für ihn stimmt.
- In Phase 4 (dialogische Phase) wird dann die vom Protagonisten gewählte Stuhlaufstellung wieder aufgebaut und mit der für ihn stimmigen Position der Stühle gearbeitet.

3. Monologische Phase: Plädoyers der inneren Stimmen

Die Anweisung des Leiters könnte jetzt so lauten: „Sie haben die Stühle jetzt ...so und so... aufgebaut, und uns ist deutlich geworden, welcher Teil auf welchem Stuhl sitzen soll. Ich möchte diese Stuhlaufstellung jetzt noch mal ein wenig verändern, damit die beiden Stimmen zunächst jede für sich monologisch sprechen können. Danach werden wir dann wieder auf Ihre Stuhlaufstellung zurückkommen. (Leiter verändert die Stuhlaufstellung so, dass die beiden Stühle nebeneinander stehen, und berücksichtigt dabei den Abstand, den der Protagonist vorgegeben hat.) Jetzt kann jedes Teammitglied einmal, ohne dass die andere Stimme ihm dazwischen redet, frei aussprechen, was ihm wichtig ist, worum es ihm geht und welchen Standpunkt es hat. Mit welchem Teammitglied wollen Sie beginnen?“

Dann darf jede Stimme einmal in Reinkultur, ohne Unterbrechung durch die andere Seite, sprechen. Durch diesen monologischen Teil kann der Protagonist beide Stimmen genauer erforschen; jetzt einmal in Ruhe, sorgsam und differenziert. Dazu fragt der Leiter den Protagonisten, mit welchem Teammitglied er sich zuerst auseinandersetzen will. Auch diese Entscheidungen sollte der Protagonist fällen und nicht der Leiter! Diese als Frage formulierten Interventionen helfen dem Protagonisten, immer besseren Kontakt zu sich zu finden: „Was stimmt für mich, mein Erleben und meine Ziele?“ Vielleicht will er ja mit der inneren Stimme beginnen, die sein altes Gewohnheitsmuster ermöglicht, vielleicht aber auch mit der, die ihn zur Veränderung auffordert oder ihm seit einiger Zeit zu schaffen macht, angstbesetzter oder unbekannter ist.

Abb. 21:
Leiterin (stehend) hilft Protagonistin (mit einem Symbol auf dem Stuhl sitzend), sich mit dem jeweiligen Teammitglied zu identifizieren.

Will der Leiter dabei jetzt oder später eine Stimme direkt ansprechen, empfehle ich auch hier das Duzen. Wurde vorher mit „Sie“ angesprochen, sollte kurz erklärt werden, warum man für diese Phase zum „Du“ wechselt und dass man später wieder zum „Sie“ zurückkehren wird. Der Leiter kann durch Fragen oder das Anbieten von Satzanfängen („Und das Wichtigste für dich ist....? Du kämpfst so stark gegen den anderen Teil, weil...? Du befürchtest...?“) den Prozess unterstützen und durch Doppeln vertiefen.

4. Dialogische Phase: Dialog der inneren Stimmen
Wenn beide Stimmen gehört, gewürdigt, beforscht und verstanden wurden, ist eine der beiden Stimmen häufig motiviert, mit der anderen Stimme ins Gespräch zu kommen.

Dazu kann der Leiter eine Stimme fragen, ob sie der anderen etwas sagen oder sie etwas fragen will. Manchmal will der bisher unterdrückte Anteil den dominanten Teil ansprechen und ihn mit seiner Existenzberechtigung und seinen Wünschen konfrontieren, manchmal will auch der dominierende Teil den erwachten „Underdog“ abwehren, hinter Schloß und Riegel halten und dies begründen. Die Stühle werden dazu in die Position gebracht, die der Protagonist zuvor aufgebaut hatte.

Immer, wenn die eine Seite ihren Standpunkt vertreten hat und keine Argumente mehr kommen, bittet der Leiter den Protagonisten, den Stuhl zu wechseln, sich wieder mit der anderen Stimme zu identifizieren und erneut zu antworten.

Neben diesem Rollenwechsel kann der Leiter durch Doppeln die mitschwingenden Gefühle ansprechen, präzisieren und vertiefen. Beim Doppeln und Rollenwechsel braucht der Leiter ein feines Fingerspitzengefühl für den richtigen Zeitpunkt. Wichtig bei diesem Vorgehen ist, dass der Protagonist die Zeit bekommt, die er braucht, um wirklich in Kontakt mit seinem Erleben und seinen Gefühlen zu kommen. Auch hier muss der Leiter nach jedem Doppeln überprüfen, ob die Doppelinhalte für den Protagonisten stimmen. Auch wenn er den Inhalten zustimmt, soll er mit eigenen Wor-

Abb. 22:
1. Protagonistin hat sich mit einem inneren Teammitglied identifiziert, sitzt auf dem entsprechendem Stuhl (das Symbol dafür steht daneben)
und spricht das andere Teammitglied an.

2. Protagonistin hat sich mit dem anderen Teammitglied identifiziert, sitzt mit dem Symbol auf dem dazu gehörigen Stuhl und antwortet auf das, was sie zuvor als Teammitglied auf dem anderen Stuhl gesagt hat.

ten das aussprechen, was das Doppeln ausgelöst hat. Erst danach kann ein erneuter Rollenwechsel stattfinden.

5. Zu Ende bringen und abschließen

In den meisten Fällen deutet sich das Ende des Dialoges offensichtlich an. Das Gespräch zwischen den Teammitgliedern wird ruhiger, einsichtiger, und beide Teile hören wirklich einander zu, sehen sich anders als vorher und können eine neue Beziehung aufbauen. Beide versuchen, zu einem Miteinander zu kommen, das die Polarisierung auflöst.

Sollten sich zwei Teammitglieder über längere Zeit gestritten und mit gegenseitigen Vorwürfen sich und den Leiter zermürbt haben und zeigt endlich ein Teil entgegenkommende Einsicht oder macht einen konstruktiven Vorschlag, der einleuchtend und annehmbar klingt, sollte der Leiter an dieser Stelle nicht denken: „Endlich geschafft, jetzt können wir diesen Dialog ja beenden". Er sollte sich angewöhnen, zum Schluss immer noch einmal einen Gegencheck zu machen, um zu überprüfen, was der Gegenpart dazu sagt. Nicht selten verändert sich dann noch einmal der zunächst zufriedenstellend erscheinende Vorschlag.

Der Dialog ist dann zu Ende, wenn beide Persönlichkeitsanteile sich verstanden fühlen, sich geeinigt haben, wie sie in Zukunft miteinander umgehen wollen, und deutlich geworden ist, wer in Zukunft welche Rolle im inneren Team spielt. Vielleicht handelt es sich um eine vorläufige Verabredung, da ein Teil, der sich bisher im Hintergrund befand, einmal für einige Zeit in den Vordergrund und an die Bühnenfront kommen darf, um Kontakterfahrungen zu sammeln. Vielleicht müssen beide Teile verabreden, dass sie nach einiger Zeit noch einmal über die Erfahrungen in der Alltagsrealität sprechen.

Ist der Dialog zu Ende, so kehrt der Protagonist wieder auf seinen Teilnehmerstuhl zurück.

Der Trainer versucht, durch dieses Vorgehen die spezifische Art der Selbststeuerung des Protagonisten zu einem Prozess auf der Bühne werden zu lassen, indem er die bisherige Konfliktlösung des Protagonisten, die ihm bis jetzt zur Verfügung stand, aber nicht zufriedenstellend ist, auf der Bühne transparent macht und einen neuen Prozess der Selbstorganisation zur Entfaltung bringt. Das Ziel ist dabei die Versöhnung des Protagonisten mit sich selbst.

In unserem Beispiel mit Frau Knurr könnte in der Exploration deutlich werden, dass der Fokus auf eine innere Ambivalenz hinausläuft:

Protagonistin: „Mein Abteilungsleiter, Herr Alt, ist so ein richtiger alter Knochen. Seine loyale Gutsherrenart geht mir gehörig auf den Geist. Er tut immer so kooperativ, aber letztlich bestimmt er alles selbst. Am liebsten würde ich ihm mal so richtig meine Meinung sagen, in aller Deutlichkeit. Aber das kann man ja nicht so einfach bei seinem Chef machen, vor allem, wenn man noch nicht so lange in der Abteilung ist. Ich beschwichtige mich dann immer und sag' mir: Nun reg dich nicht auf. Er ist doch schon über 60 Jahre. Das kannst du doch noch die Zeit bis zu seiner Pensionierung aushalten."
Leiter: „Bezüglich ihres Chefs scheinen Sie zwei Seiten zu spüren. Die eine Seite ist wütend und aggressiv und will mal „vom Leder ziehen", während die andere Seite eher beschwichtigt und keine Aufregung will. Diese beiden Stimmen blockieren sich gegenseitig. Stimmt das so weit?"
Protagonistin: „Ja, das stimmt. Ich lasse mir von ihm alles gefallen, und die Faust bleibt in der Tasche. Ist ja sonst gar nicht so meine Art."
Leiter: „Dann wäre es vielleicht gut, sich diese beiden Stimmen und die entstandene Blockierung einmal genauer und in Ruhe anzuschauen – wären sie dazu bereit?"
Protagonistin: „Ja gut, wenn´s hilft?!"
Leiter: „Geben Sie den beiden Stimmen bitte einmal einen Namen. Wie könnten wir sie nennen und entsprechend anreden?"
Protagonistin: „Äh, die eine wäre vielleicht...der...der Kämpfer, und die andere wäre der Angsthase, der sich nicht traut und deshalb immer beschwichtigt."

Der Leiter stellt zwei Stühle auf die Bühne.

Leiter: „Auf diesen Stühlen sollen Ihre beiden Stimmen gleich einmal Platz nehmen. Stellen Sie die beiden Stühle zunächst einmal so nebeneinander hin, wie Sie Ihre Stimmen innerlich erleben. So nah oder so entfernt oder so zu- und abgewandt, wie es für Sie stimmt."

Protagonistin baut die Stühle auf.

Leiter: „Beide Stimmen können jetzt einmal frei sprechen, ohne dass der andere unterbricht. Mit welcher Stimme wollen Sie beginnen?"
Protagonistin: „Mit dem Kämpfer."

Die Protagonistin setzt sich auf den Stuhl, der für den Kämpfer reserviert war.

Leiter: „Der Kämpfer darf jetzt mal, ohne dass er unterbrochen wird, ein Plädoyer halten und alles sagen, was ihm wichtig ist. Was er ge-

nau will und warum er das so will. Was seine Beweggründe sind und wie er sich den Kontakt zum Vorgesetzten vorstellt usw."
Protagonistin (als „Kämpfer"): „Ich als Kämpfer...na ja, ich finde, dass man bestimmte Sachen einfach nicht mit sich machen lassen darf. Da muss man sich wehren...Pause...auch bei Vorgesetzten!"
Leiter: „Zum Beispiel wann?"
Kämpfer: „Zum Beispiel vor zwei Wochen. Zuerst übergibt er mir die Aufgabe, das Layout für die erste Seite zu gestalten. Ich sollte das selbständig bearbeiten. Aber dann will er jedes Detail mit mir durchsprechen und alles ständig überprüfen. Natürlich findet er keinen Fehler, und ich habe auch keine Frage an ihn, aber er lässt mich einfach nicht selbständig arbeiten. Ich weiß auch nicht, ob er mir das nicht zutraut oder was. Oh, ich werde stocksauer, wenn ich nur daran denke..." (Pause)
Leiter: „So weit – oder wollen Sie als Kämpfer noch etwas sagen?"
Protagonistin: „Nein, das war es erst einmal. Hui, wenn ich hier sitze, könnte ich explodieren, das hätte ich nicht gedacht, dass da so viel Feuer drin ist."

Leiter bemerkt, dass die Protagonistin sich aus der Identifikation löst, indem sie einen Kommentar über die Rolle abgibt. Er spricht sie deshalb nicht mehr als Kämpfer an und sagt: „Ja, das kann gut sein, dass Sie jetzt deutlicher spüren, wie viel Energie Sie für diese Rolle haben. Nehmen Sie jetzt bitte einmal auf dem anderen Stuhl Platz. Lassen Sie sich Zeit, sich mit dem „Angsthasen" zu identifizieren, und halten sie dann einmal ein Plädoyer als Angsthase. Was hat diese Stimme alles zu sagen?"
Protagonistin (wechselt den Stuhl und sagt als Angsthase): „Ich finde, man sollte andere Menschen nicht verletzen. Einfach losschlagen und draufhauen, nur weil einem danach ist, das geht nicht. Auch nicht mit Worten. Außerdem denke ich, dass ja seit Jahrzehnten die Layoutarbeit sein Hoheitsgebiet war. Jetzt denkt er natürlich, dass er auch der Einzige ist, der alle Feinheiten beherrscht und nur er sich im Detail auskennt. Kann man doch verstehen, oder?"

Leiter bittet um die Erlaubnis zum Doppeln, geht zum Angsthasen.

Leiter (als Doppel): „Ich kann den Mann gut verstehen, aber ich habe auch Angst vor ihm."
Leiter: „Stimmt das für Sie so?"
Angsthase: „Manchmal glaube ich, mein Chef ist nur ein Wolf im Schafspelz, und wer sich mit ihm anlegt, muss vorher gut gefrühstückt haben. Da habe ich dann Angst, dass ich ihm nicht gewachsen bin. Hinzu kommt noch eine moralische Hemmung, dass man ei-

nem älteren Herrn gegenüber nicht frech sein darf. Und ich muss natürlich an meine Karriere denken, das ist auch bedeutsam in diesem Fall. Ja, das sind die wichtigsten Aspekte für mich Angsthasen."
Leiter: „Gut, wir haben dich Angsthasen gehört. Jetzt kannst du, wenn du willst, den Kämpfer einmal direkt ansprechen. Willst du ihm etwas sagen oder etwas fragen?"

Kommentar:
Der Leiter kann jetzt entscheiden, ob zunächst der Angsthase zum Kämpfer oder der Kämpfer zum Angsthasen sprechen soll. Hat er für diese Entscheidung keine Anhaltspunkte, so kann er auch den Protagonisten fragen, aus welcher Rolle er den Dialog eröffnen will.

Angsthase: „Du bist wohl verrückt! Was willst du eigentlich. Du kannst dich doch nur in die Nesseln setzen!"
Leiter: „Gut, wechseln Sie einmal den Stuhl und antworten Sie als „Kämpfer".
Kämpfer: „Jetzt bin ich es aber langsam leid. Seit Wochen und Monaten lässt du dir alles Mögliche gefallen und duckst dich weg. Immer aus Angst, dass irgendetwas Schlimmes geschieht. Die anderen können machen, was sie wollen, und haben tolle Aufgabengebiete, du passt dich an und machst die Lehrlingsarbeit. Herrlich! Deine Unterwürfigkeit ist langsam zum Kotzen."
Leiter: „Wechseln Sie wieder die Rolle und antworten Sie als Angsthase."
Angsthase: „Mein Gott, ist doch nicht mehr lange, dann geht er doch. Gedulde dich noch ein wenig."
Leiter: „Rollenwechsel"
Kämpfer: „Du opferst deine Selbstachtung für deine Karriere. So langsam gewöhnst du dich doch an diese schleimige Art."
Leiter: „Rollenwechsel"
Angsthase: „Ich will einfach kein Risiko eingehen. Du polterst dann los, und ich muss den Scherbenhaufen anschließend zusammenfegen. Ich kenne dich doch. Kämpfen und sich wie ein Elefant im Porzellanladen bewegen, das kannst du wunderbar."
Leiter: „Rollenwechsel"
Protagonistin (schaut aus der Rolle des Kämpfers den Leiter an): „Da hat er Recht, die Gefahr besteht."

Kommentar:
Der Leiter bemerkt, dass die Protagonistin kurz davor ist, aus der Rolle des Kämpfers zu gehen, und fragt deshalb, ob er doppeln darf. Er hätte auch einfach sagen können: „Sagen Sie es nicht zu mir, sondern bitte zum Angsthasen". Die Intervention: „Sagen Sie es bitte direkt

zum anderen Teil" muss relativ häufig bei der Dialogarbeit gesagt werden, da manche Protagonisten immer wieder zum Leiter sprechen. Dies kann minimiert werden, indem der Leiter aus dem Blickfeld des Teammitgliedes geht, so dass diese Verführung geringer wird.
Leiter: (doppelt hier den Kämpfer) „Da hast du Recht, das muss ich zugeben. Aber das liegt nur daran, das ich schon so viel aufgestaut habe. Wenn du mich nicht so oft hindern würdest, dann wäre das anders."
Leiter: „Stimmt das so?"
Kämpfer: „Ja, das stimmt genau. Außerdem nervst du mich. Ewig deine Schwarzmalerei. Was soll das denn? Sonst bist du doch auch nicht so. Warum gerade hier und schon so lange?"
Leiter: „Rollenwechsel"
Angsthase: „Das ist eine gute Frage...Ich glaube, es ist sein Alter. Da scheue ich einfach zurück. Ich habe einfach nur Schiss, dass du das richtige Maß nicht findest. Ich kenne dich ja. Wenn du einmal den Deckel aufmachst, wer weiß, was dann alles passiert?!"
Kämpfer: „Ich will ja auch nicht alles kurz und klein schlagen. Ich will nur, dass er uns nicht mehr so behandelt, und wünsche mir mehr Selbständigkeit."
Angsthase: „Ich komme dir insofern entgegen, dass du ihn beim nächsten Mal fragen kannst, ob er uns mehr Freiraum geben kann. Wir können seine Antwort dann ja hinterfragen und erfahren so seine Hintergründe. Außerdem könntest du in dem Gespräch dafür sorgen, dass eine konkrete Vereinbarung dabei herauskommt und er sich nicht wieder durch Allgemeinplätze herausreden kann."
Leiter: „Rollenwechsel"
Kämpfer: „Ich will ihm aber auch sagen, dass ich frustriert bin und es mich wirklich ärgert, wie man mich in der Abteilung behandelt."
Leiter: „Rollenwechsel"
Angsthase: „Wenn du dich dabei nicht im Tonfall vergreifst, bin ich einverstanden."
Leiter: „Rollenwechsel"
Kämpfer: „Gut, dann haben wir jetzt eine konkrete Absprache."

Variante: Jedes Teammitglied spricht einzeln mit dem Antagonisten

Handelt es sich bei der inneren Ambivalenz beispielsweise um den inneren „Diplomaten", der stets vorsichtig, behutsam und besonnen seine Worte platzieren möchte, und andererseits um den inneren „Klartext-Sprecher", der zwar aufrichtig und ehrlich, aber unbedacht und leichtfertig seine Wahrheiten herauspoltert und die Mitmenschen entsprechend verletzt, so können beide Seiten einmal im Rollenspiel ein Gespräch mit dem Antagonisten (der reale Gesprächspartner wird von einem anderen Teilnehmer gespielt) führen. Zunächst spricht nur der Diplomat, und zwar so, wie er es für angemessen hält. Wenn diese Gesprächsvariante beendet ist, darf einmal der Klartext–Sprecher das Gespräch so führen, wie er es für richtig halten würde. Beide in Reinkultur, ohne dass der andere dazwischenfunkt. Anschließend kann ein innerer Dialog (Phase 4), in dem beide Teile miteinander sprechen, den äußeren Dialog auswerten.

Diese Variante führt meistens dazu, dass sich beide Teile auf die Kommunikationsform einigen können, die ihnen für die äußere Realität angemessen erscheint. Der innere Konflikt ist durch den vorgestellten Realitätstest entschärft worden.

Reihenfolge

1. Schritt: Gespräch zwischen Klartext-Sprecher und Antagonist (von einem Gruppenmitglied gespielt). Der Stuhl des Diplomaten bleibt frei.

2. Schritt: Gespräch zwischen Diplomat und Antagonist. Der Stuhl des Klartext-Sprechers bleibt frei.

3. Schritt: Gespräch zwischen Klartext-Sprecher und Diplomat.

Variante: Gruppenteilnehmer spielen die Ambivalenz, und der Protagonist sieht zu

Es wäre auch möglich, dass der Protagonist für seine beiden Teammitglieder jeweils einen Gruppenteilnehmer auswählt: Ein Gruppenteilnehmer spielt den Klartext–Sprecher, und ein anderer Gruppenteilnehmer übernimmt die Rolle des Diplomaten. Nachdem beide Rollenspieler vom Protagonisten in ihre Rolle eingedoppelt wurden, steht der Protagonist im Spiegel und schaut seinem eigenen inneren Dialog zu. Die Rollenspieler sollen die Rolle zunächst einmal so spielen, wie der Protagonist sie ihnen vorgegeben hat. Sie können jedoch nach einiger Zeit auch die Rollen durch eigene Improvisationen erweitern und sich der Dynamik des Spiels überlassen.

Der Protagonist bekommt den Auftrag, das Rollenspiel seines inneres Erlebens auf sich wirken zu lassen und seine Impulse wahrzunehmen.

Vielleicht möchte er intervenieren und einem Teammitglied eine Anweisung geben, vielleicht möchte er ein Teammitglied in seiner Haltung stärken, vielleicht sieht er auch aus der Distanz des Beobachters eine Lösung, die er beiden vorschlagen möchte. Im letzteren Fall kann der Leiter ihn bitten, nacheinander in die Rollen beider Teammitglieder zu gehen, um aus der jeweiligen Rolle Stellung zu der angebotenen Lösung zu nehmen. Womöglich entsteht jetzt ein Dialog zwischen den beiden Teammitgliedern, der vorher nicht möglich gewesen wäre.

Viele Seelen, ach, in meiner Brust

Handelte es sich bisher um eine innere Stimme, die sich zu Wort meldet, oder um zwei sich streitende Teammitglieder, so geht es jetzt um die Situationen, wo sich viele Teammitglieder melden. Bei wichtigen Entscheidungen, Herausforderungen oder Lebensthemen können wir häufig bei genauer Betrachtung unserer Stimmungslage oder Gesamteinstellung erkennen, dass es sich um mehrere innere Stimmen handelt, die sich zu Worte melden. Bei plötzlichem Entscheidungsdruck kann es sogar sein, dass wir einen lautstarken inneren Tumult erleben. Im Krawall des inneren Stimmenwirrwarrs melden sich all die Stimmen, die zur Situation oder zum aktuellen Thema etwas beizutragen haben. Alle haben aus ihrer Sicht etwas Bedeutsames zu sagen und wollen wahrgenommen werden, damit nach einem inneren Verständigungsprozess eine Lösung gefunden werden kann, die umfassender und „weiser" ist als die Stimme jedes einzelnen Teammitglieds.

Wie kann man erlebnisaktivierend mit dieser Vielzahl arbeiten?
Nehmen wir wieder als Beispiel Frau Knurr. Würde sich in der Exploration herausstellen, dass sie, bei ihrem zunächst vielschichtigen Thema, den Schwerpunkt auf ihre Nervosität vor und während einer Präsentation legen möchte, wird vielleicht deutlich, dass sie immer unter starkem Lampenfieber litt, wenn sie vor mehreren Menschen sprechen sollte. Sie kann zwar einige Kontaktmanager an die Bühnenfront schicken und standardisierte Sätze wie: „Ich freue mich, dass Sie so zahlreich erschienen sind..." sagen, aber ihre Redeangst beruhigte sich dabei nicht. Sie war bisher vor jeder Präsentation sehr nervös, unruhig und konnte tagelang vor einer Rede nicht gut schlafen. Durch ein „Aufregungs-Bezähmungsmuster" versuchte sie sich zu kontrollieren, verlor aber nur ihre Lebendigkeit – nicht ihre Angst. Irgendwann erkannte sie, dass es kein Rhetorik-Training gibt, das diese inneren

Stimmen ganz verstummen lässt. Deshalb möchte sie jetzt nach innen schauen.

Sie findet in der Exploration neben ihrem Kämpfer einen Schlagfertigen, der sich gerne auf einen Schlagabtausch einlässt und selten um eine Antwort verlegen ist. Sie entdeckt aber auch, dass sie einen starken inneren Kritiker besitzt, der mit strengem Blick nur auf ihre Fehler und Schwächen schaut. Bisher hatte dieser Kritiker sie zur Leistungsverbesserung angespornt und war ein wertvoller nützlicher Begleiter für ihre berufliche Entwicklung gewesen. Jetzt ist er aber durch seine ständige Abwertung zu einem Teammitglied geworden, das sie in der exponierten Rolle einer Rednerin mehr hindert als unterstützt.

Neben dem Kritiker befindet sich ein innerer Zweifler, der sich durch Skepsis und Unsicherheit auszeichnet. Sobald sich der Zweifler meldet, kommt auch der innere Angsthase zum Vorschein und bläst zum Rückzug. Er will der unangenehmen Situation aus dem Wege gehen und die ganze Aufregung vermeiden. Dieser bekommt Unterstützung vom inneren Perfektionisten, der ihr immer wieder aufs Neue beweist, dass es noch nicht zur vollkommenen Meisterschaft reicht und dass man vorher nicht anfangen sollte.

Wie sich vielleicht herausstellt, sind die letzten vier Stimmen die erstrangigen Verhinderer der Protagonistin. Womöglich kann sie diese Teammitglieder recht schnell identifizieren. Dies könnte darauf hinweisen, dass sie diese Stimmen gut kennt. Möglicherweise betrachtet sie diese Anteile als innere Feinde und hat eine Gegnerschaft zu ihnen aufgebaut. Aber in dem Maße, wie sie diese inneren Vorgänge zu verscheuchen suchte, verstärken diese ihre Arbeit, verunsichern sie bei Zwischenfragen, lassen sie rot werden, plötzlich stottern, den roten Faden verlieren und die Situation am liebsten ganz vermeiden.

Handelt es sich um mehrere Teammitglieder, die sich zu Worte melden, so kann der Leiter verschiedene Wege gehen. Er könnte im ersten Schritt für jedes Teammitglied einen Stuhl holen und die Protagonistin bitten, die Teammitglieder den Stühlen zuzuordnen und die Stühle so aufzustellen, wie die Teammitglieder zueinander und zu ihr stehen. Er kann die Protagonistin fragen, wo sie die einzelnen Stimmen genau im Körper wahrnimmt, und sie entsprechend aufbauen. Nach meiner Erfahrung sind ängstliche Stimmen, Druckmacher oder innere Kritiker häufig hinter dem Protagonisten zu orten (und häufig größer als er/sie selbst), während unterdrückte innere Sehnsüchte und Bedürfnisse häufig links oder rechts vor dem Protagonisten in kleinerer Position wiederzufinden sind.

Dann kann die Protagonistin im zweiten Schritt sich auf jeden Stuhl setzen und sich mit dem jeweiligen Teammitglied identifizieren. Dadurch werden diese voneinander abgegrenzt. Jedes Teammitglied darf dabei wiederum zunächst einmal ein Plädoyer halten, ohne dass die anderen unterbrechen. Da meistens offensichtlich ist, dass sie nicht einer Meinung sind, muss anschließend die Sache ausdiskutiert werden. Deshalb kann dann im dritten Schritt eine Interaktion stattfinden.

Der Vorteil bei diesem Vorgehen ist, dass die Protagonistin im ersten und zweiten Schritt die einzelnen Stimmen sehr deutlich spürt und kennenlernt. Der Nachteil liegt darin, dass im dritten Schritt die Interaktion zwischen den vier Teammitgliedern umständlich und unübersichtlich werden kann, da die Protagonistin häufig die Stühle wechseln muss. Es besteht dabei die Gefahr, dass sie auf den vielen Stühlen hin und her hüpft, ohne dass ein tieferer innerer Dialog und eine wirkliche Klärung entsteht. Außerdem sind die Gruppenteilnehmer nur Beobachter und nicht aktiv beteiligt. Um sie in die Bearbeitung mit einzubeziehen und um der Protagonistin die Chance zu geben, „mit sich zu Rate zu gehen", kann der Protagonist eine innere Ratsversammlung einberufen.

Innere Ratsversammlung

Vorgehen

1. Identifikation der Teammitglieder

Bei unserer Protagonistin handelt es sich um den Kämpfer, den Schlagfertigen, den Kritiker, den Zweifler, den Angsthasen und den Perfektionisten.

2. Auswahl der Mitspieler

Bei dieser Arbeit mit dem inneren Team übernehmen die anwesenden Gruppenteilnehmer die relevanten Rollen dieses Teams. Der Leiter steht damit vor der Entscheidungssituation: Wer soll welche Rolle übernehmen? Für diese Entscheidung gibt es wieder zwei Möglichkeiten. Einmal kann die Protagonistin entscheiden, wen sie gerne für die jeweilige Rolle besetzen würde. Der Vorteil wäre, dass die Rollenbesetzung für sie passt, da sie noch einmal genau überprüfen kann, um welche Eigenschaften und Gefühle es bei ihr geht und wer aus der Gruppe dies aus ihrer Sicht am treffendsten repräsentiert. Sie würde für ihren inneren Kritiker wahrscheinlich keinen Teilnehmer wählen, den sie mit hängenden Schultern und depressivem Gesichtsausdruck schweigend in der Gruppe sitzen sieht. Diesen Teilnehmer würde sie vielleicht in die Rolle des Angsthasen wählen. Der Nachteil wäre, dass Teilnehmer sich nicht freiwillig für die Rollen melden können und sie manchmal höflich, da sie dem Protagonisten helfen wollen, aber innerlich widerstrebend ihre Rolle einnehmen. Widerstrebend vor allem dann, wenn die Rolle als negativ empfunden wird.

Die andere Möglichkeit für die Spielerauswahl wäre, dass der Leiter die Gruppe fragt: „Wer von Ihnen möchte gerne eine dieser Rollen übernehmen?" Der Grund, warum sich Teilnehmer für eine bestimmte Rolle freiwillig melden, kann unterschiedlich sein. Vielleicht weil sie eine besondere Seelenverwandschaft zu diesem Teammitglied spüren, vielleicht weil sie es selbst sehr gut in sich kennen oder weil sie es einmal übend in sich aktivieren möchten oder weil sie einfach Lust haben, am Rollenspiel teilzunehmen.

Ich fälle die Entscheidung der Auswahl für die innere Ratsversammlung nach dem Kriterium des Gruppenvertrauens und der Erfahrung der Gruppe mit dieser Art der Arbeit. Sind sich die Mitglieder der Gruppe noch relativ fremd und ist dies ihre erste Arbeit in der Gruppe, so frage ich, um die Freiwilligkeit zu betonen, die Gruppe: Wer möchte diese Rolle übernehmen? Ist die Gruppe mit dieser Art der Anliegenbearbeitung schon vertraut, dann frage ich den Protagonisten, mute der Gruppe seine Entscheidung zu und helfe den Gewählten in ihre Rollen, wenn ich sehe, dass sie eine innere Hürde überwinden müssen.

3. Aufbau der Spielszene und Rolleneinweisung der Mitspieler
Nachdem geklärt ist, wer welche Rolle spielen soll, brauchen alle Beteiligten ein klares Situationsverständnis und die Mitspieler einen Rollenauftrag. Dazu erklärt der Leiter allen, worum es jetzt gehen soll. Er sagt vielleicht: „Häufig herrscht im Seelenleben des Menschen, wenn sich mehrere Stimmen zu Worte melden, ein heilloses Durcheinander. Jedes Teammitglied will etwas anderes und verfolgt sein eigenes Ziel. Außerdem sind einige sehr dominant und verfolgen mit großer Lautstärke ihre Interessen, während andere eher zurückhaltend sind. Dann ist es hilfreich, alle Teammitglieder zu einer Aussprache zusammenzuführen. Damit dabei auch wirklich alle zu Worte kommen können, jeder gehört und verstanden wird und es kein konfuses Durcheinander gibt, muss diese Konferenz geleitet werden. Die Moderationsaufgabe übernimmt Frau Knurr selbst. Sie bestimmt auch, wer wo bei der Ratsversammlung sitzt. „Also, Frau Knurr, wie stellen Sie sich so eine innere Konferenz vor: mit Tisch oder ohne Tisch – alle im Kreis oder über Eck?"

Jetzt entsteht im Kontakt zwischen Leiter und Protagonistin der Szenenaufbau. Vielleicht wird ein kleiner Tisch in die Mitte der Bühne gestellt, und die Protagonistin bestimmt, wer von den vier Mitspielern wo sitzen soll und von wo aus sie die Moderation leiten will.

Nachdem allen die Situation klar ist und alle Beteiligten ihren angewiesenen Platz eingenommen haben, geht die Protagonistin in jede einzelne Rolle. Dazu verlässt sie ihren Moderationsstuhl und setzt sich auf den Stuhl des jeweiligen Teammitglieds. Der Rollenspieler (Hilfs-Ich) verlässt dafür seinen Platz und stellt sich etwas abseits am Bühnenrand hin, damit er gut hören und beobachten kann, was die Protagonistin jetzt sagt und wie sie es sagt.

Für die Protagonistin ist dies eine Identifikation mit ihren Persönlichkeitsanteilen, für das Hilfs-Ich ist es Rollenfutter, damit es weiß, wie es die Rolle ausspielen und in welcher Haltung und mit welchen Argumenten es sich gleich an der Ratsversammlung beteiligen soll.

Für die Protagonistin ist dieser Identifikations-Schritt wichtig, damit sie der inneren Stimme einmal ohne (innere) Diskussion und unterbrechende Beifalls- und Missfallenskundgebungen der anderen Teammitglieder Raum und Zeit geben kann.

Alternativ zu dem Rollenwechsel der Protagonistin kann der Leiter auch die Methode des Eindoppelns wählen. Dazu bleiben die Rollenspieler auf ihrem Stuhl sitzen, und die Protagonistin tritt hinter jeden Spieler, der ein inneres Teammitglied verkörpert, und spricht von dort aus, was die Stimmen jeweils auf dem Herzen haben.

Abb.23:
1. Protagonistin (X) baut die Bühne auf.

2. Protagonistin (X) sitzt auf dem Platz des Hilfs-Ichs und identifiziert sich mit ihm. Die Rollenspielpartnerin steht daneben und hört aufmerksam zu.

3. Protagonistin (X) doppelt die Mitspieler ein

Bei beiden Methoden kann sie die Botschaften der einzelnen Teammitglieder einmal in Ruhe formulieren. Der Leiter kann sie darin unterstützen, indem er ihr Satzanfänge anbietet: „Typische Sätze von mir (meiner inneren Stimme) sind...“, oder „Laut werde ich, wenn...“, oder „Besonders wichtig ist mir...“, „Mir wäre recht, wenn...“

Vielleicht sagen
der Kämpfer: Wir beweisen jetzt allen, dass wir das können. Ich habe mich schon durch so viele schwierige Situationen durchgeboxt, da kann doch so eine Präsentation nicht wirklich zu einem Problem werden. Gerade in solchen Zeiten kannst du beweisen, was wirklich in dir steckt. Also: Jetzt erst recht! Du bist klug und dem Thema gewachsen. Wenn dir die Zuhörer blöd kommen, dann wird dir schon die richtige Antwort einfallen. Dazu hast du ja den Schlagfertigen.

der Schlagfertige: Was ich gerne mag, sind kleine Spitzen mit ironischem Unterton. Wenn das mein Gesprächspartner beherrscht, kann es ein wunderbarer Schlagabtausch werden. Hier mal ein Spruch und dort mal eine patzige Antwort, ich bin selten um eine Antwort verlegen und wirklich nicht auf den Mund gefallen. Mein Einfallsreichtum und Witz hat mir schon häufig geholfen, wenn ich keine inhaltlichen Argumente mehr hatte.

der Kritiker: Wie kannst du es wagen, dich da vor die Leute zu stellen?! Die merken doch sofort, dass du nicht wirklich den Durchblick hast. Ist doch alles nur Halbwissen. Und deine Vorschläge, die du da machen willst, die kann sich doch jeder Student im ersten Semester ausdenken. Wo bleibt nur deine Kreativität für wirklich originelle Ideen? Außerdem bist du viel zu einseitig in deiner Präsentation. Du weißt doch, die Wahrheit hat immer zwei Seiten. Bist du nur zu faul, oder hast du keine Ahnung von den Gegenargumenten, die du doch lieber selber bringen solltest, bevor es die Zuhörer machen?

der Zweifler: Mein Argwohn wurde sofort geweckt, als man sagte, dass ich die Präsentation machen soll. Wieso hat man das mir übertragen? Was steckt dahinter? Ist das womöglich ein Himmelfahrtskommando? Außerdem hast du nur noch einen Tag Zeit für die Vorbereitung. Wie willst du das alles schaffen? Ich bin doch noch so unsicher, was das Argumentationsgerüst angeht. Da kann man ja nicht einfach irgendwelche Behauptungen in den Raum stellen. Da muss geschickt und logisch argumentiert werden. Und ob deine Argumente wirklich überzeugend sind, da habe ich doch große Zweifel. Ich bin auch skeptisch, was dein Äußeres angeht. Du solltest zumindest vorher noch zum Friseur gehen.

der Angsthase: Bei einer Präsentation kann so viel schiefgehen. Du hast außerdem noch nicht die Akzeptanz der Leute. Wenn da nur die kleinste Kleinigkeit passiert, blamierst du dich bis auf die Knochen. Komm, lass es lieber, deine Stärken liegen woanders. Dies ist nichts für dich. Das können andere besser! Wahrscheinlich bekommst du vor lauter Aufregung kein Wort heraus. Alle sehen, wie unsicher du bist, und merken dir dein Lampenfieber an. Womöglich sind deine Hände so feucht, dass es allen unangenehm ist, dir die Hand zu schütteln. Also: Finger weg!

der Perfektionist: Bist du eigentlich sicher, dass du dich richtig vorbereitet hast? Ich meine nicht nur inhaltlich – deine Folien sind auch nicht wirklich gut. Ich muss dir sagen, dass man bei den letzten fünf Folien einiges noch besser visualisieren könnte. Da nimmt man nicht einfach einige ClipArt´s aus dem Computerprogramm. Da gibt es wirklich gute Bilder, die man einscannen könnte. Also, da musst du noch mal ran. Und noch eins. Du hast doch im Rhetorikkurs gelernt: Beim Reden ist es wie beim Fliegen: Der Start und die Landung sind das Wichtigste. Der erste Eindruck weckt auf und der letzte bleibt hängen. Wie hast du also deine Einleitung aufgebaut? Das zündet noch nicht richtig. Da musst du dir noch etwas Besseres einfallen lassen. Außerdem ist dein Stichwortzettel schlecht gemacht. Du hast zu viele Sätze da stehen, da sollen nur Stichworte hin! Sonst findest du dich nachher nicht zurecht!

4. Durchführung der Ratsversammlung

Nachdem die einzelnen Stimmen gehört worden sind, kann die Ratsversammlung beginnen. Der Leiter hat jetzt zwei Möglichkeiten, mit der Protagonistin zu arbeiten: als Moderatorin oder als Beobachterin.

Protagonistin als Moderatorin

Die Protagonistin setzt sich dazu auf den Moderationsstuhl und eröffnet die Diskussion.
Die einzelnen Rollenspieler können jetzt in ihren Rollen agieren und aufeinander reagieren. Häufig sprechen zunächst einige Teammitglieder gemäß ihrer Rollenanweisung nacheinander, aber schon bald reagieren sie aufeinander, und es entsteht eine rege Diskussion, vielleicht sogar ein hitziges Wortgefecht. Der Leiter darf seine Aufmerksamkeit jetzt nicht nur dahin richten, wo es laut hergeht. Er muss vor allem auf die häufig zunächst stille Protagonistin achten. Wie reagiert sie auf das Geschehen? Wen schaut sie an? Wen weniger? Wie ist ihre Mimik, Gestik, Atmung, Hautfärbung? Vielleicht ist sie zunächst einmal gebannt von der eintretenden Dynamik und sitzt wie angewurzelt schweigend auf ihrem Moderationsstuhl. Der Leiter sollte ihr jetzt Zeit geben und nicht vorschnell intervenieren. Natürlich besteht die Aufgabe der Protagonistin darin, den Diskussionsverlauf als Moderatorin so zu lenken, dass sich kein heilloses Durcheinander entwickelt. Aber sie wird in diesem Moment mit sich selbst konfrontiert. Das muss sie

zunächst einmal auf sich wirken lassen und verdauen dürfen. Falls sie als Moderatorin nach einiger Zeit beginnt, die Moderationszügel in die Hand zu nehmen, braucht der Leiter nicht zu intervenieren. Sollte sie längere Zeit regungslos auf ihrem Stuhl sitzen und sprachlos bleiben, so kann der Leiter die Mitspieler um eine kurze Pause bitten und der Protagonistin aus ihrer Starre heraushelfen.

Protagonistin als Beobachterin
Manchmal ist die Moderationsrolle für die Protagonistin nicht möglich. Durch die Konfrontation mit sich selbst ist sie in diesem Moment nicht in der Lage, ihr eigenes Team zu moderieren. Würde ihr das leichtfallen, wäre das Anliegen vielleicht gar nicht thematisiert worden. In diesem Fall wäre es angemessener, die Protagonistin zu bitten, sich etwas abseits an den Rand der Bühne zu stellen und aus einiger Entfernung das Bühnengeschehen zu beobachten. Sie kann aus dieser Distanz bemerken, wie die einzelnen Stimmen sich für ihren jeweiligen Standpunkt stark machen, mit anderen Bündnisse eingehen oder sich gegenseitig attackieren.

Wenn die Mitspieler warmgelaufen sind, geht es auf der Bühne oft laut, heftig und energiegeladen zu. Auch jetzt besteht die Gefahr, dass der Leiter vom Sog der Bühnenenergie angezogen wird und so fasziniert ist, dass er die Protagonistin aus dem Auge verliert. Diese ist wahrscheinlich sehr beteiligt und bewegt, werden doch jetzt ihre inneren Dialoge aufgeführt und ihr wie in einem Spiegel vorgehalten. Sie steht vor ihrem eigenen, hochgradig multivalenten Geflecht unterschiedlicher Persönlichkeitsanteile und vor einer Dynamik, die ihr wohlvertraut ist. Zu sagen: „Sie sieht sich selbst" wäre zu kurz gegriffen. Treffender wäre die Formulierung: Sie sieht ihr Erleben.

5. Rückversicherung des Leiters
Hat der Leiter guten Kontakt zur Protagonistin, bemerkt er vielleicht, dass Inhalte, Konstellationen und Allianzen nicht so dargestellt werden, wie es für sie stimmt, und dass die Dynamik nicht so verläuft, wie sie es erlebt. Dann friert der Leiter die Szene kurz ein, damit die Protagonistin korrigierend eingreifen kann.

6. Erkundung der inneren Reaktion der Protagonistin
Der Leiter steht während des Spiels so nah bei der Protagonistin, dass er ihr das Gefühl vermittelt, nicht ganz allein zu sein, und so weit weg von ihr, dass er sie nicht durch seine Gegenwart beeinflusst oder stört. Zeigt sie eine Reaktion (z.B. eine abwertende oder auffordernde Handbewegung, ein geringes Hin-und-her-Schwenken des Kopfes, ein leichtes Hochziehen der Augenbrauen), unterbricht der Leiter die

Diskussion und nimmt Kontakt mit der Protagonistin auf (z.B.: „Wie reagieren Sie auf das, was Sie dort hören?"). Sollte die Protagonistin über längere Zeit keine Reaktion zeigen, kann der Leiter auch von sich aus die Diskussion unterbrechen und durch Fragen Kontakt mit ihr aufnehmen. Die jetzt stattfindende Erkundung muss der Protagonistin die Möglichkeit geben, alles auszusprechen, was in ihr vorgeht. Der Leiter sollte also keine gezielten, geschlossenen und damit lenkenden Fragen stellen, welche die Protagonistin von ihrem Erleben ablenken. Falsch wäre beispielsweise: „Einige sind ja ganz schön dominant! Wollen Sie das weiterhin zulassen?" Offene Fragen können der Protagonistin hier besser helfen,

- sich selbst zu klären: „Was nehmen Sie gerade wahr? Wie reagieren Sie auf das Geschehen?"
- aktiv zu werden: „Sie können moderieren und eingreifen. Was möchten Sie tun? Welche Impulse verspüren Sie?"

Die Impulse der Protagonistin können dann sehr unterschiedlich sein. Vielleicht will sie eine Verschiebung der Konstellationen vornehmen, indem sie ein Bündnis auflösen und neue Verbindungen herstellen möchte. Manchmal geschieht dies räumlich, indem sich einige Teammitglieder umsetzen sollen oder auch, indem sie einigen Teammitgliedern genaue Anweisungen geben will. Vielleicht will sie auch ein Teammitglied in seine Schranken verweisen oder ein anderes stärken. Dazu kann sie dann mit diesem Teammitglied in Kontakt treten (Vorgehen siehe „Eine Seele, ach, in meiner Brust", S. 174 ff).

Vielleicht bemerkt sie aber auch, dass in der Diskussionsrunde eine Stimme fehlt. Im letzteren Fall könnte ein weiterer Stuhl dazu gestellt werden, und die Protagonistin könnte diesen Nachzügler selbst vertreten oder ein neues Gruppenmitglied in die Rolle einführen. Nicht selten hat gerade diese zuletzt entdeckte Stimme eine entscheidende Bedeutung im inneren Klärungsprozess.

Hat die Protagonistin keine Ideen, wie es der Ratsversammlung möglich sein kann, kooperativ miteinander so umzugehen, dass die anstehende Frage beantwortet wird und alle Beteiligten mit dem Prozess und dem Ergebnis zufrieden sind, dann kann der Leiter

- die beobachtenden Gruppenteilnehmer fragen, welche Einfälle sie haben. Vielleicht drängt es jemanden, eine fehlende weitere Stimme vorzuschlagen, die nach seiner Auffassung unbedingt dazugehört. Dieser Vorschlag kann dann mit der Protagonistin besprochen werden, und sie kann überprüfen, ob sie diesen Persönlichkeitsanteil in sich entwickeln will.
- die Rollenspieler interviewen und sie fragen, welche Vorschläge

aus ihrer jeweiligen Rollen-Sicht dem Prozess eine konstruktive Richtung geben könnten.

Nachdem so mehrere Ideen und Vorschläge im Raum stehen, kann die Protagonistin sich entscheiden, was zu ihr passt. Irgendwann sollte sie den Vorsitz übernehmen und ihr Team zu konstruktiver gemeinsamer Lösungssuche anleiten. Der Trainer kann sie darin unterstützen.

7. Auswertung durch die Protagonistin
Ist das Rollenspiel beendet, bekommt zunächst die Protagonistin Gelegenheit, ein Resümee zu ziehen. Jetzt kann sie sagen, wie es ihr zum Abschluss geht, was für sie in dem Prozess wichtig war und welche Erkenntnisse sie daraus ziehen kann.

8. Rollenfeedback und Entlassung aus den Rollen
Danach werden die Mitspieler befragt, wie sie in ihren Rollen den Prozess erlebt haben und wie sich die Rolle angefühlt hat. Dies geschieht zum einen, damit sie das, was bei ihnen durch das Spielen angerichtet wurde, nicht zu Hause „auslöffeln" müssen, sondern direkt nach dem Spiel loswerden können.

Das Rollenfeedback dient aber auch dem Protagonisten; denn in einem guten Rollenfeedback sind häufig wichtige Angebote für den Protagonisten enthalten, z.B.: „Ich habe als Kritiker gemerkt, wie mächtig ich bin. Meine Macht lag darin, dass ich immer nur tadeln und verurteilen durfte. Aber ich habe auch die Angst in der Rolle gespürt. Meine ganzen Kritik-Tiraden dienten dem Überwinden dieser Angst. Solange ich kritisieren durfte, war ich in Sicherheit."

Die Protagonistin kann jetzt entscheiden, ob die Wahrnehmung des Rollenspielers ihrer eigenen Wahrnehmung entspricht. Bei inneren Stimmen, die nicht der sozialen Norm und den Konventionen entsprechen (z.B. der Schleimer, der Hinterlistige, der Faulpelz etc.), muss der Leiter beachten, dass der Rollenspieler die Rolle nicht als Zuschreibung und Etikett behält. So kann der Leiter die Protagonistin anregen, zu den Mitspielern zu gehen und jeden Einzelnen aus seiner Rolle zu entlassen, indem sie ihn beim richtigen Namen nennt und sich für dessen Unterstützung bedankt.

Beachte: Der Leiter muss bei jedem Rollenspiel verantworten und dafür sorgen, dass jeder Beteiligte zum Schluss die Rolle abgelegt hat und wieder mit sich selbst identisch ist!

9. Integration der Außengruppe

Der bisherige Prozess kann sich über längere Zeit hingezogen haben, und die Gruppenteilnehmer, die nicht mitspielen konnten, waren die ganze Zeit über passive Beobachter. Sie können jetzt als Mensch und Kollege ihre Wahrnehmung, Stellungnahme und Eindrücke mitteilen.

Für die Integration des Protagonisten hilft häufig ein themenbezogenes Sharing. Die Einstiegsfrage des Leiters sollte nicht zu allgemein sein („Wer kennt das?") und sich nicht nur auf die Oberfläche des Themas beziehen („Meine Erfahrung mit Präsentationen"). Für die Sharingrunde ist es besser, das psychologische Thema zu benennen und als Frage zu formulieren: „Welche Stimmen melden sich bei mir, wenn ich Lampenfieber habe, und wie gehe ich mit meinem inneren Team dann um?"

10. Allgemeine Diskussion

Ist jetzt Diskussionsbedarf vorhanden, so geschieht der Austausch nicht akademisch abgehoben, sondern auf der Erfahrung des gemeinsamen, real Erlebten. In dieser Phase sind auch abschließende Empfehlungen und Ratschläge an den Protagonisten erlaubt!

11. Bilanz des Protagonisten

Das letzte Wort sollte der Protagonist haben. Zum einen gewinnt der Leiter dadurch noch einmal einen Eindruck davon, wie der Protagonist die Arbeit und die Rückmeldungen aufgenommen hat, und zum anderen kann der Protagonist formulieren, mit welchen Erkenntnissen und Einsichten er die Anliegenbearbeitung für sich abschließt.

Standbild des inneren Teams

Ein anderes Vorgehen, mit mehreren Stimmen des inneren Teams zu arbeiten, wäre der Aufbau einer inneren Skulptur, einer inneren Team–Soziometrie.

Vorgehen:

Die Protagonistin wählt zunächst jemanden aus der Gruppe, der sie als Gesamtperson darstellen kann – also für sich selbst. Danach soll sie für jedes in der Exploration gefundene innere Teammitglied einen Gruppenteilnehmer auswählen. Die Protagonistin stellt dann die einzelnen Teammitglieder (gespielt durch jeweils ein Gruppenmitglied) auf der Bühne so um sich selbst (d.h. um das gewählte Hilfs-Ich, das sie als Gesamtperson repräsentiert) herum auf, wie es für sie innerlich zutrifft.

Der Leiter kann sie dabei unterstützen, indem er z.B. fragt:

- Wer steht am Rande, wer näher zu Ihnen selbst?
- Wer ist wem wie nahe und wie distanziert?
- Schaut das Teammitglied auf den Boden, in den Himmel, Sie oder ein anderes Teammitglied an?
- Welche emotionale Beziehung soll ausgedrückt werden?
- Wer ist wem zugewandt und wer wem abgewandt?
- Berührt es jemanden, indem es ihn wegdrückt, irgendwo hinzieht oder einem „an die Gurgel" geht?
- Welche Körperhaltung hat es: aufrecht, gebückt, kniend, sitzend? Wie sollen die Arme gehalten werden? Wie die Beine und Füße?
- Welchen Gesichtsausdruck (freundlich, feindlich, hilflos, bedrückt, kritisch) zeigt es?

Abb. 24: Standbildmöglichkeiten (aus Brenner u.a., „Das Pädagogische Rollenspiel")

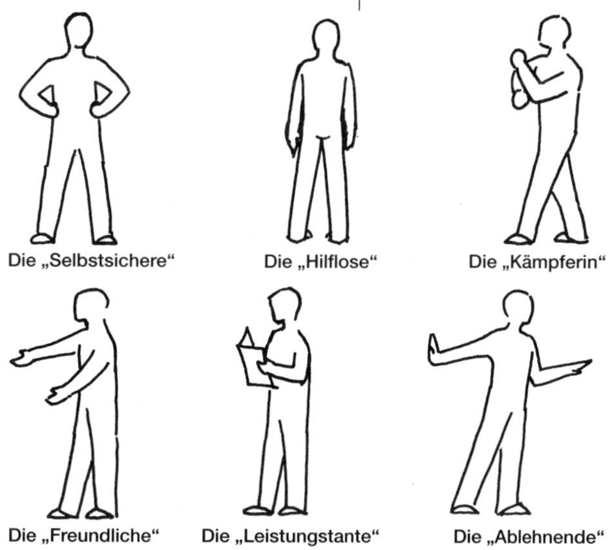

Die Teilnehmer stellen dabei Wachs in den Händen der Protagonistin dar, das sie so formen kann, wie es ihrem Erleben entspricht. Die Protagonistin modelliert die Rollenspieler wie eine Künstlerin, so dass ihre inneren Teammitglieder in der Skulptur unmittelbar plastisch sichtbar werden. Dabei kann die Protagonistin kurz selbst in die Rolle eines Teammitglieds gehen, um dem Hilfs-Ich die Stellung, Körperhaltung, Gestik oder Mimik genau vorzumachen. Sie kann auch immer wieder in ihre eigene Rolle als Gesamtperson gehen, um von dort erfühlend zu überprüfen, ob die bisher gefundene Konstellation stimmt.

Ist das Standbild fertig und stehen alle Teammitglieder aus Sicht der Protagonistin richtig, kann sie sich aus einigem Abstand das Gesamtbild anschauen und noch einmal Korrekturen vornehmen. Ist das Bild für sie stimmig, lässt sie es auf sich wirken (Spiegeltechnik). Dabei stehen die Gruppenteilnehmer schweigend in ihrer Rolle. Die Wirkung entsteht durch die Energie der Soziometrie und durch das Bild, welches als „Realbild" die Veräußerung des Erlebens darstellt.

Jetzt hat der Leiter wieder mehrere Möglichkeiten, mit der Arbeit fortzufahren. Er könnte die einzelnen Teammitglieder in ihren Rollen befragen, z.B. :

- Wie fühlst du dich in deiner Rolle?
- Was nimmst du von den anderen wahr? Wen spürst du deutlicher, wen weniger deutlich? Hinter dir steht ..., wie ist das für dich? Möchtest du etwas verändern?
- Welche Impulse spürst du? Wenn du so, wie du jetzt stehst, über lange Zeit stehen müsstest, was würdest du, weil es dir zu anstrengend ist oder aus anderen Gründen, verändern wollen?
- Was wäre aus deiner Sicht an Veränderungen nötig, damit es dir besser geht?

Dies hört sich die Protagonistin alles an, und anschließend kann im Kontakt mit ihr entschieden werden, ob eine Veränderung vorgenommen werden soll. Der dann eintretende Prozess ähnelt dem eines Mobiles: Wenn man an einer Stelle etwas bewegt, bewegt und verändert sich das ganze System. Auf diese Weise kann die Protagonistin mit ihrem inneren Team experimentieren.

Eine andere Möglichkeit, mit dem Standbild weiterzuarbeiten, besteht darin, dass die Protagonistin ein Wunschbild aufbaut und die dazu nötigen Veränderungen einleitet. Dazu kann der Leiter fragen: „Wie sähe bei der in Ihrem Anliegen geschilderten Situation und bei Ihrer Fragestellung ihr Dreamteam aus?“ Auch jetzt ist Feinarbeit nötig (Wer soll wie, wo, mit welcher Haltung stehen?), da oft kleine, scheinbar unwichtige Aspekte große Bedeutung haben.

Der Leiter sollte dabei folgende Punkte beachten und sie notfalls der Protagonistin anbieten:

- Die Gesamtperson sollte in einer freien, autonomen Position stehen.
- Jedes Teammitglied sollte einen Platz in Sichtweise und zugleich Distanz zur Führung einnehmen.

Anschließend kann die Protagonistin sich auch dieses Wunschstandbild ihres inneren Teams anschauen und es auf sich wirken lassen.

Sind genügend Teilnehmer im Raum, kann der Leiter beide Bilder (Real- und Wunschbild) parallel darstellen lassen, damit die Protagonistin beide Standbilder nebeneinander sehen kann. Sie kann sich mit sich selbst als Gesamtperson oder mit einem ihr bedeutsamen Teammitglied identifizieren, in dessen Rolle im Realbild gehen und nachspüren, wie es ihm dort geht. Dann kann sie wechseln und in die gleiche Teammitglied-Rolle im Wunschstandbild gehen und hier jetzt nachspüren. Auch das umgekehrte Vorgehen hat häufig eine starke Wirkung auf den Protagonisten.

Wenn die Zeit reicht und die Protagonistin noch Kraft und Lust hat, kann der Leiter die jetzt auftretenden Impulse der Protagonistin aufnehmen, aus der Statik des Standbildes heraus in Aktion treten, innere Klärungsarbeit leisten oder neues Verhalten im übenden Rollenspiel trainieren. Da gemäß der systemischen Grundhypothese alles in einem Kontext stattfindet, ist es häufig sinnvoll, die Stabilität des gewünschten inneren Teamaufbaus (Wunschbild) an schwierigen Kontexten zu messen. Diese Überprüfung durch einen Realitätstest ist vielleicht nötig, da wir durch unsere Gewohnheitsmuster geneigt sind, je nach äußerem Kontext später im Alltag blitzschnell wieder die alte, unerwünschte innere Team-Soziometrie aufzubauen.

Vielleicht steht im wohltuenden Wunschbild ein wichtiger Anteil im Vordergrund oder in der zentralen Mitte, den die Protagonistin bisher immer übergangen hat. Vielleicht handelt es sich um den Teil, der dafür verantwortlich ist, dass sie es sich auch einmal gutgehen lassen kann (die „fürsorgliche Liebevolle"). Die bisher dominierenden Anteile, die für Leistung, Druck, Kampf, Verantwortung, Funktionieren oder Disziplin zuständig sind, stehen jetzt etwas abseits und in zweiter Reihe. Wenn sich die Protagonistin dieses Wunschbild anschaut, huscht vielleicht ein zufriedenes Lächeln über ihr Gesicht. Wenn im Rollenspiel dann aber jemand zur Tür hereinkommt und sagt: „Soso, geht es dir gut? Schön für dich. Hauptsache, dir geht es gut – ich habe das Geschirr gespült, und die Gartengeräte müssen auch noch weggeräumt werden!", dann wird es spannend, wie ihr inneres Team reagiert. Hält sie dem moralischen Druck stand, oder kehrt sie blitzschnell zum alten eingefahrenen Muster wieder zurück, da die Fraktion „Leistung-Kampf-Druck-Verantwortung" jetzt von außen einladende Unterstützung bekommt und sagen darf: „Ganz genau! Die Person da draußen hat Recht! Du verhältst dich wie ein Parasit. Hauptsache, dir geht es gut, während andere...!"

Manchmal braucht die Protagonistin dann eine Hilfe, die sie im Alltag darin unterstützt, das bisher Erarbeitete zu stabilisieren. Dies könnte zum Beispiel darin liegen, dass sie Muster durchbrechende Erinnerungen aufbaut. Diese können durch einen kleinen Gegenstand symbolisiert werden und ihr helfen, wenn sie diesen in die Hand nimmt und mit den Fingern spürt, sich stärkend an die Seminarerfahrung und an die wohltuende Erfahrung des Gedankens „Ich tue etwas Gutes für mich – und das ist nicht gegen andere gerichtet" zu erinnern. So bekommt sie die erinnernde Kraft, im Alltag die dazu passende innere Teamsoziometrie aufzubauen.

Protagonist zwischen den Fronten

Wird bei der Exploration des inneren Teams deutlich, dass sich das gesamte Team in zwei Lager aufteilt, so kann diese innere Teilung auf der Bühne inszeniert werden.

Vorgehen

Nehmen wir einmal an, Frau Knurr stellt auf der einen Seite den Kämpfer, den Schlagfertigen, den Kritiker und den Perfektionisten und auf der anderen Seite ihren Zweifler, den Angsthasen und vielleicht noch den Unsicheren und den Ja-Sager hin. Sie selbst schwankt innerlich zwischen beiden Lagern hin und her. Die äußere Bühne stellt auch jetzt ein Spiegelbild ihrer inneren Bühne und ihres Erlebens dar. Vielleicht stellt sie beide Gruppen mit Abstand frontal gegenüber, da dies ihrem inneren Konflikterleben entspricht. Nachdem jedes Gruppenmitglied eingedoppelt wurde, können die Hilfs-Ichs ihre Haltung als Teammitglied einnehmen und ein Streitgespräch mit der ihr gegenüberstehenden Mannschaft führen.

Die Protagonistin soll sich währenddessen nicht in Distanz und am Bühnenrand aufhalten, sondern sich zwischen die beiden Lager positionieren. Dort hört sie die Argumente von rechts und von links, von vorne und von hinten. Wie sie sich auch dreht und wendet, sie steht genau zwischen den Fronten.

Der Leiter kann sie darauf hinweisen, dass sie ihren Impulsen folgen soll. Vielleicht verspürt sie den Wunsch, Fürsprecherin für ein Teammitglied zu werden, um dessen Standpunkt zu stärken. Dafür kann sie sich hinter das entsprechende Teammitglied stellen und dieses unterstützen. Vielleicht fallen ihr in der Mitte plötzlich überzeugende Argumente für dieses Teammitglied ein, die ihr bisher verschlossen blieben. Nachdem sie zu einem Teammitglied gegangen ist und es so unterstützt hat, kann sie sich wieder in ihre Ausgangsposition stellen und beobachten, welche Auswirkungen ihr Impuls auf die Dynamik hat. Vielleicht spürt sie kurze Zeit später einen erneuten Impuls, jetzt aber für die Gegenseite. Indem sie so, ihren Impulsen folgend, hin und her gependelt ist, spürt sie vielleicht deutlicher als vorher, wohin es sie mehr zieht; welches Teammitglied sie warum und mit welcher Begründung unterstützen will und kann.

Möglicherweise nimmt sie auch deutlich wahr, während sie ein Teammitglied unterstützt, welche Gefühle sich hinter dessen Haltung verbergen. So stand einmal ein Protagonist hinter seinem ärgerlichen Teammitglied, um ihm zur Seite zu stehen. Der Gegenpart, sein ängstlicher Ja-Sager-Teil (gespielt von einem Gruppenteilnehmer) sagte während des Streitgesprächs: „Wenn ich immer Ja sage, dann mögen dich die anderen aber wenigstens!" Er antwortete spontan (hinter dem Ärgerlichen stehend): „Erstens weißt du das gar nicht so genau. Das erhoffst du dir nur. Und zweitens kostet das einen sehr hohen Preis. Ich muss mich nämlich dauernd selbst verleugnen!" Während er dies aussprach, kamen ihm die Tränen, da er sich bewusst wurde, welchen Preis er für seine Harmonie suchende Haltung bezahlen musste. Seine bisherigen eher schwachen Impulse, sich und seine Meinung deutlicher zu vertreten, wurden jetzt gestärkt. Nachdem er seine Trauer um die verlorenen Lebenschancen ausgedrückt hatte, trat er mit den Beinen kräftig auf und sagte: „So, jetzt ist Schluss mit der Diskussion und dem ewigen Hin und Her. Jetzt habe ich die Nase voll und werde mich nicht mehr verstecken. Schluss-aus-basta !"

Die Interventionsentscheidung – ein kreativer Akt mit Verantwortung

Sollte bisher der Eindruck entstanden sein, es gäbe in einer bestimmten Situation bei einem bestimmten Protagonisten mit einer bestimmten Fragestellung nur eine oder höchstens zwei Interventionsmöglichkeiten, so wäre die Vorstellung falsch. Dies ist im Fallbeispiel von Frau Murr schon angedeutet worden.

Beginnt jemand mit erlebnisaktivierenden Methoden zu arbeiten, ist es günstig, wenn sich in seinem Anfänger-Repertoire die Standardmethoden für den zwischenmenschlichen und innermenschlichen Bereich befinden. Diese muss er zunächst einmal kennen und erlernen. Sie bieten ihm die Sicherheit eines Grundgerüstes. Damit kann er einen Großteil der Anliegen bearbeiten. Letztlich ist jedoch das Vorgehen mit erlebnisaktivierenden Methoden ein kreativer Akt, den der Leiter aufgrund seiner Erfahrung, Intuition und der vorgefundenen Realität vollzieht.

Dass sich häufig mehrere Vorgehensmöglichkeiten anbieten und alle ihre Berechtigung haben können, wenn sie dem Protagonisten helfen, eine Antwort auf seine Fragestellung zu finden, möchte ich an zwei Beispielen aufzeigen.

Beispiel 1
Situation: In einer Seminargruppe mit Führungskräften aus verschiedenen Firmen und mit sehr unterschiedlichen Führungsverantwortungen formuliert Herr Schlau folgendes Thema: Er sei Rechtsanwalt und arbeite als Justitiar in einem Konzern. Jetzt habe er von einem frühe-

ren Studienkollegen und Freund das Angebot bekommen, in dessen Kanzlei als gleichberechtigter Kollege einzusteigen. Er könne sich jedoch nur schwer dazu durchringen. Auf der einen Seite sei es immer schon sein Traum gewesen, sich selbständig zu machen und als sein eigener Herr zu arbeiten, auf der anderen Seite genieße er aber auch die Sicherheit eines festen Arbeitsplatzes. Er wisse auch nicht, ob er sich diesen Schritt fachlich zutrauen könne, da er sich durch seine jetzige Arbeit doch sehr spezialisiert habe. Die Entscheidung falle ihm schwer, da viele Gründe dafür, aber auch viele dagegen sprächen. Seine Frage laute: „Wie soll ich mich angesichts der vielen unterschiedlichen Argumente entscheiden?"

Die Gruppe hat einige Fragen zum beruflichen Kontext gestellt, und der Leiter will sich jetzt für ein erlebnisaktivierendes Vorgehen entscheiden.

Ich möchte für diese Situation fünf Vorgehensweisen herausgreifen (und es gibt sicherlich noch mehr als die hier angeführten), die alle ihren Wert besitzen und gleichberechtigt nebeneinander stehen.

1. Interventionsmöglichkeit
Der Leiter entscheidet sich für eine Fokussierung auf das innere Team des Protagonisten und erforscht, welche inneren Stimmen sich bei dieser Frage in ihm zu Worte melden. Anschließend arbeitet er mit dem Ensemble der inneren Stimmen und eröffnet eine innere Ratsversammlung. (s. S. 214 ff.)

2. Interventionsmöglichkeit
Der Leiter sieht, dass der Protagonist gute Gründe für beide Möglichkeiten hat. Zunächst sammelt er mit dem Protagonisten am Flipchart die wichtigsten Pro- und Kontra-Argumente zur Freiberuflichkeit, dann die Pro- und Kontra-Argumente zu einer weiteren festen Anstellung in der Firma. Mögliche Gründe für eine Freiberuflichkeit könnten sein: höheres Einkommen, anerkanntes Rollenbild in der Gesellschaft, mehr Freiheit, interessante und vielfältigere Aufgaben etc., Gründe für eine weitere Anstellung: gesichertes Einkommen, relativ geregelte Arbeitszeit, weniger Stress etc.

Jetzt lässt der Leiter vier Stühle aufstellen: Stuhl A und Stuhl B nebeneinander und Stuhl 1 und Stuhl 2 diesen jeweils gegenüber. Das Flipchart mit den eingesammelten Argumenten steht hinter Stuhl A und B. Der Protagonist soll sich gleich auf Stuhl A bzw. B setzen, wobei er auf Stuhl A den Schritt in die Freiberuflichkeit vertreten soll und auf Stuhl B den weiteren Verbleib als Angestellter.

Der Leiter fragt die Gruppe, wer dafür ist, dass der Protagonist weiter in seiner Firma als Angestellter arbeiten soll. Einer dieser Fürsprecher setzt sich auf Stuhl 1, der dem Stuhl A gegenübersteht. Ein Teilnehmer, der die Meinung vertritt, der Protagonist solle den Schritt in die Freiberuflichkeit wagen, setzt sich auf Stuhl 2, der dem Stuhl B gegenübersteht.

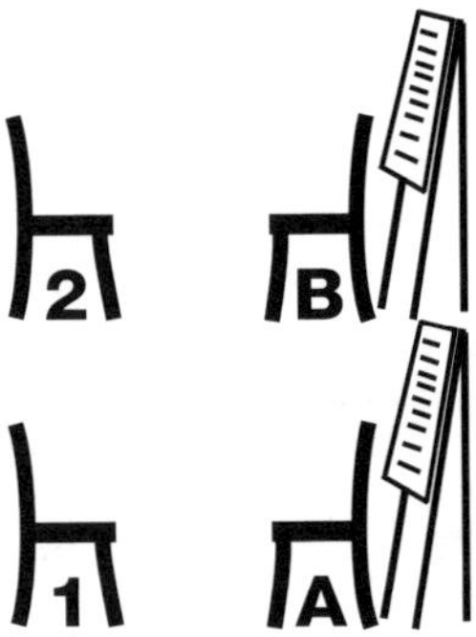

Abb. 25:
A = Protagonist für Freiberuflichkeit

B = Protagonist für Verbleib als Angestellter

1 + 2 = Antagonisten, die die Argumente auf dem Flipchart entkräften

Beide bekommen die Anweisung, den jeweiligen Standpunkt des vor ihnen sitzenden Protagonisten zu bekämpfen und zu versuchen, ihm den Vorsatz auszureden. Die Argumente dafür stehen auf dem Flipchart hinter dem Protagonisten, so dass die Rollenspielpartner sie notfalls ablesen können. Die Antagonisten sollen so wenig wie möglich ihre eigene Meinung mit ins Spiel bringen, da das Streitgespräch sonst schnell zu einer Diskussion verflacht. Sie sollen im „Dienst des Protagonisten" argumentieren und ihre Entgegnungen so formulieren, dass sie den Protagonisten in Argumentationsschwierigkeiten bringen.

Wenn Stuhl 1 beginnt, sitzt ihm der Protagonist auf Stuhl A gegenüber. Auf diesem Stuhl soll er die Entscheidung für eine freiberufliche Arbeit verteidigen, sein Gegenüber versucht sie ihm auszureden.

Umgekehrt genauso auf Stuhl B. Hier soll der Protagonist seine Entscheidung für ein Arbeitsverhältnis in der Firma verteidigen, während sein Gegenüber dagegenhält. Der Protagonist wird so auf dem jeweiligen Stuhl mit den eigenen Waffen konfrontiert (und vielleicht geschlagen).

Der Protagonist entscheidet, auf welchem Stuhl er beginnen möchte, setzt sich hin und beginnt, den für diesen Stuhl vorgesehenen Standpunkt zu vertreten. Da der Stuhl der Gegenrede besetzt ist, entsteht eine heftige Auseinandersetzung. Nachdem dieser Disput beendet ist, kann er auf den anderen Stuhl wechseln und dort den Gegenstandpunkt verteidigen.

Ist die Überzeugungsarbeit abgeschlossen, soll der Protagonist sagen, auf welchem Stuhl er sich selbst überzeugender empfand und zu welchen Argumenten er sich stärker hingezogen fühlte. Danach können seine Widersacher durch Feedback ihre Wahrnehmung zurückmelden, anschließend die restlichen Gruppenteilnehmer.

Durch diese Übung wird untersucht, wo beim Protagonisten wie viel positive Energien liegen. Da der Stuhl der Gegenrede besetzt ist, kann der Protagonist nur die positiven Argumente für die jeweilige

Entscheidungswahl vertreten, und es kann deutlich werden, wo er mehr innere Überzeugungskraft besitzt.

3. Interventionsmöglichkeit
Vielleicht hat der Leiter in diesem Moment eine Rollenspiel-Idee und fragt den Protagonisten, ob er sich auf ein Experiment einlassen möchte. Wenn der Protagonist zustimmt, sagt der Leiter, dass er gerne ein Rollenspiel durchführen möchte, nämlich „Opa erzählt aus seinem Leben".

Dazu fragt er den Protagonisten, wie alt er jetzt ist (Antwort: 40 Jahre) und ob er sich vorstellen könne, dass er einmal ca. 70 Jahre alt werden wird. Der Protagonist stimmt zu, und beide einigen sich auf ein Alter von 72 Jahren. Der Leiter hilft ihm durch Fragen nach Haarausfall, Körperhaltung und Wehwehchen, sich vorzustellen, dass er jetzt 72 Jahre alt ist.

Der Protagonist darf sich als 72 Jahre alter Mann auf einen Stuhl setzen. Der Leiter fragt ihn, ob er Kinder hat (Antwort: Ja, 3 Kinder) und wie viele Enkelkinder er jetzt hat. (Antwort: 9 Enkelkinder) Der Leiter bittet die Gruppenteilnehmer, die mitspielen wollen, in die Rolle der Enkelkinder zu schlüpfen. Der Protagonist gibt ihnen Alter und Namen: Du bist Petra und erst 3 Jahre alt, du bist Dieter und 5 Jahre alt, du bist Klaus und schon groß, nämlich 12 Jahre alt usw.

Jetzt bittet der Leiter den Protagonisten, sich vorzustellen, dass die Enkelkinder alle zu Besuch gekommen sind, da Opa Geburtstag hat. Opa sitzt im Wohnzimmer vor dem Kamin, und alle Enkelkinder sitzen auf der Erde um ihn herum. Opa hat versprochen, dass er etwas aus seinem Leben erzählt. Dann kann er irgendwo beginnen, vielleicht damit, als er 12 Jahre alt war und ein kleines Abenteuer erlebt hat, oder damit, wie er als Student Oma kennengelernt hat. Die Teilnehmer bekommen die Anweisungen zuzuhören, mit kindlichen Fragen den Prozess in Gang zu halten und zu vertiefen. Ist allen ihre Rolle klar, kann das Rollenspiel beginnen.

Die Dynamik des Spiels führt den Protagonisten irgendwann in das Alter von 40 Jahren und an die Schaltstelle, wo er sich entscheiden musste, wie es beruflich weitergehen soll. Indem er über diesen Lebensabschnitt erzählt und darüber berichtet, wie er sich entschieden hat, gibt er sich selbst die Antwort auf sein ursprüngliches Anliegen. Vielleicht fragen die Kinder: „Wieso hast du dich denn damals so entschieden?" oder „Und hast du deine Entscheidung bereut?" oder „Ich will auch so was werden wie du, Opa, soll ich mich dann auch für ...

entscheiden? Was würdest du mir heute raten?", so dass er veranlasst wird, seine Entscheidung zu fällen und zu begründen: spielerisch vor den Enkelkindern, letztlich aber vor sich selbst.

4. Interventionsmöglichkeit

Der Leiter sagt zum Protagonisten: „Das ist wirklich eine schwierige Wahl, und es ist manchmal ein quälender Zustand, wenn man nicht weiß, wie man sich entscheiden soll. Es ist sicherlich unmöglich vorauszusagen, wie Sie sich diesbezüglich einmal entscheiden werden und welche Auswirkungen die Erfahrung mit dieser schwierigen Entscheidungssituation auf Dauer und auf ihre weitere Lebensgestaltung haben wird. Aber stellen wir uns doch einmal vor, dass Sie irgendwann in ferner, ferner Zukunft Großvater sind; Sie hätten einen erwachsenen Sohn oder eine erwachsene Tochter und zusätzlich noch Enkelkinder im Teenager-Alter. Sie haben einmal ihrem Kind von dieser schwierigen Entscheidungssituation erzählt. Ihr Kind hat diese Geschichte wiederum dem eigenen Kind, also Ihrem Enkel, weitererzählt. Dieser hat sich nun nach dem Abitur dafür entschieden, Psychologie zu studieren und Berater zu werden. Er hat dann nach dem Studium viele Menschen beraten und ihnen geholfen. Er ist nun selbst alt geworden und hat einen großen Erfahrungsschatz angesammelt. Stellen wir uns weiterhin vor, Ihr Enkelkind wird jetzt im hohen Alter als weiser Mensch angesehen, und viele Menschen kommen zu ihm, um von seiner Weisheit zu profitieren. Wie so viele Weise hat auch Ihr Enkelkind sich angewöhnt, auf eine Frage nicht mit einer schnellen Antwort zu reagieren. Es hat sich angewöhnt, wertvolle Erfahrungen aus dem eigenen Leben, aus dem Leben der Eltern und Großeltern als weise Lehrgeschichten zu erzählen. Da sie lehrreich sind, hat man sie auch niedergeschrieben. Ihre jetzige Entscheidungssituation und zukünftige Erfahrung ist ebenfalls zu so einer wertvollen Erkenntnis geworden. Deshalb findet man sie als weise Lehrgeschichte in einem alten Buch.

Ich möchte Sie jetzt einmal bitten, sich für zwanzig Minuten zurückzuziehen und sich zu überlegen: Wie könnte der Titel dieses Buches lauten? Was hat Ihre Erfahrung Wertvolles gebracht, dass sie von dem weisen Enkel sogar niedergeschrieben wurde? Im Anschluss daran können Sie dann in die Rolle ihres alten und weisen Enkels schlüpfen, der mit uns eine Bücherlesung durchführen wird und das Buch und einige Grundgedanken daraus vorstellen möchte. Wir spielen dann die Menschen, die zu einer dieser seltenen Bücherlesungen mit Spannung angereist sind."

5. Interventionsmöglichkeit

Der Leiter schlägt dem Protagonisten vor, zwei Welten aufzubauen: an einem Platz im Raum seine jetzige Welt der Arbeit mit seiner Angestelltenrolle, seinen Kollegen, seinen Auftraggebern, den Themen, die er jetzt als Rechtsanwalt im Konzern zu bearbeiten hat, und mit all den Aspekten, die für ihn in dieser Welt innerlich und äußerlich wichtig sind. Unter Verwendung von Symbolen, wie Klötzchen, Stiften, Taschen, Schuhen etc., kann der Protagonist im nächsten Schritt die verschiedenen Aspekte verdeutlichen und externalisieren. Welches Symbol sich für welchen bedeutenden Aspekt oder welche Rolle der Szene eignet, entscheidet in der Regel der Protagonist. Dieser wird zur Auswahl einen intuitiven inneren Abgleichungsprozess vornehmen, d.h., er wird in diesem Prozess entscheiden, welche Eigenschaftskombinationen (Farbe, Form, Material, Größe etc.) der zur Verfügung stehende Gegenstand besitzen muss, um seiner Bedeutung gerecht zu werden. Die beteiligten Sinnesmodalitäten helfen bei der Auswahl und Entscheidung, und es ist immer wieder eindrucksvoll, wie genau Protagonisten prüfen, bevor sie entscheiden.

An einem zweiten Ort könnte er seine eigene Praxis mit seinem gleichberechtigten Kollegen, seinen eigenen Praxisräumen, seinen eigenen Klienten und dem Gefühl: „Ich bin mein eigener Herr" sowie allen anderen inneren und äußeren Aspekten durch Symbole aufbauen. Alle Symbole können auch durch Mitspieler, die die Symbole dann in den Händen halten, personifiziert werden. Der Protagonist baut beide Szenen auf und lässt zwischen beiden Welten einige Meter Abstand. Die Welt seiner jetzigen Arbeitssituation beinhaltet für ihn vielleicht Regelmäßigkeit, finanzielle Absicherung, mehrere Kollegen für den Austausch, gebremste Energie, das Gefühl, im Käfig zu sitzen usw. Alles wird durch Symbole dargestellt und findet einen Repräsentanten.

Nachdem er seine zwei Welten auf Vollständigkeit überprüft hat, bekommt er den Auftrag, sich so zwischen sie zu stellen, wie es seinem jetzigen Gefühl entspricht – vielleicht etwas mehr der einen oder mehr der anderen zugewandt oder genau in der Mitte. Der Protagonist pendelt vielleicht ein wenig hin und her und bleibt schließlich an einer bestimmten Stelle stehen. Jetzt kann der Leiter ihn bitten, einen inneren Monolog zu halten, und diesen durch Fragen und Doppeln vertiefen. Anschließend bittet er den Protagonisten, sich mit jedem Symbol zu identifizieren und einmal auszusprechen, für was genau dieses Symbol steht. Nachdem er so jedes Symbol in sich wachgerufen und in jede Welt einmal eingetaucht ist, bittet der Leiter ihn nochmals, seine Position zwischen den Bereichen zu finden und erneut einen inneren Dialog zu halten. Vielleicht kommt in dieser eher besinnlichen

Phase heraus, dass der Protagonist den Weg in die Freiberuflichkeit nicht ohne Schutz wagen will. Der Leiter kann ihn jetzt bitten, sich ein Symbol für den Schutz zu suchen, den er braucht. Wenn er sich ein Symbol ausgesucht und dieses in der Welt „Ich bin mein eigener Herr“ an seinen rechten Platz gelegt hat, kann er sich erneut auf die Suche begeben und innerlich überpüfen, was sich jetzt verändert hat.

Der Protagonist bestimmt so genau und differenziert seine Position und kann herausfinden, was er braucht, um in der einen Welt zu bleiben oder um in die andere zu wechseln. Vielleicht will er sich gegen Ende mehr mit dem Schutz auseinandersetzen, um ihn zu konkretisieren. Zum Schluss kann er von seinem ursprünglichen Platz aus, mit einiger Entfernung, beide Welten noch einmal verinnerlichen und von dort die Arbeit abschließen.

Der Umstand, dass verschiedene Vorgehensmöglichkeiten zum gleichen Anliegen passen können, darf den Leiter nicht veranlassen, dem Protagonisten die Entscheidung zu überlassen. Die Entscheidung muss er selbst fällen. Der Protagonist ist durch die Exploration schon tiefer in sein Thema eingestiegen und sollte nicht von seinem Erleben weg und zur Methodenfrage hingeführt werden: „Wollen Sie lieber mit zwei Stühlen arbeiten oder lieber ein Rollenspiel, bei dem auf der Bühne Folgendes geschieht...?“

Regeln:
Der Protagonist ist für die Inhalte verantwortlich, der Leiter für die Methode!
Führe den Protagonisten nicht auf den Methoden-Trip – sondern durch sein Anliegen!

Das nächste Beispiel soll verdeutlichen, dass die Interventionsentscheidung des Leiters für ein bestimmtes Vorgehen zwar ein kreativer Vorgang ist, jedoch nicht willkürlich getroffen werden darf. Sie sollte durch eine gründliche Exploration und verantwortliche diagnostische Reflexion begründet sein.

Beispiel 2

Situation:
Das Anliegen eines Seminarteilnehmers lautet: „Wie kann ich als neuer und jüngster Abteilungsleiter in unserer Firma bei meiner ersten Präsentation die Akzeptanz meiner älteren Kollegen gewinnen?“

1. Interventionsmöglichkeit

Der Leiter schlägt dem Protagonisten ein Rollenspiel vor, das er „Horrorkabinett“ nennt. In diesem Rollenspiel werden die Angst-Phantasien des Protagonisten dargestellt, indem sie auf die Mitspieler verteilt werden. Die Einleitung könnte so formuliert werden: „Sie scheinen zu befürchten, dass es in Ihrer ersten Präsentation für Sie schwierig und vielleicht sogar der reinste Horror wird. Ich schlage vor, dass wir mal die schlimmste aller Möglichkeiten ausspielen und ein Horrorkabinett inszenieren. Können Sie sich darauf einlassen?“

Wenn der Protagonist zustimmt, erklärt der Leiter das Vorgehen und seine Interventionsabsichten: „Stellen Sie sich einmal vor, dass Sie eine Präsentation vorbereitet haben und hier vor Ihren Kollegen stehen. Das Thema ist dabei unwichtig, nehmen Sie ein Gebiet, das Sie aus dem Ärmel schütteln können. Wählen Sie aus dem Teilnehmerkreis die Personen aus, die Ihre Kollegen spielen können. Dann spielen wir das Schlimmste, was Sie sich vorstellen können. Malen Sie einmal den Teufel an die Wand.“ Jetzt wählt der Protagonist seine Mitspieler aus und tritt hinter jeden einzelnen, um diesen gemäß seiner Angstphantasie einzudoppeln: „Ich bin Müller und derart gelangweilt, dass ich in meinem Notizbuch blättere, um wenigstens etwas Sinnvolles zu tun.“ – Beim Nächsten: „Ich bin Meier, ein alter Hase, und lächle überheblich zu meinem Kollegen, wenn er mit seinen ach-so-wichtigen Fakten kommt.“ – „Ich bin Schmidt und habe Lust, ihn durch provokative Fragen auflaufen zu lassen.“ – „Ich bin Hinrichs. Da ich mein Handy nicht ausgeschaltet habe, klingelt es immer mal wieder. Dann gehe ich aus dem Raum raus.“ usw. Damit nicht alle Störungen gleichzeitig kommen und das Ganze verkraftbar und zu bewältigen bleibt, wird jetzt an der Dosierung der Störungen gearbeitet.

Danach beginnt der Protagonist mit seiner Präsentation, und die Rollenspieler verhalten sich so, wie es ihnen eingedoppelt wurde. Im Rollenspiel wird darauf geachtet und daran gearbeitet, wie der Protagonist während seiner Präsentation auf das Geschehen im Raum eingeht, wie er die Abwertungen innerlich verarbeitet und wie weit er in der Lage ist, die „Wahrheit der Situation“ anzusprechen und metakommunikatorisch zu beeinflussen.

Begründung für diese Intervention:
Die vorgestellte Interventionsrichtung zielt auf die Situationsbewältigung einer Konstellation, die dem Protagonisten Angst macht. Indem das Horrorkabinett angekündigt wird, kann der Protagonist entscheiden, ob er sich seinen Katastrophenfantasien im Rahmen einer

sicheren Gruppensituation stellen will oder ob es für ihn ein Schritt zu viel ist.

Durch das Rollenspiel werden seine inneren Phantasien nach außen sichtbar und dadurch handhabbar. So kann er sich mit ihnen auseinandersetzen, selbstsicheres und angemessenes Verhalten ausprobieren und sich auf die schwierige Situation vorbereiten. Kann er die extrem schwere Situation mit Hilfe des Leiters und der Gruppe meistern, so ist er für die in aller Regel schonendere Realität gewappnet.

2. Interventionsmöglichkeit

Hier schlägt der Leiter vor, dass sich der Protagonist einmal selbst erforscht und seine inneren Stimmen, die sich bei diesem Thema melden, veröffentlicht. Das weitere Vorgehen würde der Arbeit mit dem inneren Team entsprechen.

Begründung für diese Intervention:
Die Schreckensvisionen unserer Fantasien sind häufig angereichert mit eigenen Projektionen und Übertragungen. Deshalb will diese Intervention die Projektion der eigenen Selbstabwertung thematisieren. Vielleicht reagiert der Teilnehmer ja deshalb empfindlich auf die mögliche Kritik seiner neuen Kollegen, weil sie seiner eigenen inneren Kritik entspricht. Vielleicht begegnet er bei der Selbsterforschung auch seinen eigenen Ansprüchen, die ihm zu schaffen machen. Hier würden vielleicht die unterentwickelten Seiten des Protagonisten gefördert oder die inneren Gegenspieler erforscht, die bisher noch nicht benannt, aber gebraucht werden. Das Thema wird so erlebnisnah bearbeitet, damit der Betroffene eine konstruktive Möglichkeit finden kann, mit diesen inneren Teilen umzugehen.

Mit diesen zwei Interventionsmöglichkeiten möchte ich verdeutlichen, dass ein Kommunikationsberater häufig die Wahl hat, ob er den innermenschlichen oder den zwischenmenschlichen Aspekt eines Anliegens zum Fokus machen will. Der Berater/Trainer muss im obigen Beispiel entscheiden, ob es sich bei der befürchteten Kritik vorrangig um eine Angstprojektion handelt oder um eine realistische Befürchtung, da man sich als Neuling in einer Arbeitsgruppe manchmal wirklich „warm anziehen" muss, wenn man zum ersten Mal eine Präsentation durchführt oder ein raues Klima zur Firmenkultur gehört. Diese Wahl des Leiters braucht konkrete Entscheidungsgrundlagen. Er muss im Kontakt mit dem Protagonisten herausfinden, auf welcher Ebene das Anliegen zu bearbeiten ist.

Grenzen

Wo sind die Grenzen zwischen Beratung im Training und therapeutischen Prozessen? Anders gefragt: Sind kommunikationspsychologische Interventionen, die Ich-Nähe fördern, nicht auch schon psychotherapeutische Interventionen? Bedeuten alle erlebnisaktivierenden Interventionen nicht auch immer zugleich therapeutisches Handeln?

Mit diesen Fragen bewegen wir uns in einem schwierigen Feld, und nach meiner Meinung ist der obige Rückschluss auf therapeutisches Handeln zu vereinfachend. Viele der in diesem Buch beschriebenen Interventionen haben ihre Heimat in unterschiedlichen Therapieschulen (z.B. Gestalttherapie, Psychodrama, Familientherapie) und sind auf Training und Beratung übertragen worden. Aber nicht die Anwendung einer therapeutischen Technik allein macht eine Intervention zu therapeutischem Handeln!

Themenbezogene Selbsterfahrung in Beratung und Training will die unselige Spaltung von kopflastiger Fortbildung im beruflichen Bereich und emotionalem Tiefgang in der Therapie aufheben. Außerdem rührt Psychotherapie nicht immer an die Tiefenschichten der Seele und ist nicht immer regressiv und nur etwas für „Kranke“. Unterscheiden wir beispielsweise zwischen Problem- und Wachstumstherapien, so sind die Wachstumsklienten an ihrer Persönlichkeitsentwicklung interessiert, und ihr Einstieg in eine Psychotherapie ist nicht problemmotiviert.

Der Begriff „Psychotherapie“ ist zwar weit gesteckt, und viele Studien belegen, dass alleine das Beschreiben einer emotionalen Erfahrung bei einem Freund oder einer Freundin offenbar eine ebensolche therapeutische Wirkung haben kann wie eine Sitzung bei einem Therapeuten. Doch wenn auch viele der vorgestellten Interventionen innere Prozesse einleiten, die typisch für psychotherapeutische Vorgänge sind, wird aus einer Beratung noch keine Psychotherapie. Ein intensives Alltagsgespräch zwischen zwei Freunden kann ebenfalls innere Prozesse auslösen, ohne dass der Freund damit zum Therapeuten geworden wäre. Unser Leben würde verarmen, wenn wir Gefühle und Selbstklärung allein dem therapeutischen Kontext überlassen würden.

Die Aufgabe des Trainers besteht darin, die Vielfalt der Interventionsmethoden, die zum großen Teil den humanistischen Therapieschulen entlehnt sind, so flexibel zu verwandeln, dass sie für persönliche Themen beim professionellen Handeln im beruflichen Seminarkontext tauglich werden.

Merksatz:
Sei achtsam, wenn du im Training therapeutische Interventionstechniken anwendest, damit das, was du tust, zu jeder Zeit Beratung im Training bleibt. Bleibe im Rahmen deiner Ausschreibung und deines Auftrages kontextbewusst, auch, wenn ein Thema Selbsterforschung nahelegt oder Selbstklärung erforderlich macht!

Die folgenden zehn Punkte sollen die Grenze zwischen Beratung im Training und Psychotherapie beschreiben. Sie sollen verdeutlichen, dass nicht die Interventionsherkunft, sondern vielmehr der Kontext, das Rollenverständnis, die Tiefung und die Zielsetzung entscheidend für ihren verantwortungsvollen Einsatz sind.

Zehn Grundregeln für Beratung und Training

1

Keine Interventionen in Lebenskrisen!
Tiefe Lebenskrisen, die zum Beispiel durch Verlust eines Lebenspartners, todbringende Krankheiten oder durch intrapsychisches Leiden ausgelöst sind, gehören nicht in ein berufsbezogenes Training bzw. eine Beratung. Berufskrisen sind willkommen.

Keine „gezielt aufdeckende Arbeit" oder anders: 2
Keine Arbeit am Unbewussten!
Wie schon erwähnt, wird uns im Alltag immer mal wieder lang Verschüttetes bewusst. So kann es beispielsweise sein, dass wir spazieren gehen und plötzlich an einem Strauch stehen bleiben, weil uns der Blütenduft daran erinnert, wie es früher vor 30 Jahren war, als wir beim Großvater als Kind auf dem Bauernhof spielten. Seit 20 Jahren war diese Erinnerung in den Hintergrund getreten und im Unbewussten verschüttet. Plötzlich ist die gesamte Bauernhofstimmung und die Beziehung zum Großvater wieder da und innerlich präsent.

Auch bei Nutzung der in diesem Buch beschriebenen Interventionen kann es geschehen, dass ins Unbewusste verdrängte Erfahrungen ins Bewusstsein kommen. Wir sollten in Beratung und Training aber auf keinen Fall gezielt an „unbewussten Inhalten" arbeiten. So sollte beispielsweise nicht aufdeckend mit Träumen gearbeitet werden. Geschieht es, dass in der Beratung Unbewusstes bewusst wird, so sollte die Erinnerung gewürdigt und dann geschaut werden, wohin wir sie zur Seite legen können: „Sie scheinen sich plötzlich an Situationen zu erinnern, wo Sie diese Erfahrung schon einmal erlebt haben. Es ist gut, wenn Sie erkennen, woher Ihre jetzigen Gefühle kommen. Ich möchte jetzt aber nicht näher darauf eingehen, sondern weiter an Ihrer hier gestellten Fragestellung arbeiten. Wir können später noch einmal abklären, was die Erinnerung für Sie bedeutet und wie Sie damit umgehen können. Ist Ihnen dieses Vorgehen recht?"

Keine Regressionsarbeit, um an Kern- und 3
Ursprungsverletzungen zu kommen!
Es sollen keine regressiven Zustände provoziert werden, in denen das Ich seine Kontrollfunktion verliert und ins „archaische Selbst" zurückfließt. Aktualisiert der Protagonist plötzlich frühere Empfindungen und sagt z.B.: „Es ist wie früher. Da war ich 10 Jahre alt und galt als Außenseiterin in der Klasse" oder „Das habe ich schon als 7-Jähriger erlebt und gespürt, dass meine Spontaneität nicht erwünscht war. Damals wurde sie von meinem Vater niedergeprügelt, und zwar...", so sollte diese Erinnerung zwar angenommen und berücksichtigt, aber nicht bearbeitet werden. Eine mögliche Reaktion kann ähnlich wie die unter Punkt 2 sein.

Keine Arbeit an traumatischen 4
Schlüsselsituationen des Lebens!
Also Finger weg von posttraumatischen Belastungsstörungen. Dies bezieht sich sowohl auf Ereignistraumata wie Überfälle, Katastrophen, plötzlicher Tod einer geliebten Person, Anblick von verstümmelten

Körpern o.ä. als auch auf Beziehungstraumata, bei denen der Schock in Verbindung mit menschlichen Übergriffen steht, z.B. Misshandlungen, Folter, (sexueller) Missbrauch etc.

5 **Kurzfristigkeit beachten!**
Psychotherapie, die nicht nur auf Lösungen schaut, ist meist ein mittel- bis langfristiger kontinuierlicher Prozess. Manchmal hat sie eine Länge von über 2 Jahren. Berufsbezogene Beratung und erst recht ein Training kann immer nur eine kurze Maßnahme sein und deshalb nicht auf grundlegende Veränderungen von Persönlichkeitsstrukturen zielen, wie es in einer Psychotherapie der Fall sein kann.

6 **Respektvolle Konfrontation!**
In Training und Beratung ist die Konfrontation nicht so massiv. Sie wird eher „abgepolstert". In der Psychotherapie ist sie manchmal gezielter, direkter und unmittelbarer.

7 **Der Mensch in seiner Rolle!**
Klassische Beratung im beruflichen Kontext ist: Arbeiten am Rollenverhalten. Die Frage lautet: „Wie bewältigt die Person ihre Rolle?" Das Thema ist also: Der Mensch in seiner Rolle. In der Psychotherapie ist das Thema: Der Mensch in seiner Haut. Es ist somit umfassender und existentieller.

8 **Die Rolle in der Organisation!**
Beratung und Training im beruflichen Kontext wird stärker als eine Psychotherapie die sachstrukturellen Gegebenheiten mit einbeziehen und sucht stärker nach adäquaten Umgangsweisen in Organisationssystemen.

9 **Ressourcen- und Lösungs-Orientierung!**
In Beratung und Training wird eher Ressourcen-orientiert als Defizitorientiert und eher Lösungs-orientiert als Problem-orientiert gearbeitet. Eine Beratung sucht die positiven Anlagen des Menschen zu stärken, die ihm von Natur aus gegeben sind; sucht seine unausgeschöpften Potentiale und seine natürlichen Ressourcen aufzuspüren, um dann im Beratungsprozess herauszufinden, wie diese genutzt werden können.

10 **Respekt vor Grenzen!**
Der Umgang mit Widerständen ist in den meisten Psychotherapien anders, als er in Beratung und Training sein sollte. Ein „Nein" des Protagonisten im Training ist immer ein Nein. Die Grenze des Protagonisten braucht Respekt, wenn schon nicht von manchen Gruppenteil-

nehmern, so doch zumindest vom Leiter. Ein „Nein“ in der Psychotherapie wird häufig hinterfragt und selten einfach im Raum stehen gelassen.

Widerstände

Die meisten Trainer haben es wahrscheinlich schon einmal mit dem Widerstands-Phänomen zu tun bekommen. Was versteht man unter dem Begriff „Widerstand"?

Der Begriff „Widerstand" wird vielfach dann benutzt, wenn ein Ratsuchender in der Beratung, ein Klient in der Psychotherapie oder ein Protagonist im Training sich verbal oder nonverbal weigert, auf die Interventionen des Beraters/Therapeuten/Trainers einzugehen und nicht bereit ist, Einflussnahme oder Hilfe zu akzeptieren. Es handelt sich also um eine abwehrende Reaktion.

Zunächst einmal möchte ich festhalten, dass ich den Begriff „Widerstand" für unglücklich halte, da er eine negative Bewertung nahelegt, nämlich eine irgendwie geartete Auflehnung und ablehnende Querköpfigkeit gegen etwas, was ablaufen soll. Die Bezeichnung „Widerstand" wird auffälligerweise von denen benutzt, die sich als Vermittler einer Veränderung sehen. Ich habe noch nie gehört, dass ein Protagonist von sich sagt: „Ich bin jetzt gerade im Widerstand!" Dieser offensichtliche Punkt wird dadurch untermauert, dass die meisten Versuche, Widerstand zu beschreiben, aus der Perspektive jener stammen, die versuchen, Veränderungen auszulösen. Aus ihrer Sicht wird der Widerstandleistende als defensiv angesehen, dessen abwehrende Barriere positiven Veränderungsprozessen im Wege steht.

Da auch der Trainer geneigt ist, das, was im Training ablaufen sollte, für das Richtige und Gute zu halten, wird hier häufig Widerstand zunächst einmal als etwas Schlechtes bewertet. Man kann dann die berechtigten Fragen stellen, wer darüber urteilt, was hilfreich ist oder nicht, für wen oder für welches Ziel es hilfreich ist.

Die Formulierungen des Trainers entsprechen meistens seinem Kränkungsgrad, seiner Hilflosigkeit und Ohnmacht und sind deshalb häufig Negativ-Formulierungen: Das Verhalten zeigt, wie unreif der Ratsuchende ist! Je nach Menschenbild und theoretischer Ausrichtung hat er dann seine bewertenden Erklärungsmuster parat und kann sagen, dass dies wahrscheinlich

- das Motiv und der Wunsch ist, Angst und Schmerz zu vermeiden
- die Angst ist, sich zu öffnen
- eine aktive Energieblockade oder passive Rebellion ist, die Spontaneität nicht zulässt
- ein Anzeichen dafür ist, dass jemand nicht bereit ist, sich zu verändern und Verantwortung für seine Ziele zu übernehmen.

Bevor ich mich einem anderen Verständnis von Widerstand nähern will, möchte ich noch auf einen kommunikativen Aspekt dieses Phänomens eingehen. Wenn im beruflichen Bereich ein Kollege einen Vorschlag macht, dem ein anderer Kollege ablehnend gegenübersteht, sagt dieser wahrscheinlich „Nein" zu dem Vorschlag und begründet dies. Jetzt kann ausgehandelt werden, unter welchen Bedingungen der Vorschlag Akzeptanz finden könnte. Oder wenn im privaten Bereich in einer Entscheidungssituation der Ehemann einen Gedanken äußert, so hält vielleicht seine Frau, die ein anderes Bedürfnis hat als er, mit ihrem „Nein" dagegen, und beide müssen aushandeln, wie mit dieser unterschiedlichen Bedürfnislage umgegangen werden kann. In beiden Fällen käme es höchstwahrscheinlich keinem der Beteiligten in den Sinn, das Wort „Widerstand" zu benutzen. Der Begriff Widerstand bekommt anscheinend vor allem dann seine Bedeutung, wenn zwischen Personen ein Machtgefälle besteht. Ein „Nein" ist eine klare Kommunikationsaussage, die unter Gleichen geäußert werden kann, wenn verschiedene Meinungen oder Interessen bestehen. Machtlose können nicht so leicht „Nein" sagen, entsprechend greifen sie zu Kommunikationsmitteln, die dann als Widerstand bezeichnet werden.
Außerdem kann man festhalten, dass derjenige, der widersteht, nicht passiv, sondern sehr aktiv ist. Widerstand ist kein Zeichen von Energiemangel, sondern ein energetisch sehr aktiver innerer Vorgang. Die offene Frage ist: Energie für was oder gegen was oder gegen wen?

Im Training wird vor allem bei Rollenspielen die Abwehr der Teilnehmer schnell aktiv, da diese Methode so manchem zunächst einmal Angst macht. Die Angst zeigt sich dann als eine verständliche und berechtigte Ablehnung, wenn sie auf schlechten Erfahrungen beruht. Vielleicht hat der Teilnehmer als Protagonist oder als Beobachter erlebt, was ein schlecht angeleitetes Rollenspiel anrichten kann, und reagiert als „gebranntes Kind“ mit Skepsis, misstrauischem Argwohn und zurückhaltender Vorsicht. Häufig beruht die ablehnende Haltung des Teilnehmers jedoch nicht auf einem real erlebten Erfahrungshintergrund, sondern wird durch die befürchtete Fantasie ausgelöst, die sich der Einzelne über das macht, was im Rollenspiel passieren könnte.

Wenn wir den bewertenden Zugang zu diesem Phänomen verlassen und uns einem Verstehen zuwenden, so können wir erkennen, dass Widerstand nicht einfach eine Blockade ist oder eine Oppositionshaltung. Es ist in Wirklichkeit ein komplexes Erleben, in dessen Prozess unterschiedliche Kräfte wirksam sind, die in verschiedene Richtungen streben. Wenn wir einen Verstehen wollenden Zugang zu diesen Prozessen suchen, kann uns das innere Team weiterhelfen.
Nehmen wir einmal an, der Trainer will für die Workshop-Phase des Seminars die persönlichen Themen und Fragestellungen der Teilnehmer einsammeln und ein Teilnehmer erklärt, dass er kein Thema gefunden hat. Jetzt steigt im Trainer vielleicht der Verdacht auf, dass da jemand im Widerstand ist. Der Trainer hat vielleicht nur den Satz gehört: „Ich habe zur Zeit keine Fragestellung oder ein Problem. Ich würde deshalb lieber passiv beobachten, als mich aktiv beteiligen.“ Er hat aber nicht den gesamten Stimmenchor mitbekommen, der sich zur Zeit im Inneren des Teilnehmers zu Wort meldet.

Vielleicht sagt eine Stimme: „Ich weiß gar nicht, ob so ein Training überhaupt etwas bringt. Ich bin jetzt schon 42 Jahre alt und soll hier noch einmal die Schulbank drücken. Mit anderen reden, das kann ich nun wirklich.“ Eine zweite Stimme sagt: „Warum sind denn hier keine Tische? Die Trainer haben heutzutage ja immer so komische Spielchen drauf. Da warte ich lieber erst mal ab, was der sich da alles so ausgedacht hat.“ Eine dritte Stimme sagt vielleicht jetzt beruhigend: „Nun lass dich doch auch einmal auf so etwas ein. Das ist zwar ein neues Thema für dich, aber es klingt doch ganz spannend. Vielleicht kannst du ja doch noch etwas lernen. Außerdem ist doch gut, was hier passiert. Jeder kann, wenn er will, mit seinem Anliegen dran kommen. Ist jedenfalls nicht alles reine Theorie, sondern wirkliche Praxisberatung von schwierigen Situationen.“ Eine vierte Stimme meldet sich und sagt: „Aber du weißt überhaupt nicht, was jetzt passiert. Du musst jetzt ganz vorsichtig sein und darfst dich auf keinen Fall unbedacht in die Hand dieses Trainers da vorne begeben. Wenn du die Kontrolle abgibst, kannst du aufgeben. Da alle brav machen, was er sagt, scheint er ja ziemlich viel Macht zu haben.". Eine fünfte Stimme sagt: „Ich kann ja jederzeit 'Stopp' sagen. Vielleicht komme ich ja bei meiner Fragestellung einen Schritt weiter." Eine sechste Stimme sagt: „Ich habe eine große Abneigung gegen solche Veranstaltungen. Alle schauen wie die Voyeure zu, und du sollst dich hier outen. Das wird bestimmt peinlich!". Sofort meldet sich eine siebte Stimme: „Genau, und weißt du, was die anderen damit machen, wenn du hier von deinen Problemen berichtest? Der angesprochene Vertrauensschutz ist ja gut und schön, aber ob die sich wirklich alle daran halten?! Halte dich also zunächst einmal zurück."

Auch im Prozess der Anliegenbearbeitung gezeigter „Widerstand" kann vieles meinen. Vielleicht: „So nicht!" oder „Jetzt noch nicht!" oder „Ich verstehe deine Intervention nicht!" oder „Ich kann deine Intervention nicht ausführen, weil... es mich z.B. überfordert!" oder „Ich möchte deine Intervention nicht ausführen, weil... ich z.B. noch nicht genug Vertrauen zu dir oder der Gruppe habe!" oder „Ich will deine Intervention nicht ausführen, weil...z.B. deine Ziele nicht meine Ziele sind! oder weil ich unzufrieden mit den bisherigen Themenschwerpunkten bin" oder, oder, oder.

All diese Beispiele sollten verdeutlichen, dass „Widerstand" Unterschiedliches bedeuten kann und als die Manifestation vielfältig gerichteter innerer Stimmen anzusehen ist, von denen sich keinesfalls alle gegenseitig unterstützen und viele in unterschiedliche Richtungen drängen. Dieser innere Vorgang ist in Veränderungsprozessen äußerst normal – es käme mir unnatürlich vor, wenn ich bei einem Protagonisten im Training nicht eine vielfältig gerichtete Energie oder zumindest eine Ambivalenz wahrnehmen würde.

Die psychodynamische Sichtweise wirft ein anderes Licht auf das Widerstandsphänomen und lässt es uns auf andere Art verstehen (und nicht bewerten). Es ist der Ausdruck eines Moments in einem Prozess, also flexibel und nicht fixiert. Möglicherweise ist der spontane Ausdruck der inneren Stimmenvielfalt die erste Reaktion auf eine ungewohnte Situation oder auf Veränderung – und nicht unbedingt die letzte. Vielleicht muss jemand zunächst erst einmal das „Nein" ausdrücken dürfen, bevor er das „Ja" erspüren und sagen kann.

Zum Umgang mit Widerstand

Da Widerstand in Beratung und Training zumeist eine gesunde, selbstregulierende Äußerung ist, sollte der Trainer sie als solche respektieren. Diese Trainerhaltung führt zu Interventionen, die mit dem Widerstand gehen, statt ihn zu überwinden oder sogar zu bekämpfen. Versuchten wir, den Widerstand mit taktisch geschickten Schachzügen auszuschalten, würde sich vielleicht die Äußerung des Teilnehmers ändern, die dazugehörigen „inneren Stimmen" blieben im Dunkeln. Sowohl für den Leiter als auch für die Person, die Widerstand leistet, wird es so unmöglich, sich das dazugehörige Erleben bewusst zu machen. Vorhandenen aktuellen Widerstand zu „überspringen" würde bedeuten, die Chance zur Bewusstwerdung und vielleicht wichtigen Einsichten in Reaktionen und Grundmuster zu verpassen. Jeder Versuch, die im inneren Team wirksamen Kräfte geschickt, massiv oder mit Engelszungen zu beeinflussen, führt nicht zur Klärung der Situation, höchstens zu höheren Mauern oder zu gehorsamer Fügsamkeit und unterwürfiger Anpassung.

Das paradoxe Prinzip der Veränderung in der Psychologie besagt, dass man von einem Zustand in den anderen wechseln kann, wenn der gegenwärtige Zustand ganz akzeptiert und deshalb erlebt werden darf.

Zunächst kann sich der Leiter selbstkritisch fragen: Ist das, was gerade geschieht, Ausdruck dafür, dass ich allzu sorglos die Persönlichkeitsgrenze des Ratsuchenden überschritten habe? Muss ich mehr Respekt vor seiner Integrität und Achtung vor seinem Intimschutz zeigen? Im nächsten Schritt kann er beginnen, alle Gedanken und Gefühle des Teilnehmers, die mit dem Widerstand zusammenhängen, zu erforschen, damit sie artikuliert und verstanden werden. Das fördert das Bewusstsein und die Eigenverantwortung. Es ermöglicht auch, auf der Basis der jetzt zu Tage tretenden inneren Realität, einen situativ-stimmigen Umgang zu suchen.

Widerstand zu verstehen ist hilfreicher als ihn zu bekämpfen

Die Grundregel für den Umgang lautet: „Kämpfe nicht gegen den Widerstand an, sonst greift dieser zu härteren Mitteln. Versuche vielmehr, mit dem Widerstand zu gehen und ihn zu verstehen. Gehe mit der Energie des Protagonisten, anstatt dagegen anzuarbeiten. Sonst kostet es dich unnötige Kraft und verbindet nur die opponierenden Kräfte. Vielleicht kannst du auf der Metaebene deine Wahrnehmung und deine Schwierigkeit mit der Situation ansprechen, so dass du zu einer gemeinsamen Bewertung der Situation und zu einer prozessorientierten Haltung kommen kannst, in der alle Beteiligten ihre Verantwortung übernehmen. Wenn du gut zuhörst, kannst du vielleicht erkennen, dass dort jemand ist, der widersteht und vielleicht einen aus seiner Sicht berechtigten, sinnvollen und vielleicht sogar erforderlichen Widerspruch hat.

Dies alles kann durch Maßnahmen ergänzt werden, die das Entstehen von Widerständen so weit wie möglich verhindern, damit ein Sich-Einlassen möglich wird. Dazu gehört vor allem, dass zu Beginn die „Wahrheit der Seminar-Situation" angesprochen werden kann (wie im folgenden Beispiel 1), und die Sichtweise, dass Widerstand nicht das Annehmen einer fixierten Position, sondern die Beschäftigung mit dem Prozess und klare Vereinbarungen erfordert (wie im folgenden Beispiel 2).

Beispiel 1
Zu einem innerbetrieblichen, 5 Tage dauernden Training mit dem Thema „Konflikte mit Kommunikation lösen" hatten sich zwölf Manager angemeldet. Da ich schon zu Beginn die Motivationslage der Teilnehmer kennenlernen wollte, hatte ich für die Vorstellungsphase u.a. die Frage an die Teilnehmer gerichtet, wie es zu ihrer Anmeldung gekommen sei. Die Frage lautete: „Welche Kräfte und welche Gegenkräfte waren wirksam, dass ausgerechnet ich, ausgerechnet zu diesem Thema, heute hier sitze?".

Ein Teilnehmer sagte in der Vorstellungsrunde zu diesem Punkt, dass er sich ursprünglich zu einem EDV–Seminar habe anmelden wollen. Sein Vorgesetzter habe ihm jedoch sehr ans Herz gelegt, dieses Seminar zu besuchen. In dem dann entstandenen Streitgespräch habe sein Chef letztlich darauf bestanden, dass er an diesem Seminar teilnehme. Er selbst akzeptiere zwar, dass sein Chef ihm sage, zu welchem Seminar er gehen solle, aber wie er das durchgesetzt habe, das sei für ihn eine massive Kränkung. Da es ihm nicht gefalle, hier zu sein, ziehe er es vor, nicht aktiv teilzunehmen.

Meine Reaktion darauf war folgende: „Ich kann gut nachvollziehen, dass Sie hier mit eher ablehnender Haltung sitzen. Sie sind ja nicht freiwillig hier, sondern sind nach hier beordert worden. Ich verstehe deshalb auch Ihren Wunsch, nicht aktiv teilzunehmen, sondern eher in der Beobachterrolle zu bleiben. Ich kann akzeptieren, dass Sie nur in dem Umfang teilnehmen, wie es für Sie stimmt. Vielleicht finden Sie ja noch einen Zugang zum Thema, wenn wir in dem Programm etwas weiter sind, da fünf Tage Passivität auch sehr anstrengend sein können. Da wir in einem Kommunikationstraining sind, können wir vielleicht später einmal schauen, wie Sie mit ihrem Vorgesetzten diesen Konflikt besprechen können – aber nur, wenn Sie wollen. Für mich ist es in Ordnung, wenn Sie zunächst nichts sagen. Ich hätte jedoch die Bitte, dass Sie sich an alle Gruppenvereinbarungen halten, die wir noch beschließen werden."

Nachdem er dies bestätigte, habe ich mich an die Gruppe gewandt und sie gefragt, ob es ihnen recht sei, wenn dieser Teilnehmer passiv bleibe. Bis auf zwei Teilnehmer konnten alle zustimmen. Die beiden anderen befürchteten, dass durch die passive Beobachterrolle eine ungünstige Gruppendynamik entstehen würde. Wir vereinbarten, dass wir im Seminar an jedem Tag eine metakommunikatorische Phase einlegen und bei dieser Gelegenheit auch auf diesen Aspekt eingehen würden. Bei diesem überprüfenden Stimmigkeitstest der jetzigen Vereinbarung könne dann jeder seine Wahrnehmung mitteilen, und es könne evtl. eine neue Vereinbarung getroffen werden.

Beispiel 2

In der Workshop-Phase eines Trainings wollte ein Teilnehmer sein Anliegen: „Wie kann ich lernen, besser auf meine Mitarbeiter einzugehen?" bearbeiten. Im Laufe dieser Arbeit stellte sich heraus, dass der Protagonist unter sehr starkem Erfolgsdruck stand und zusätzlich noch durch seinen todkranken Vater belastet war, so dass er keine inneren Kapazitäten mehr zur Verfügung hatte, auf andere Menschen mit offenem Herzen zuzugehen. Als der Protagonist über seinen Vater sprach, wurde er traurig. Diese Traurigkeit hatte er jedoch seinem Vater bisher nicht gezeigt. Er hatte die Rolle des „tapferen Sohnes" eingenommen, was auch seinem sonstigen Verhalten entsprach. Im Laufe der Anliegenarbeit beschloss er, sich im privaten Bereich mehr weiche Gefühle zuzugestehen und im beruflichen Bereich für einige Zeit etwas „kürzer zu treten" und das seinem Vorgesetzten, seinen Kollegen und Mitarbeitern mitzuteilen. Der Protagonist, der zuvor recht kraftvoll, stark und unempfindlich wirkte, schien jetzt weicher und feinfühlig zu sein. Als ich ihn gegen Ende seiner Anliegenbearbeitung darauf ansprach, bestätigte er dies und sagte: „Ich weiß noch nicht, ob ich das gut oder schlecht finde. Jedenfalls ist es ungewohnt, und ich bin überrascht, was hier bei den Themen so alles herauskommt. Wir können das aber jetzt so stehen lassen."

Als ich nach einer Pause die Gruppe fragte, wer als Nächster an seinem Anliegen arbeiten wolle, meldete sich ein jüngerer Teilnehmer. Er beschrieb sein Anliegen, und die Gruppe stieg in den neuen Prozess ein, indem sie mit meiner Unterstützung Fragen stellte und Kommentare abgab. Mir erschien es jedoch nach einiger Zeit, dass der Protagonist eher ausweichende Antworten gab und bei Interventionen von mir abwehrend reagierte. Als ich das bemerkte, wurde ich vorsichtiger. Ich spürte, dass er eine unsichtbare Mauer um sich herum aufgebaut hatte, war mir aber nicht sicher, wann und warum sie entstanden war. Da ich mich jetzt mehr auf aktives Zuhören besann, konnte ich ihn genauer wahrnehmen und bekam das Bild, dass seine Einsilbigkeit einer Schnecke entsprach, die sich erschrocken in ihr Schneckenhaus zurückgezogen hat. Seine wortkarge Zurückhaltung wirkte nicht aggressiv abweisend, eher verschüchtert. Da er im bisherigen Seminarverlauf eine andere Ausstrahlung hatte und ich nicht wusste, was die Befangenheit ausgelöst hatte, entschloss ich mich, meine Wahrnehmung anzusprechen: „Ich möchte einmal den Prozess unterbrechen. Mir scheint, dass Sie nicht frei und arglos über Ihr Thema sprechen können. Ich habe jedoch keine Ahnung, warum das so ist. Können Sie mir sagen, wie Sie den Bearbeitungsprozess bis jetzt erlebt haben und wie Ihnen jetzt gerade ums Herz ist?" Der Protagonist schaute mich verunsichert an und sagte: „Ich weiß ja nicht, wo das noch hingeht. Ich bin halt vorsichtig." Ich erwiderte: „Ja, so erlebe ich Sie auch: vorsichtig und zurückhaltend. Das würde ich gerne verstehen. Was lässt Sie so vorsichtig werden?" Protagonist: „Na ja, Sie sind darin ausgebildet, mit solchen Themen zu arbeiten. Ich kümmere mich normalerweise eher um die Vernetzung der Computer in unserem Betrieb und weniger um die Stimmungen der Kollegen. Das, was der Kollege da vorhin alles über sich persönlich berichtet hat, das möchte ich hier nicht auch alles sagen. Ich finde, das gehört nicht hierher." Ich antwortete: „Und Sie befürchten, wir als Gruppe und besonders ich als Psychologe könnten es doch irgendwie schaffen, wenn wir es nur geschickt genug anstellen, dass Sie auch so viel von sich persönlich zeigen?" Er entgegnete: „Vielleicht. Darin sind Sie ja ausgebildet worden."

Mir erschien es so, dass der Protagonist die Erfahrung, die er als Teilnehmer mit dem bisherigen Workshop gemacht hatte, mit einer Grundskepsis vor Psychologen verband und dass es sich trotz seiner letzten Bemerkung nicht um eine tiefere Beziehungsstörung zwischen ihm und mir handelt. Da es außerdem überhaupt nicht in meiner Absicht lag, ihn zu irgendetwas zu verführen, was er nicht wollte, entschloss ich mich, mit ihm eine Vereinbarung zu treffen: „O.k., scheinbar ist bei Ihnen der Eindruck entstanden, dass man hier bei der Bearbeitung seines Themas sehr persönlich werden muss. Und Ihr Eindruck ist vielleicht auch, dass, wenn das nicht gelingt, ich mein Möglichstes tun werde, damit es doch geschieht. Dies ist in keinem Fall meine Absicht. Wenn es bei der letzten Arbeit so persönlich wurde, dann vor allem, weil es dem Anliegen entsprach und der Protagonist den Weg vorgegangen ist. Ich werde jederzeit Ihre Grenze respektieren und dafür sorgen, dass Ihr „Nein" akzeptiert wird. Ich möchte aber auch, dass Sie mit ihrem Thema einen kleinen Schritt weiterkommen. Wie wir das erreichen, ist zunächst einmal völlig offen. Ich möchte Sie einladen, wenn Sie sich entschließen, weiter an Ihrem Anliegen zu arbeiten, dass der Teil in Ihnen, der es nicht zu persönlich werden lassen will, wachsam und hellhörig bleibt und Sie mir sofort ein Zeichen geben, wenn dieser Teil eine Grenze ziehen möchte. Wir können dann jeweils schauen, wie wir weiter vorgehen." Der Protagonist stimmte zu, und ich achtete im Verlauf der Anliegenbearbeitung sehr feinfühlig darauf, ob ich ihn nur überredet hatte oder ob er sich wirklich, soweit es für ihn möglich war, auf den Prozess einlassen konnte.

Gefahren und Fehler

Die vorgestellten komplexen Interventionen bei erlebnisaktivierender Anliegenarbeit stellen eine Auswahl der Möglichkeiten dar, die in Beratung und Training zum Tragen kommen können. Der Pluralität des Menschen und seiner Lebenssituationen steht eine Pluralität der Interventionsmethoden gegenüber. Letztlich handelt es sich bei der situativen Interventionswahl um einen schöpferischen Akt, bei dem die individuelle Indikation im Vordergrund steht. Es wäre ein Fehler, wenn man die „Passung" zur Person des Ratsuchenden, seinem sozialen Umfeld, seiner konkreten Lebenssituation und gesamten Problemkonstellation vernachlässigen würde und mit einer mechanischen oder schablonenhaften Standardintervention haarscharf, aber konsequent am eigentlichen Anliegen des Protagonisten vorbei intervenierte. Es wäre ebenso ein Fehler, wenn man den gesamten Kontext des Seminars (Zusammensetzung und Bekanntheitsgrad der Teilnehmer, Thema und Zielsetzung des Seminars, Räume etc.) außer Acht lassen würde.

Das vorgestellte integrative Vorgehen verschiedener Interventionsmethoden und -techniken sollte einerseits nicht auf Grund mangelnder Exploration, Methodenkompetenz und Einfühlung zu einem Einheits-Szenario intervenierender Aktivitäten zusammenschrumpfen, das routinemäßig in allen Situationen und bei sämtlichen Problemstellungen zur Anwendung kommt – andererseits stellt es kein beliebiges Potpourri dar, welches jede Indikationsfrage überflüssig macht. Ich verstehe „integrativ" im Sinne einer Eklektik, die jedem Einzelfall die ihm optimale Kombination von Interventionsformen zukommen lässt.

Die beschriebenen erlebnisaktivierenden Methoden verführen den Trainer leicht dazu, durch Aktivität Emotionen und Gefühlshemmungen zu überspielen. Hektische Betriebsamkeit bei persönlichkeitsnaher Beratungsarbeit ist jedoch häufig ein Zeichen starker Abwehr von gefühlsmäßigen Inhalten beim Trainer oder beim Protagonisten. Wirkliche Einsicht kann sich eher in der Stille entfalten. Körperlich anzuhalten, ruhig und völlig regungslos zu bleiben kann Voraussetzung sein, um wirklich tief in sich hineinzufühlen. Andererseits darf der Ausdruck des „Vorgefundenen" nicht durch ein Bewegungsverbot blockiert werden. Eine rigide, durch Tabus aufrechterhaltene Ruhe ist keine Stille. Ein Grundproblem von ich-naher Beratung liegt darin, sich dieses Paradoxon zwischen Ruhigsein und Geschehenlassen klarzumachen. Stillhalten hat auch viel mit Aushalten zu tun; damit, sich selbst nicht auszuweichen, sich selbst nicht zu fliehen. Manchmal ist es sinnvoller, innere Teammitglieder still wahrzunehmen und sich dem Gefühlsstrom zu überlassen, als sie sofort in Kontakt zu bringen oder in Aktion zu übersetzen. Wenn der Trainer nicht beide Pole weiß, selber kennt und vermitteln kann, läuft seine Beratungsarbeit Gefahr, reiner Aktionismus zu werden.

Echter Gefühlsausdruck zerstört die Stille nicht, sondern ruht in der Stille. Dies wird immer sehr schön sichtbar, wenn ein Protagonist, der die Schwierigkeit hat, Zugang zu sich selbst zu finden, zwar viele Worte und Themen anbietet, aber bisher nicht zur Ruhe kommen konnte – wenn dieser Mensch nach innerer Zentrierung plötzlich beginnt, sich sehr authentisch zu zeigen. Die ganze Gruppe ist dann mit ihrer vollen Aufmerksamkeit bei diesem Geschehen, und es entsteht eine Atmosphäre, die alle miteinander vereinigt.

Als eine zweite Gefahr möchte ich erwähnen, dass diese Art von persönlichkeitsnaher Beratungsarbeit dem Leiter viele Möglichkeiten bietet, seine Lebenskonzepte und Vorstellungen mit einfließen zu lassen. Sicherlich ist es manchmal sinnvoll, wenn der Leiter sagt, was er für angemessen hält und was nicht, und wenn er seine Werte deutlich vertritt. Gefährlich wird es dann, wenn er dem Protagonisten unbemerkt etwas „unterjubelt". Vielleicht möchte der Leiter einem verletzten Teammitglied aus der inneren Verbannung heraushelfen, damit sich der Protagonist seiner Verletzlichkeit bewusst wird und sie sich eingesteht. Vielleicht bedenkt der Leiter dabei jedoch nicht, dass dies nicht das Tempo des Protagonisten ist oder der Protagonist an seinem Arbeitsplatz in einem Sozialfeld lebt, das wenig Raum für Verletzlichkeit zulässt. Vielleicht verhält sich dieser später so ungeschützt, dass er Schaden nimmt – Schaden an seiner Seele und/oder an seiner beruflichen Entwicklung.

Der Kommunikationsberater sollte sich niemals Zugang zu Teammitgliedern verschaffen, um deren Verstecke der Protagonist jahrelang gekämpft hat und die er auch jetzt lieber vor sich selbst und/oder anderen verborgen halten möchte. Für manche Trainer oder Berater scheint es verlockend zu sein, weiter zu gehen, als der Protagonist es will und es sein psychisches System zu diesem Zeitpunkt verkraften kann. In Beratung und Training muss jederzeit die Souveränität des Ichs und seine Führung gewährleistet bleiben, so dass keine Durchbrüche und keine Regressionen geschehen. Die Arbeit darf nur mit Respekt vor der Person und Achtung vor den Sicherheitsbedürfnissen des Protagonisten geschehen. Alles andere wäre unverantwortlich.

Es gilt anzuerkennen, dass bei der Arbeit mit dem inneren Team die Möglichkeit besteht, den Protagonisten zu fragmentieren. Das Problem liegt jedoch nicht grundsätzlich in der Multiplizität der Psyche, sondern zunächst darin, dass sich manchmal innere Teammitglieder so stark polarisiert haben, dass das Ich seine Führungsaufgabe nicht wahrnehmen kann. Die Gefahr wird dann verstärkt, wenn der Leiter ohne Respekt vor den einzelnen inneren Teammitgliedern direktiv arbeitet. Er sollte sich immer bewusst machen, dass er auf der inneren Forschungsreise nur der Begleiter ist, der dem Protagonisten in sein System und sein seelisches Labyrinth folgen darf. Der Protagonist sollte die Führung und Kontrolle behalten, jederzeit. Die Arbeit wird dann verantwortungsvoll sein, wenn der Leiter sich seiner eigenen Teammitglieder bewusst ist, die den Prozess stören können. Die Forderung „Erkenne dich selbst“ wird hier zu „Erkenne deine Teammitglieder“ und gilt nicht nur dann, wenn wir im Prozess nicht mehr weiterkommen.

Der Erfolgsdruck unserer Zeit verschont auch den Bereich Beratung und Training nicht. Natürlich streichelt Dankbarkeit das Selbstwertgefühl eines Kommunikationsberaters, und anerkennende Worte („Es hat mir unheimlich viel gebracht!“) in der Abschlussrunde erfreuen jeden Trainer. Die Sehnsucht nach Anerkennung und Beifall aus der Gruppe darf jedoch nicht die Interventionen bestimmen. Ein „narzisstisches Loch“ verführt zu Dominanz und Grandiosität; dies gepaart mit Rettungsphantasien kann zu gefährlichem Protagonisten-Missbrauch führen. Verantwortungsvolles Arbeiten bedeutet dagegen oft unspektakuläres, aber seriöses Vorgehen.

Zehn häufige Fehler

Die folgende Auflistung stellt die Schwierigkeiten dar, die mir während meiner Ausbildungs- und Supervisionstätigkeit begegnet sind.

- Der Leiter hat nicht beachtet, dass die Zusammensetzung der Gruppe und der Kontext des Seminars die Arbeit mit erlebnisaktivierenden Methoden nicht fördert, sondern verhindert. Abhängigkeitsgefühle, Ängste vor nachteiligen Konsequenzen, wenn man sich als Mensch öffnet, oder Zweifel, ob man mit dem Wohlwollen der anderen Gruppenteilnehmer rechnen kann, lässt Teilnehmer zu Recht vorsichtig werden. Sie präsentieren dann Schein-Anliegen, vermeiden „heiße" Themen anzusprechen, die sie wirklich bewegen, und üben die Kunst, sich bedeckt zu halten.
  Beachte: Arbeite mit erlebnisaktivierenden Methoden nur dann, wenn während und nach dem Seminar die Würde und Interessen aller Beteiligten ausreichend berücksichtigt werden können.

- Der Leiter hat nicht dafür gesorgt, dass die Gruppe thematisch „angewärmt" wurde; es konnte sich keine vertrauensvolle Gruppenatmosphäre aufbauen. Die erste Anliegenbearbeitung wird somit für den Protagonisten zum verunsichernden „Kaltstart".
  Beachte: Kontakt kommt vor Vertrauen – Vertrauen ermöglicht Offenheit – Offenheit ermöglicht Vertrauen!

- Es wurde keine saubere Differentialexploration der inneren und äußeren Ausgangssituation des Protagonisten und keine Differenzierung der Problemlagen (strukturell, zwischenmenschlich oder innermenschlich) vorgenommen.
  Beachte: Ungenaue und fehlerhafte Diagnostik und ein monokausales Erklärungsbedürfnis führen häufig zu einem falschen Ansatz und zur abwegigen Auswahl des Interventions-Instrumentariums.

- Der Szenenaufbau und der Abbau im Rollenspiel wird nicht sorgfältig durchgeführt.
  Beachte: Der Leiter ist dafür verantwortlich, dass alle an der erlebnisaktivierenden Anliegenbearbeitung Beteiligten gewissenhaft in ihre Rollen eingeführt werden und zum Abschluss wieder aus ihren Rollen entlassen werden.

- Die Exploration bleibt „flach" und kopflastig, obwohl das Thema dem innermenschlichen Bereich zugeordnet ist.
  Beachte: Die Theorie des „Inneren Teams" ist eine hilfreiche Meta-

pher und ein gelungenes Vehikel, um sich selbst zu erforschen. Der Berater muss jedoch bei entsprechendem Anlass darauf achten, ob die gefundenen Teammitglieder und ihre Botschaften durch eine Empfindung begründet sind. Findet der Protagonist eine innere „Resonanz"? Spürt er eine körperliche Wirkung? Oder handelt es sich gerade nur um einen Begriff, eine gedankliche Bezeichnung, die lediglich eine vorläufige Arbeitshypothese darstellt? Der Protagonist braucht vielleicht noch etwas Ermutigung und vor allem Zeit, um den richtigen Namen für ein noch schattenhaftes Teammitglied und das entsprechende nebulöse Gefühl zu finden. Vielleicht muss er die Botschaft des erahnten Gefühls noch einmal sagen dürfen, sie „auf der Zunge zergehen lassen" und dem Geschmack nachspüren? Vielleicht muss er zunächst einmal einige Minuten schweigen, ruhig und tief durchatmen, um überhaupt in Kontakt zu sich und seinen Gefühlen zu kommen.
Strahlt der Berater nicht die nötige Ruhe aus und gibt dem Protagonisten nicht die Zeit, die dieser zum Erspüren braucht, dann bleibt die Beratung lediglich ein „Gespräch", und die Interventionen bleiben insofern wirkungslos, als sie keine tatsächliche Erfahrung ermöglichen. Wenn unser Denken von unseren Erlebensformen abgetrennt ist, nennt man es „Intellektualisieren", was außer klugen „Kopfgeburten" wenig psychologische Veränderung herbeiführt. Es wäre dem Anliegen nicht angemessen, wenn ein persönlichkeitsnahes Thema so geleitet wird, dass möglichst alle Gefühle herausgehalten werden, da auftauchende Emotionen den Leiter verunsichern würden. Dies führt zum nächsten Punkt.

- Eine Anliegenarbeit im innermenschlichen Bereich wird durchgeführt, ohne dass der Seminarleiter sich dem Fall ausreichend gewachsen fühlt.
  Beachte: Ein guter Berater weiß, dass er nicht alles kann. Er muss es auch nicht. Er muss vor allem im Einklang mit seiner Persönlichkeit, Erfahrung und seinem Ausbildungsstand handeln. (Wie viel Selbsterfahrung hat der Berater? Wie viel Erfahrung im Umgang mit Gefühlen bringt er mit? Was weiß er über psychodynamische Zusammenhänge im Seelenleben?) Die Spannung zwischen Allmacht und Ohnmacht in der Rolle des Leiters darf nicht durch ein unbekümmertes und verantwortungsloses „Macht nichts! Wird schon gutgehen!" kompensiert werden. Jede Beratungsproblematik begegnet einem irgendwann das erste Mal. Liegt wenig Erfahrung vor, so braucht der Berater nicht sofort das Handtuch zu werfen. Er sollte jedoch unbedingt mit sich selbst abklären, ob er dem Thema gewachsen ist, sonst seine mangelnde Erfahrung ansprechen und das Thema auf den Bereich begrenzen, in dem er sich

sicher fühlt. Dies kann vor fahrlässiger Anwendung psychologischer Interventionsmethoden schützen.

- Der Trainer ist sich seiner beruflichen Rolle im Gesamtkontext nicht bewusst.
  Beachte: Es ist ein Unterschied, ob er als interner oder externer Trainer/Berater interveniert, und jeder Berater muss sich dem Spannungsfeld zwischen seiner Verantwortung gegenüber dem Ratsuchenden und der Loyalität gegenüber seinem Auftrags- bzw. Arbeitgeber bewusst sein.

- Der Leiter findet nicht die Balance zwischen Begleitung und Leitung.
  Beachte: Betont der Leiter einseitig die Leitung und Lenkung, so besteht die Gefahr der „Gehirnwäsche" oder der gezielten Gefühlssteuerung – betont er einseitig die Begleitung des Protagonisten, so steht dieser womöglich orientierungslos auf der Bühne und sehnt sich nach klaren Anweisungen und eindeutigen Interventionen.

- Es wird zu sehr in die Persönlichkeit des Protagonisten eingedrungen, ohne dass dieser seine Bereitschaft geäußert hat und die Art des Anliegens es erfordert.
  Beachte: Ganz gefährlich wird dies, wenn das psychische Abwehrsystem des Protagonisten womöglich psychologisch geschickt oder mit Brachialmethoden zum Wanken gebracht werden soll.

- Der Leiter berücksichtigt nicht, dass jeder Mensch sein individuelles Tempo besitzt.
  Beachte: Ist der Leiter schneller als der Protagonist, so kann seine bedrängende Ungeduld dazu führen, dass der Protagonist hinter ihm herhecheln muss, um den Kontakt und Anschluss nicht zu verlieren. Ist der Leiter langsamer als der Protagonist, so kann es sein, dass die Ungeduld des Protagonisten diesen zum genervten „Aussteigen" verführt.

Hilfsregeln für den Notfall

- Es gibt keine guten oder schlechten Protagonisten. Der Leiter muss sich dem Tempo des Protagonisten anpassen (und nicht umgekehrt) und dessen psychische Abwehrformen respektieren.

- Es gibt nicht nur einen Weg für das jeweilige Thema, sondern viele Möglichkeiten! Die vorgestellten Interventionsstrategien und -varianten können in verschiedenen Kombinationen sinnvoll sein. Außerdem gibt es noch viele andere Möglichkeiten – Kreativität ist willkommen!

- Orientiere dich immer am Protagonisten und hole dir einen Auftrag, den du immer wieder überprüfen kannst, vor allem dann, wenn du unsicher wirst oder „Leere“ im Kopf hast. Durch den Auftrag bekommst du das Einverständnis und die Erlaubnis für deine weiteren Interventionen, und durch einfühlenden Kontakt zum Protagonisten bekommst du Sicherheit für deinen „roten Faden“.

- Der Leiter sollte dem Protagonisten immer erklären, warum er eine bestimmte Interventionsform oder Szene ausgewählt hat, damit sein Handeln transparent und für den Protagonisten nachvollziehbar bleibt. Erst wenn dieser seine Zustimmung gegeben hat, ist ein „Vertrag“ vereinbart worden, der dem Leiter Berechtigung und Sicherheit geben kann.

- Es ist besser, mit der Energie zu gehen, als gegen sie zu arbeiten. Die Energie des Protagonisten ist der Wegweiser dafür, ob die Interventionsmethode die richtige für ihn ist. Häufig gilt: Wenn keine Energie vorhanden ist, stimmt die Interventionsmethode auch nicht! In diesem Fall sollte der Leiter wieder erneut Verbindung mit dem Protagonisten aufnehmen und überprüfen, wo dessen Aufmerksamkeit und Interesse liegt. Vielleicht will der Protagonist mit einer anderen Szene einsteigen, sein Anliegen hat sich geändert, oder er hat schon eine Antwort gefunden, die ihn zufrieden stellt.

- Ein noch übender Leiter sollte der „Regisseur“ des Geschehens bleiben, selbst keine Rollen im Rollenspiel übernehmen. Das könnte ihn überfordern. Sollte er es in Ausnahmefällen doch einmal versuchen, so sollte er keinen Rollentausch anleiten, das würde ihn wahrscheinlich verwirren!

- Der Leiter braucht den Mut, auch mal eine momentane Hilflosigkeit zuzugeben. Er muss den Satz „Im Moment weiß ich auch nicht weiter“ zur Verfügung haben. Danach sind der Protagonist oder die Gruppe frei, ihre Ideen, Anregungen und Einschätzungen zu äußern.

- Antwortet der Protagonist auf die Frage des Leiters: „Was spüren Sie gerade?“ „Ich weiß es nicht“, so kann es sein, dass dies die einzige angemessen Antwort ist, die er geben kann. Sherlock Holmes hat einmal gesagt, dass eine Frage, auf die man sofort eine Antwort parat hat, nicht sehr viel wert ist. Vielleicht will der Ratsuchende mit seiner Antwort aber auch nur sagen: „Bleib mal ruhig und lass mir Zeit. Ich muss darüber nachdenken oder einmal genau nachspüren!" Der Leiter kann inzwischen ruhig dasitzen und warten, auch wenn ihm eine Minute als lange Zeit erscheint.

- Scheint dir ein Thema zu „heiß" oder unangemessen für die Seminarsituation zu sein, so nimm dieses Gefühl ernst. Frage den Protagonisten, wie er es sieht, frage die Gruppenteilnehmer, wie sie es sehen, und frage dich selbst, was du für richtig und verantwortungsvoll hältst, und entscheide dich dann (womöglich auch gegen den Protagonisten und die gesamte Gruppe).

Die Interventionen sollten nicht unbedingt das Ziel haben, Probleme zu lösen. Problemlösungsansprüche setzen außerordentlich unter Erfolgsdruck! Es geht eher darum, dass der Protagonist angeregt wird, einen Perspektivwechsel vorzunehmen, so dass andere Erlebens- und Verhaltensmöglichkeiten entdeckt werden können und er sich seiner Wahlmöglichkeiten bewusst wird.

Sucht der Protagonist eine instrumentelle Lösung für eine schwierige Kommunikationssituation, so sollte der Leiter sich nicht unter den Druck setzen, dass er jetzt unbedingt wissen muss, welche Möglichkeiten bestehen und welches Vorgehen „richtig" ist. Dies gilt besonders bei Protagonisten, die sich nicht gerne der Mühe unterziehen, selbst nach Antworten zu forschen.

Eine für den therapeutischen Bereich geltende Grundregel kann vielleicht auch hier helfen: Arbeite nicht mehr als der Protagonist! Wenn der Leiter Schweißperlen auf der Stirn hat und der Protagonist sich immer mehr in eine abwartende Haltung begibt und den Leiter mit erwartungsvollem Blick unter Druck setzt, läuft etwas falsch. Wenn der Leiter allerdings in sich eine deutliche Antwort wahrnimmt und ein „inneres Sendungsbewusstsein" spürt, sollte er sich nicht scheuen, seine Vorschläge und Thesen auszusprechen. Ist er aber unsicher oder will nicht in die Rolle des schlauen Ratgebers gehen, dann schlage ich ihm zwei grundsätzliche Möglichkeiten vor:

1. Nutze den inneren Ratgeber oder die Fantasie des Protagonisten.

Die Arbeit mit dem „inneren Ratgeber" wurde auf Seite 189 ff beschrieben. Eine gelegentlich nützliche Leiter-Intervention kann auch darin bestehen, den Protagonisten aus einer Rollenspielszene herauszunehmen und ihn eine „gute Fee" spielen zu lassen, die alle Wünsche in dieser Situation erfüllen kann. Das Vorgehen ist mit der Spiegeltechnik verwandt. Hierbei sieht der Protagonist seine eigene Situation von außen und kann dabei zu Erkenntnissen kommen, die ihm in der Szene nicht zugänglich sind. Bei den Wünschen an die „gute Fee" können auch völlig irreale Lösungen einbezogen werden. Dadurch wird Kreativität freigesetzt. Eine solche Fee kann vielleicht drei Wünsche erfüllen, und der Leiter kann anschließend die Wunscherfüllung und das entsprechende Verhalten durch ein Rollenspiel praktisch erproben lassen (Realitätsprobe).

Die Interventionsmethode „Gute Fee" ist (wie alle Lösungsinterventionen) dann kontraindiziert, wenn zunächst einmal die Situation selbst ausführlich mit ihren kognitiven und emotionalen Anteilen verstanden und erlebt werden müsste oder die Gefahr besteht, dass eine billige Ersatzlösung gefunden wird, die das echte Durcharbeiten des Problems ersparen soll.

Scheint dieser Ansatz nicht angemessen, so besteht noch eine zweite Möglichkeit.

2. Nutze das „Expertenwissen" und Kompetenzpotential der Gruppe und lass den Protagonisten entscheiden, welche der Gruppenvorschläge für ihn in welcher Form angemessen sind.

Abschlussgedanken

Was ich auch guten Freunden raten würde, wenn sie mit den hier beschriebenen Methoden und Interventionen arbeiten wollen:

Zunächst einmal sollten Sie nicht versuchen, die hier beschriebenen Vorgehensweisen 1 zu 1 zu übernehmen.
Verändern Sie nicht sofort Ihre bisherige Arbeitsweise. Überfordern Sie nicht sich selbst – und nicht Ihre Teilnehmer und Kunden. Probieren Sie zunächst einfache Basiskompetenzen und Standardinterventionen aus (z.B. die verschiedenen Spielarten des Feedbacks, monologisches Doppeln oder aktives Zuhören). Fangen Sie bei Ihren ersten Gehversuchen „klein an" und steigern Sie mit zunehmender Sicherheit langsam Ihren Erfahrungshorizont. Auch wenn bei einer Anliegenarbeit eine gute Differentialdiagnose nötig ist, braucht es nicht immer das Denken eines Konstrukteurs von kryptischen Kreuzworträtseln. Nehmen Sie die Uhr nicht bis zum letzten Schräubchen auseinander, wenn jemand nur wegen eines neuen Armbandes zu Ihnen kommt, und hat jemand einen platten Reifen, überholen Sie nicht sofort Getriebe und Differential. Achten Sie lieber auf eine klare Auftragsbeziehung und überprüfen Sie diese immer wieder einmal. Allgemein gilt auch hier die Lebensregel meiner Großmutter: Das Einfache mag nicht immer das Beste sein, aber das Beste ist häufig einfach! Wenn Sie unsicher sind, welche Intervention Sie vorschlagen wollen, fragen Sie sich selbst: Würde ich es wollen, dass man das in dieser Situation mit mir macht?

Menschen, die „Fertiges" im Kopf haben, können gefährlich sein! Wenn Sie also mit diesen Methoden arbeiten wollen, sollten Sie nichts

„Fertiges“ im Kopf haben, sondern auf Ihre Gefühle achten, sich Ihrer Intuition überlassen und den einfühlenden Kontakt zum Protagonisten halten. Dies wird Ihnen den Weg zum Kernproblem bei dem vorgetragenen Anliegen weisen. Beachten Sie auch, dass es trotz aller wichtigen Regeln immer Ausnahmen gibt. Ausnahmen sind nicht immer Bestätigung der alten Regel; sie können auch die Vorboten einer neuen Regel sein.

Geben Sie dem Protagonisten Futter für Herz und Verstand. Aber bitte nicht zu viel, damit er daran nicht erstickt, und nicht zu wenig, damit er nicht verhungert. Wenn Sie jemanden einladen, sich zu öffnen, seien Sie sorgsam und respektvoll. Und beachten Sie: Offen-Sein ist ebenso wertvoll wie Geschlossen-Sein! Beides wird seine guten Gründe haben.

Wenn Sie die beschriebenen Interventionsmethoden angemessen einsetzen, können Sie einiges erreichen. Sie geben neue Perspektiven, verändern Einstellungen und bewirken Wahlmöglichkeit, wo bisher vielleicht unreflektiertes alternativloses Verhalten war. Verwerfen Sie aber den Gedanken, dass sofort unmittelbare und messbare Verhaltensveränderungen stattfinden. Die Methoden wirken subtil, häufig unsichtbar und langfristig.

Beachten Sie, wenn Sie es mit einer Gruppe zu tun haben, dass Sie vielleicht in einem Umfeld arbeiten, in dem versteckt mit Konkurrenz umgegangen wird. Dann sollten Sie immer auf Diskretion im Umgang mit persönlichen Themen achten. Sorgen Sie dafür, dass die Teilnehmer sich nicht „bloßgestellt“ oder dazu verführt fühlen, mehr von sich zu zeigen, als sie es im beruflichen Rahmen freiwillig tun wollen. Machen Sie den Protagonisten nicht zum Akteur eines Spiels, dessen Skript längst von anderen geschrieben wurde (z.B. von der Personalabteilung, vom Vorstand etc.).

Die Methoden sind wichtig, sollten aber nicht zu strategischen Manövern erkalten. Damit der „Griff nach der Psyche“ nicht zu einer dubiosen klinisch-kalten Operation entartet, ist eine verantwortungsvolle, wohlwollende Haltung entscheidend. Eine gute Intervention wird erst durch Güte gut.

Es gibt viele Möglichkeiten, das Handwerk der Kommunikationsberatung zu lernen und in dieser Kunst zur Meisterschaft zu gelangen. Manche wollen zunächst darüber lesen, andere jemanden bei der Ausübung beobachten und ihm über die Schulter schauen. Der Königsweg liegt jedoch im eigenen Tun; darin, sich anregen zu lassen und dann eigene Wege zu gehen und eigene Erfahrungen zu sammeln.

Die in diesem Buch vorgestellten Interventionsmethoden sind weniger als ein geschlossenes Lehrsystem zu verstehen, in dem es Schüler, Lehrer und Hohepriester dieser Kunst gibt. Das Buch will eher zum eigenen Einfallsreichtum anregen. Es will vermitteln, wie man Ratsuchende im Kommunikationstraining darin unterstützen kann, neue Möglichkeiten für sich zu entdecken, und ihnen helfen kann, neue Türen in neue Räume zu öffnen, so dass sie ohne klug redende Bevormundung eigenständig ihren „Ariadnefaden“ finden können, der sie aus ihrem Problemlabyrinth hinausführt und die Kommunikation verbessert.

Werden diese Grundsätze beachtet und sind die Interventionen von Achtsamkeit, Verständnis und Respekt begleitet, kann die Weiterentwicklung der Kommunikation eine sehr individuelle und manchmal tief berührende Angelegenheit sein. Berührend für Berater und Ratsuchenden, denn weise ist der Mensch, der von jedem etwas lernt.

Zum Schluss: Vergessen Sie bei allem das Lachen und den Spaß nicht!

Ein Mann mit einer schweren Bronchitis kommt zum Arzt. Dieser untersucht ihn und verschreibt ihm ein Medikament.

Eine Woche später kommt der Mann zur Kontrolluntersuchung. Bevor der Patient das Behandlungszimmer betritt, schaut der Arzt nochmals in seine Akten und stellt mit Entsetzen fest, dass er falsch interveniert hatte. Er hatte dem Mann versehentlich ein schweres Abführmittel verschrieben.

Er entschuldigt sich sofort. Der Patient sagt jedoch: „Keine Sorge, Herr Doktor, es hat prima geholfen. Ich habe mich nach der Einnahme des Medikaments nicht mehr getraut zu husten.“

Literatur

Brenner, I., Clausing, H., u.a.: Das Pädagogische Rollenspiel in der betrieblichen Praxis, Hamburg: Windmühle GmbH 1996

Freud, S.: Jenseits des Lustprinzips. Ges. Werke, Bd. 13. Stuttgart: Fischer 1964
Freud, S.: Zur Dynamik der Übertragung. Ges. Werke, Bd. 8. Stuttgart: Fischer 1964

Krüger, R.T.: Der Rollentausch und seine tiefenpsychologischen Funktionen, in: Psychodrama, Zeitschrift für Theorie und Praxis, Heft 1. Mai 1989

Leutz, G.: Psychodrama, Berlin: Springer 1986

Moreno, J.L.: Das Stegreiftheater, 1. Auflage. Potsdam: Kiepenheuer 1923; 2. Auflage Beacon (N.Y.): Beacon House 1925

Schulz von Thun, F.: Praxisberatung in Gruppen, Weinheim: Beltz 1996
Schulz von Thun, F. und Thomann, Ch.: Klärungshilfe, Reinbek: Rowohlt 1988
Schulz von Thun, F.: Miteinander reden 1, Störungen und Klärungen, Reinbek: Rowohlt 1990
Schulz von Thun, F.: Miteinander Reden 3, Das „Innere Team" und situationsgerechte Kommunikation, Reinbek: Rowohlt 1998

Thomann, Ch.: Klärungshilfe: Konflikte im Beruf, Reinbek: Rowohlt 1998

Watzlawick, P.: Menschliche Kommunikation, Bern; Stuttgart; Wien: Huber 1982

Watzlawick, P., Weakland, J., Fisch, R.: Lösungen, Zur Theorie und Praxis menschlichen Wandels, Bern; Stuttgart; Wien: Huber 1979

Zum Autor

Karl Benien

Geboren 1952 in Borken;
Studium der Betriebswirtschaft und Psychologie;
Gesprächstherapeut, Psychodrama-Therapeut (Ausbilder), Klinischer Psychologe.

Arbeitsschwerpunkte:

Therapeutische Beratung und Coaching in eigener Praxis;
Lehrbeauftragter am Fachbereich Psychologie der Universität Hamburg;
Mitglied im „Arbeitskreis Kommunikation und Klärungshilfe" unter Leitung von Prof. Dr. Schulz von Thun;
Referent am IWL für die Zielgruppe: Trainer und Trainingsverantwortliche;
Ausbildung interner Trainer durch Inhouse-Seminare;
Training für Mitarbeiter und Führungskräfte.
Karl Benien erreichen Sie unter:
www.Karl.Benien@t-online.de